U0348849

金钱心理学

让钱为你工作

［英］维姬·雷诺（Vicky Reynal） 著

陶尚芸 译

Money
on Your Mind
The Psychology Behind Your Financial Habits

机械工业出版社

CHINA MACHINE PRESS

如果没有财务情感意识，我们可能会感觉自己沦陷在了一些看似无法改变的行为和情绪当中。无论我们在职业生涯中赚多少钱，我们仍然感到不满足，并渴望得到更多。我们无法停止与伴侣、兄弟姐妹或父母为金钱问题而争吵。我们一直为钱发愁。本书的目的是帮助读者思考如何通过金钱表达自己的渴望、恐惧和内心冲突，以及我们的早期经历（甚至是与金钱无关的经历）如何影响了我们与金钱相关的行为和情绪。在本书中，作者会讨论各种各样的金钱行为，专注于我们与金钱的关系，例如受虐倾向、期待神奇的转变、叛逆、寻求公正和补偿的心理等，以此增强我们的"财务情感意识"，即我们对驱动和塑造我们对金钱的感受和行为的心理因素的意识。

Money on Your Mind: The Psychology Behind Your Financial Habits
by Vicky Reynal
© Vicky Reynal, 2024

This translation of Money on Your Mind is published by arrangement with Vicky Reynal
Simplified Chinese Translation Copyright © 2024 China Machine Press. This edition is authorized for sale in the Chinese mainland (excluding Hong Kong SAR, Macao SAR and Taiwan). All rights reserved.

此版本仅限在中国大陆地区（不包括香港、澳门特别行政区及台湾地区）销售。未经出版者书面许可，不得以任何方式抄袭、复制或节录本书中的任何部分。

北京市版权局著作权合同登记　图字：01-2024-2885 号。

图书在版编目（CIP）数据

金钱心理学：让钱为你工作 / （英）维姬·雷诺（Vicky Reynal）著；陶尚芸译. -- 北京：机械工业出版社，2024. 10. -- ISBN 978-7-111-76997-2

Ⅰ. C912.69

中国国家版本馆CIP数据核字第2024RP9160号

机械工业出版社（北京市百万庄大街22号　邮政编码100037）
策划编辑：坚喜斌　　　　　责任编辑：坚喜斌　陈　洁
责任校对：肖　琳　宋　安　责任印制：刘　媛
唐山楠萍印务有限公司印刷
2025年1月第1版第1次印刷
145mm×210mm · 10.25印张 · 1插页 · 237千字
标准书号：ISBN 978-7-111-76997-2
定价：69.00元

电话服务　　　　　　　　　　网络服务
客服电话：010-88361066　　机　工　官　网：www. cmpbook. com
　　　　　010-88379833　　机　工　官　博：weibo. com/cmp1952
　　　　　010-68326294　　金　书　网：www. golden-book. com
封底无防伪标均为盗版　　机工教育服务网：www. cmpedu. com

献给阿艾尔

序 言

你可能认为心理治疗师对谈论任何事情都很自在。不可告人的秘密、令人尴尬的回忆、可耻的想法……这些都是患者在接受心理治疗过程中涉及的主题。作为心理治疗师，我们花了多年时间参加培训，以使自己具备陪伴患者探索棘手话题所需的好奇心和韧性。但在心理治疗培训中，有一个领域几乎未被涉及，那就是金钱话题，直到最近才被提及。

我把理解和深入研究我自己与金钱的关系作为一项个人探索，原因我稍后会讲。不是因为钱很重要，而是因为钱是一种承载着各种内涵的东西，而探索这些内涵有助于我们更好地了解自己。

我在获得心理学学位之后和进修心理治疗课程之前，还考了个工商管理硕士学位（MBA）。我对MBA课程开设"行为金融学"讲座并不感到意外。"行为金融学"应用心理学理论来解释为什么人们有时会在金钱问题上做出非理性选择。但令我惊讶的是，我学习的心理治疗课程教导大家探索一切事物的意义，却往往对金钱话题避而不谈。

我一直很好奇，想探索以下几个问题：

- 为什么有些人感觉钱永远不够花，而有些人却对少得可怜的钱感到满足？
- 为什么有些人为自己花钱而感到内疚，而有些人却几乎把自己的财富挥霍一空？

　　• 为什么有些夫妻总是为钱争吵不休，而有些夫妻却在大多数财务问题上意见一致？

　　• 什么时候人们会用金钱去控制别人、索取爱、秀恩爱、炫耀、赔偿损失、表达反抗？

　　对我来说，这不是纯粹的职业兴趣。这是一个私人问题。我父亲写了一本关于金融悲剧的书，这场悲惨的经历摧毁了他的财富、希望、梦想以及更多的东西。这是一个关于欺骗、背叛和失去的故事，给他留下了深深的不公平感、愤怒和遗憾。毫无疑问，在我看来，我的家人关于金钱的经历影响了我对金钱所代表的意义及其重要性的看法。这不仅是父亲的悲剧经历造成的影响，还因为金钱体验所蕴含的一切。金钱是衡量成就的标准，也是衡量自我价值的标准。金钱是慷慨和援助行为的工具，也是滋生骄傲感的源泉。金钱是实现社会阶层跨越的手段，但有时随之而来的是信心缺失，甚至是羞愧感萌生。钱是会一天一天消失的东西（剥夺你的机会、抱负和希望）。我不会在本书中讲述我的个人故事（心理治疗师不会透露太多关于他们自己的信息），我在这里提到金钱是为了解释我对这门学科的热情。

金钱依然是个禁忌话题

　　精神分析学创始人西格蒙德·弗洛伊德（Sigmund Freud）是第一个观察到金钱禁忌性的人（我将在本书中多次提到他）。他曾写道："文明人对待金钱问题的态度和对待性问题的态度是一样的，一样前后矛盾，一样大惊小怪，一样虚情假意。"一个多世纪过去了，他的这句话仍然具有现实意义。2019年在英国进行的一项民意测验中（美国的信息反馈也与之相呼应），人们更愿意与朋友和家人谈论性而不是金钱。一半的英国人表示，在日常谈话中谈论个人金钱问题是一大禁忌，比性、宗教和政治话题更忌讳。超过 2/5（44%）的人回避金钱话题。即使在心理治疗中，人们也不愿意提到金钱话题，正如荣格心理学分析师詹姆斯·希尔曼（James Hillman）所说："患者更容易谈论他们裤子遮挡住的部位，而非裤子口袋里隐藏的秘密。"我认为，这就是我自称"金融心理治疗师"给许多患者的感受，他们觉得进入了一个特殊的空间，在这里可以思考财富和畅谈金钱，而不必担心被人指手画脚。

金钱依然是个禁忌话题，也是造成压力、羞愧和冲突的主要原因。关于金钱的谈话一旦真的发生，就会激起一系列的情绪涟漪。在同一项英国民意测验中，近 1/3（32%）的人表示，他们觉得与家人和朋友谈论自己的财务状况很有压力；超过 2/5（43%）的人表示，他们面对金钱话题时会感到尴尬。在面对金钱话题时，年轻人似乎特别容易感到羞愧或尴尬。而且，我们中的许多人在成长过程中都被教导谈论金钱是不礼貌或不恰当的，因此，我们会担心在一群朋友中提起这个话题会显得没有礼貌。此外，在职场中，"薪酬保密"条款劝阻员工向同事透露自己的薪水，我们还可以看到有很多信息鼓励我们对自己的薪酬守口如瓶。即使这些要求没有明确表达出来，但对薪酬讨论持否定态度的公司文化并不少见，这进一步强化了金钱是个禁忌话题的印象。

金钱和心理健康之间的联系

我们回避金钱的话题不是因为金钱不重要，而是因为金钱有时会给我们带来情感"负担"。我们中的一些人认为金钱可以影响我们的人际关系、身心健康和工作表现。如果你因为财务状况而彻夜未眠，那你肯定不是一个人在挣扎。一项全球研究证实，近一半的成年人对财务状况感到焦虑，这一比例在英国和美国等国家超过了一半。

每个人都会为钱发愁，但有些人就是守着菲薄的薪水过日子，感觉每天都在苦苦挣扎。金钱会把人们的思想带入黑暗的地方，这就是解决"金钱"这个禁忌问题的重要性。与财务相关的羞愧、恐惧和悲伤会让人们产生深深的绝望和无助感。压抑、隐藏、拒绝探索和讨论这些消极情绪，反而会让情绪泛滥，变得势不可当。

财务压力，尤其是与债务有关的财务压力，也与身体健康状况不佳有关。2010 年对 60 多篇关于这一主题的论文进行的分析证实了债务与健康状况恶化之间的联系。2008 年，美联社－美国在线健康调查（Associated Press-AOL Health Poll）针对影响那些面对财务压力之人的常见健康问题进行的一项研究表明，当人们面临巨额债务时，他们患溃疡或消化道问题、头痛或偏头痛的可能性显著增加，患焦虑和抑郁的风险是常人的六倍多；他们患心脏病的概率是正常人的两倍，超过一半的人患有肌肉紧张和腰痛。此外，他们报告说，与慢性压力症状相对应的是，他们难以集中注意力，出现睡眠困难，还伴有莫名其妙的忐忑感。

我们的工作表现也会受到经济压力的影响。根据英国经济与商业研究中心的一份报告，近七成的英国雇主认为，员工在财务压力下的工作表现会受到负面影响，事实上，10% 的员工因此缺勤（这些员工平均每年缺勤近乎 5 天）。该报告还发现，18% 的员工由于财务问题导致工作效率下降。

毫无疑问，财务压力和工作效率之间是相互影响的双向关系。我们还发现，经济困难会导致心理健康恶化，但心理疾病也会影响人们做出理性且能自我提升的财务选择的能力，还会影响人们保住工作的能力。

金钱也可以直接或间接地干扰人际关系的和谐。我们可能会发现，金钱冲突困扰着我们一些最重要的人际关系，或者，简单地说，我们对金钱的担忧导致了情感压力，使我们更加紧张、易怒，无法控制自己的感觉，也无法和我们所爱之人沟通。理解金钱在我们心中扮演的角色，不仅有助于我们增加银行存款，还有助于改善我们的人际关系。

财富不是幸福的保证

尽管没有财富会给我们的幸福带来风险，但拥有财富和经济上的成功也不能保证我们就一定会幸福。许多研究试图确定幸福感是否会随着收入或财富的增加而增加。结果喜忧参半，关于应该衡量"评估型幸福"（我们如何评估自己的生活）还是"体验型幸福"（我们在日常生活中的感受如何），学术界争论不休。然而，事实证明，"评估型幸福"与财富的关系比"体验型幸福"更密切，这表明，财富似乎会影响我们对生活的总体感受。但在日常生活中，富人在追求幸福方面所面临着的挑战并不比别人少。

现在，正如我将在本书中多次提及的那样，我们是复杂的生物，所以，试图通过问卷调查来评估幸福的做法具有局限性。心理学家得出的结论是，美国最富的100人只比普通人幸福一点点，这让我们获得了一些慰藉，但也有一些研究的结果与之相矛盾。

我和许多同事的实践证明，许多富人很难找到快乐和满足感。如果有什么区别的话，那就是他们对自己的悲伤怀有更多的负罪感和羞愧感，因为我们的社会给我们灌输了一种误导性的假设，即钱多的人更幸福。如果我们允许的话，金钱可以成为幸福的推动者，但不会成为幸福的驱动力。

然而，让金钱促进幸福似乎比人们想象的更难做到。我们可能会情绪化、不理智、不切实际，甚至被金钱能给我们带来的东西所迷惑，所以，我们有时会让金钱成为冲突的根源，或是自我破坏和自我剥夺的工具，而不是提高生活质量的资源。

人们不能理性看待钱财，这可不是什么新鲜事

尽管在精神分析文献中，关于金钱的思考不过是凤毛麟角（赌博除外），但与此相反，行为金融学领域多年来一直在研究心理学对金融市场和金融决策的影响。

行为金融学领域的研究表明，人们不太能理性看待钱财。例如，在研究人类如何做决定时发现，我们很容易受到某些所谓的"认知偏差"的影响："沉没成本谬误""锚定偏差"和"近因偏差"扭曲了我们的理性，诱使我们的大脑做出错误的财务选择。

我们以"沉没成本谬误"为例。想象一下，你花150英镑买了一张音乐会的票，花75英镑买了一张剧院的票，却没有意识到，这两个活动都被安排在了同一个晚上。你应该去参加哪个活动？你可能会选择音乐会，因为你为它支付了更高的价格。但不管怎样，票钱都已支付，无法收回。理性的决策者只会关注未来的价值。那么，参加哪个活动会给你带来更大的乐趣或满足感呢？花多少钱不应该成为这个决定的一个因素。

然而，本书并没有关注我们都面临的非理性倾向，而是旨在帮助我们根据自己内心世界的独特映射，探索出适合自己的、个

性化的金钱观。

虽然心理治疗师可能会帮助你发现你思维中的谬误，但他们更感兴趣的是，你最初为什么会陷入这样的混乱（在同一个晚上预订两个活动的票）。如果这是经常发生的事情，那么，这些"错误"背后可能有原因。也许你为自己花钱感到内疚，为了避免这种负罪感产生，你不经过太多思考（也不查看一下日期）就匆忙做出花钱的决定。也许周六晚上独自一人的不安全感（源于上学时的社交困难）让你不假思索地匆忙制订一些消费计划。或者，这是否反映了一种混乱的生活方式？你在生活中的其他方面也遇到过类似的情况吗？我感兴趣的是使你倾向于某种思维和行为模式的独特情感印记。

我希望引导你以不同的方式思考，并为你提供一个新的视角来探索你与金钱的关系。我记得，有一位患者因为金钱焦虑而苦苦挣扎，他在详细讲述了父母破产的痛苦记忆之后，深吸了一口气。深呼吸之后是一阵沉默。然后，他满怀希望地问我："标准答案就在此吗？"他的意思是："我们解开这个谜团了吗？我们找到答案了吗？"或者，换句话说："这一次的经历能解释一切吗"不幸的是，世界上不存在什么"标准答案"。有些读者可能会感到失望，因为几乎没有一件事、一段经历或一种思想可以解释我们此时此刻的行为方式。当然，这并不会降低我们探索的价值，我现在对此深信不疑。事实上，如果你打开心扉，用一种不同的方法来进行自我询问和自我反思，你就会从多个方面和多个维度了解自己，这将丰富你对自己的理解（而不仅仅是你的金钱观）。

本书中引用的例子包括我的生活经验、我自己的临床实践、同行和公众人物已发表的临床经验，以及流行文化背景中的案例。如果是我的患者的案例，我将会采用匿名的叙述方式以保护患者的隐私，并履行我的保密义务。

财务幸福感和财务情感意识

财务幸福感通常被描述为对自己的财务状况感到满意并能控制自己的财务状况。这与你有多少钱无关，而与你对自己的财务状况有足够的掌控能力有关。你得理解自己所做的选择，而不是盲目行动或违背自己的最佳利益。

英国一家提供免费理财建议的独立机构"货币和养老金服务组织"（MaPS）表示："财务幸福感是一种安全感和掌控感。它关乎如何日复一日地有效利用资金，如何应对突发事件，以及如何确保自己朝着健康的财务未来迈进。简而言之，它就是指具备财务韧性、自信和自主能力。"（见图 0-1）

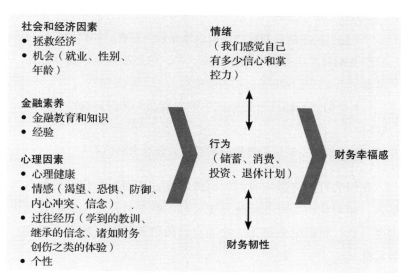

图 0-1　财务幸福感

通常来说，有很多因素会影响我们的财务幸福感。这些因素包括：

- 社会和经济因素
- 金融素养
- 心理因素

所有这些因素都会影响我们的财务幸福感，因为它们会影响我们对自己财务的信心和掌控力。这些因素也会相互影响：如果我们对自己的财务没有信心，我们就更有可能做出糟糕的财务选择，最终会陷入财务状况恶化和心理健康状况不佳的不良循环。

因此，尽管财务幸福感不一定与我们银行账户里钱的多少有关，但我们的"财务韧性"的现实状况很重要：

- 我们是不是有应急资金来应付不可预见的开支呢？
- 我们能不能在需要时获得这些资金？或者，如果我们所有的积蓄都被套牢在了非流动性资产中，这是不是意味着我们在需要时无法轻易地将其转化为现金？
- 我们能不能从财务挑战中满血复活，并保持稳定的财务状况？
- 我们能不能承受通货膨胀或经济受挫的影响？

我们的行为将影响我们的财务韧性，从而影响我们的财务幸福感。如果我们的财务状况岌岌可危，在某种程度上我们会意识到这一点，我们会觉得无法控制自己的财务状况，甚至会感到心烦意乱。

社会和经济因素

许多社会和经济因素直接或间接地影响了我们的财务幸福感，因为这些因素决定了我们获得机会的程度、我们的生活质量和我们的整体幸福指数。

在贫困中长大以及面临着债务和失业压力，都与身心健康状况不佳有关。处于财务压力和焦虑状态的人会做出糟糕的财务决策。美国金融业监管局（FINRA）成立的投资者教育基金会发现，"财务上焦虑和压力大的成年人更有可能做出代价高昂的财务行为，比如高成本的借款和提前预支退休账户中的钱"，而且不太可能为退休做计划。因此，这些社会和经济因素既影响着我们对金钱的选择，也影响着我们对自己财务状况的满意度和掌控力。

但是，我们讨论的不是财务数字，而是财务幸福感，两者是不同的。在贫瘠的环境中长大，并不一定会让我们陷入财务困境，也不会为某种特定的金钱态度铺平道路。同样，在富裕的环境中长大，也不能保证我们不受金钱的困扰。贫富环境只是营造了不一样却同样复杂的情感氛围。

如果你在贫瘠的环境中长大，受到父母很难控制的金钱焦虑的影响，你可能会成为一个对金钱非常焦虑的成年人，这样的人永远不会感到"足够"放松，也不会对自己的财务状况感到安全和自信。你可能会囤积金钱"以防万一"，而不是享受财富，你会感觉被灾难性的幻想所困，无法享受其中。相反，如果你的父母能够控制他们的金钱焦虑，你可能已经找到了对自己的财务状况总体满意的方法，并充分利用你拥有的东西，设定现实的目标，而不是太在意别人的成就。

　　同样，从总体上看，富人在发现自己处于财务不稳定的情况下，可能没有那么多的焦虑，但他们的财务幸福感仍然可能受到大量负面情绪的影响。例如，如果钱是继承来的而不是挣来的，他们就会对自己管理金钱的能力产生不安全感；如果他们比自己的朋友和家人赚得多，他们就会萌生羞愧感；如果他们在成长过程中看到自己的父母经历破产或蒙受巨大的损失，他们可能会担心自己的财富也会消失。所以说，贫穷并不等于财务幸福感低，富有也并不等于财务幸福感高，甚至你对财富的体验可能会阻碍你的财务幸福感的提升。

　　社会阶级是一个有趣的问题。虽然阶级带来的经济地位和教育水平传统上为我们提供了一定的收入和机会潜力，但我觉得最值得思考的是，我们的阶级经历如何塑造了我们对金钱的态度和行为。你是否对那些更高的社会阶级所拥有的金钱或权力感到怨恨？你是否对让我们感到困顿和无力的"卑微身份"感到羞愧？如果是这样的话，我们的财务幸福感将会被"别人总是拥有更多"的说法所影响，也许还会产生一种听天由命和对自身处境无能为力的感觉。同样地，在一个鄙视财富和对"贪婪的富人"嗤之以鼻的家庭中长大，如果某一天我们发现自己已经跻身上流社会，那么，我们可能会感到非常矛盾，因为我们无法享受自己的巨额财富和强烈的财务幸福感，而是被负罪感和羞愧感折磨。

　　经济和金融市场的状况可能也会影响我们对金钱的感受和行为。在一个繁荣的经济环境中，我们可能会感到更加自信，并承担更多的风险；而在经济衰退期间，我们的感受和行为可能会截然不同。

　　我们的年龄、人生阶段和感情状态也可能影响我们的金钱选择和对自己财务韧性的信心。我们可能在年轻时更倾向于冒险，随着年龄的增长，我们更倾向于规避风险。在刚入职的几年里，我们可能会更关注储蓄，而在接近中年时，我们可能会更关注消费。但是，个人经历和所处环境会对我们的财务幸福感产生巨大的影响。以上这些社会和经济因素可以帮助我们更好地理解人与金钱的关系，但无法很好地诠释人与金钱的关系。

金融素养

金融素养很重要，因为它是我们对自己所做财务选择的自信程度的关键。金融素养还能推动良好的财务行为。做出与自身最佳经济利益相悖的选择，可能并非源于深层次的情感问题，而是归咎于纯粹的金融知识匮乏。

英国乃至全球关于金融素养的统计数据都很令人失望：

- 在欧盟，只有大约一半的成年人具备金融素养。
- 每个国家的男性和女性在金融素养方面都存在差距：标准普尔公司曾经在 93 个国家进行了一项大型调查，发现男女之间正确答案的差距超过 5 个百分点。
- 在美国，1/3 的青少年不知道信用卡和借记卡的区别。
- 经济合作与发展组织（OECD）在 33 个国家进行的一项研究显示，1/4 的成年人在购物时不会计算商店应该找给他们多少零钱（在西班牙、英国和意大利等国家，这一比例上升至 1/3 左右）。
- 英国 44% 的成年人表示，如果他们学过如何做预算等基本的理财技能，他们的财务状况会好得多。
- 在美国和英国，3/4 的青少年希望接受更多的理财教育。
- 13% 的美国父母表示，他们的父母根本不跟他们谈论金

钱问题。而在英国，即使在今天，也只有不到一半的父母会公
开与子女谈论金钱（该统计数据不因家庭收入而变化）。

- 在英国，只有67%的成年人具有金融素养。

在全球范围内（在经济发达的国家也是如此），只有极少数
人具备金融素养，并能够确定真正符合自己的最佳经济利益。这
些可怜的数字令人瞠目结舌，也表明我们迫切需要更好的金融
教育。

金融素养的影响巨大。金融素养会对经济和我们自己的财
务结果产生影响。金融素养影响我们创造财富和从金融冲击中恢
复的能力。金融素养可以帮我们拥有更多的储蓄和财富、更从容
的退休计划、更好的债务管理策略。金融素养会提醒我们拒绝使
用利息太高的信用卡。当然，金融素养之所以会影响我们的财务
幸福感和心理健康，是因为缺乏金融知识会造成与财务决策相关
的不安全感、不确定性和焦虑感。研究人员在研究财务压力时发
现，金融知识水平越高，财务焦虑程度就越低。知识孕育了信
心，有助于形成掌控感和选择意识。在实践中，知识也孕育了更
好的选择。

心理因素——建立财务情感意识

你的自信和你对财务的掌控感会受到各种心理因素的影响，
我将在本书中深入讨论其中的一些因素。情感（渴望、恐惧、防
御、内心冲突、信念）、过往经历（学到的教训、继承的信念、
诸如财务创伤之类的体验）、我们的个性和心理过程（我们如何
体验周围的世界）构成了一个复杂的网络，所有这些都决定了我
们做出的金钱选择以及我们对这些选择的感受。

　　本书的目的是增强我所谓的"财务情感意识"——你对驱动和塑造你对金钱的感受和行为的心理因素的意识。你会发现，其中许多可能是源于过去的经历，有些甚至是童年的经历，在许多情况下，这些经历与金钱完全无关。你可能会发现，你和你的商业伙伴在补偿问题上难以达成一致，实际上是过去的手足关系被这种关系激发了；或者，你坚持为孩子支付假期费用，是因为你害怕与他们分离，而你与自己的父母也有过类似的挣扎经历；或者，你习惯把开支精确到小数点后最后一位，是因为你对被剥削的深度恐惧。

　　本书的目的不是从财务决策中剔除情感因素。你在签署抵押贷款文件时，难道不会感到一丝不安或恐惧吗？你在投资第一个创业项目时，难道不会感到既紧张又兴奋吗？你在三番五次地为孩子或伴侣解围时，难道不会感到某种程度的愤怒吗？对于所有这些问题的答案都是"怎么可能没有情绪"。因为，许多财务决策都是由情感驱动的。

　　有时，消极情绪是面对艰难的财务选择时产生的自然反应，而不是你做出糟糕选择的征兆。我们可能会觉得：

> ● 如果我们决定比其他人少捐一些礼物，就会有强烈的羞耻感。
>
> ● 如果我们犒赏自己去按摩，或者去比平时更贵的餐厅，就会产生负罪感。
>
> ● 如果我们为了更大的经济目标存钱而阻止自己购买想要的东西，就会感到沮丧。
>
> ● 如果我们要贷款创业，就会感到焦虑。

　　负面情绪并不总会导致这些糟糕的选择。以收集礼物为例：

送得比别人少可能会让你感到羞愧，但送得比你能负担得起的多可能会让你感到后悔甚至怨恨。因此，没有什么"正确选择"能让我们摆脱所有的负面情绪。我们要做的是明确我们选择的原因（而不是在压力下不计后果地冲动行事），然后，管理我们最终抉择的负面影响。当情感阻碍我们做出最有利于自己的选择时，问题就会出现；当情感影响我们的判断时，问题也会出现。

以乔纳森为例，他升职了，并把全部奖金都花在了一次豪华度假上。这是一个糟糕的选择吗？嗯，答案的好坏"视情况而定"。关键的决定因素是乔纳森是否考虑过他的选择背后的原因，而不是出于情感的冲动。在场景1中，他非常兴奋，终于收到了一笔可观的奖金，于是他不假思索地预订了一个豪华假期。然而，当他度假归来时，他开始感到内疚。如果他没有在假期"挥霍"奖金的话，他离拿到他心仪的那套公寓的首付款就更近了一步……内疚、遗憾和悲伤占据了他的整个心。

在场景2中，乔纳森花时间评估他的决定的利弊。是的，去豪华度假会推迟他攒够那套心仪公寓的首付款。他要么需要等待更长时间才能攒够钱，要么向家人寻求经济帮助。然而，自幼以来，这个豪华假期一直是他想要的。乔纳森出生在一个工人家庭，每当看到学校里那些出国旅行的孩子，他总是十分羡慕。他渴望有一天也能负担得起这样的旅行，于是，他刚踏入职场就非常努力工作，因为他心中藏着一个心愿，那就是有一天开启自己的梦想之旅。因为工作努力，他现在可以梦想成真了。他清楚自己需要放弃什么，因此能够权衡利弊，并做出一个让自己感到备受重视的选择。他可以毫无内疚或遗憾地享受这次旅行。

同样的选择却有着截然不同的决策过程。更重要的是，情感上的结果截然不同。后一个选择增强了他的财务幸福感，虽然在旅行结束后，他的财务状况又回到了原点，但他可以享受自己辛苦挣来的钱，这是一个让自己感到心安的选择。

任何选择都意味着要放弃一些东西，而有意识地认识到这一点，有助于我们放下这些东西，前提是我们要清楚自己现在需要的是什么。如果我们给自己机会，仔细考虑自己的选择，缅怀那些不可避免的损失，我们就能更好地享受自己所选择的事物。我们要给自己机会，思考如何减少选择带来的负面影响——乔纳森有哪些推迟买房的替代方案呢？在"冲动型情景"中，乔纳森可能在享受假期的同时，试图避免潜意识里的负罪感，因为他隐约意识到这笔钱本可以用于支付公寓的首付。度假回来后，他的选择后果以一种势不可当的方式"打击了他"。在做出财务决策时保持情感意识，可以让我们清楚地了解影响决策的因素，更清楚地看到决策产生的情绪影响（如果我们事先考虑过，我们就不太可能在做出决定后被自己的情绪打个措手不及），并产生更大的掌控感。

财务幸福感无法用尺子来衡量。没有明确的指标能告诉我们，何时消费已经超出了预算，何时和朋友的几次熬夜打牌变成了赌博成瘾，或者何时对金钱的"谨慎"态度会变成"吝啬"。

然而，还是有一些线索的，其中一些是情感上的暗示。如果我们能意识到自己的情绪变化，就能意识到自己是否越过了界限。比如，我们心中飙升的负罪感可能告诉我们，我们的行为中有些地方感觉不对劲。原本我们认为可以掌控的习惯，现在却感觉失控了。当然，反过来说也不一定正确。如果我们坚信某种看似自我破坏的行为没有问题，那我们可能只是在自欺欺人。

事实胜于雄辩，大额或多次的信用卡债务或赌博损失可能就是提醒我们需要关注某些问题的警钟。某些行为也可以暗示可能存在问题。比如，完全避免谈论金钱，对爱人隐瞒事实和守口如瓶，以及前后矛盾的随机行为，都可能是在提醒我们，我们对自己的财务状况并不放心。

可能有迹象表明，某些值得探索的困难就在触手可及的地方，很快就要显露出来。比如，你从别人那里直接或间接地收到了反馈："你为什么这么纠结于几磅体重？为什么每次讨论钱的时候你都不参与？难道你没看出你的行为将导致什么后果吗？"你知道自己隐藏了什么秘密。比如，也许你剪掉了新购商品的标签，以免伴侣、朋友或父母注意到你又乱花钱了；或者，你还没有告诉伴侣你从远方亲戚那里继承了一笔遗产。在上次谈话中提到钱的时候，你知道自己希望能屏蔽掉哪些内容，比如："刚刚我的朋友告诉我她没有拿到奖金，那么我为什么要向她透露我的奖金金额呢？"你可能注意到你比你认识的大多数人都要更加谨慎、保守或厌恶风险。这里的重点不是将差异病理化，而是帮助你更有自知之明，并琢磨这是怎么回事。

如果没有财务情感意识，我们可能会感觉自己沦陷在了一些看似无法改变的行为和情绪当中。"无论我在职业生涯中赚多少钱，我仍然感到不满足，并渴望得到更多。""我无法停止与伴侣或兄弟姐妹或父母为金钱问题而争吵。""我一直为钱发愁。"所有这些非常常见的陈述都表达了一种渴望改变的愿望，但情感上的反作用力却呈现出一种挑战，即某些事情需要被理解或某个冲突需要被解决，或者某种感觉需要给予空间去感受。我们可以识别并克服这些情感障碍，但有时我们需要帮助才能做到这一点。

本书的目的是帮助你思考如何通过金钱表达自己的渴望、恐惧和内心冲突，以及你的早期经历（甚至是与金钱无关的经历）如何影响了你与金钱相关的行为和情绪。

在本书中，我会讨论各种各样的金钱行为，但并非全部。例如，我不会深入探讨赌博或金融冒险的话题，因为已经有很多学术和非学术书籍探讨了这个话题。我将专注于我们与金钱关系的较少被分析和关注的方面。话虽如此，本书中涵盖的许多主题还是可以帮助我们更好地理解投机冒险（例如，受虐倾向、期待神奇的转变、叛逆、寻求公正和补偿的心理）。

目　录

text

第一章

过去的经历如何影响
我们与金钱的关系

把金钱当作一种象征

金钱具有强大的象征意义。象征存在于现实世界中，在我们心中代表着某种意义。我们随时随地使用象征来传达某种普遍的意义。比如，结婚戒指象征着两个人之间的承诺，心形符号可能象征着爱情，白旗象征着投降，十字架象征着基督教。除了普通意义之外，象征还有其情感意义。正是这种情感元素，使丢失结婚戒指、烧毁旗帜等行为如此令人不安。我们丢失或损坏的不仅仅是一个物体，而是它所代表的意义令我们感到不安或受到威胁。

一个物品的象征意义可以被多人共享，其情感意义却可能是非常私人的。如果我们问某个群体的人国旗代表什么，他们可能会一致认为它代表一个国家。然而，对于每个人来说，国旗可能象征着不同的情感和心理共鸣。如果你在美国询问路人"美国国旗对你来说意味着什么"，答案会五花八门：自由、权力、机会，也有一些人（由于他们国家的历史或他们自己的经历）会把它与帝国主义或种族主义联系在一起。它可能会唤起美国退伍军人某些焦虑的记忆，也可能唤起一个生活在异国他乡的美国人的舒适感和怀旧之情。

任何东西只要是传达某种意义的媒介，都可以成为一种象征。精神分析师唐纳德·温尼科特（Donald Winnicott）指出，"安全毯"是人类最早使用的一种象征物，即精神分析术语中的"过渡客体"，因为它将个人赋予的独特意义与世界上的某个事物结合在一起。这里的安全毯（或毛绒玩具，或奶嘴）代表着舒适感，填补了母亲和孩子之间慢慢形成的空间，转移了孩子在成长过程中面临的分离焦虑。因此，安全毯拥有了孩子赋予它的心理和情感意义。

金钱的意义是显而易见的。金钱作为交换媒介的共享意义得到了普遍的认同，但金钱的心理和情感意义对我们每个人来说都是多样而独特的。金钱在我们心中的意义（这必然会影响着我们的花钱习惯）是我们人生经历的结果。我不会深入探讨货币和金钱的历史，但我想请大家回顾一下自己的个人经历，揭开金钱在我们心中的意义的线索。请问，金钱对你来说意味着什么？

金钱的各种意义反映了我们的经验和内心世界的多样性。我们的成长经历、过去的经验以及我们对自己的感觉都会影响我们的金钱观。金钱对不同的人代表着不同的东西，我们可能会利用（或滥用）金钱来表达自己或他人的潜意识感受。金钱可以代表：

- 我们认为自己拥有或希望获得的安全感。
- 我们施加在他人身上的权力，或者被用作控制我们或限制我们自由的武器。
- 追求机会的自由，充实生活的自由，摆脱虐待关系的自由。
- 那些依赖净资产让自己感到"值得"被关注、被尊重或被爱的人心中的自我价值感。
- 通过薪酬、继承或与室友分摊账单来确认自己不会被剥削的公平性。
- 金钱还代表很多其他的东西，比如道德败坏、男性气概和声望等。

例如，弗朗西丝卡和伊莎贝尔都曾为争取更高的薪水而苦苦挣扎，但原因却大不相同。弗朗西丝卡正处于营销事业的上升期。她能认识到自己的成就，甚至在回顾自己的职业发展时感到些许的自豪。但她早就知道，与公司内同一薪酬等级的其他人相比，自己的薪水偏低，而且与其他公司中该职位者的薪水相比也偏低。尽管知道了这些，弗朗西丝卡还是不敢要求更多。她一想到要面对老板，并主动谈论薪水问题，就感到非常焦虑和恐惧，就算学习了薪资谈判的技巧和策略也无济于事。我们需要明白，是什么让弗朗西丝卡难以开口争取她认为自己应得的东西。

弗朗西斯卡从小就有一个脾气暴躁且对她吹毛求疵的母亲。她的母亲因为放弃了自己的事业来抚养孩子而心怀怨恨，她的父亲则经常出差在外，大部分时间都不在家里。在这种成长环境下的弗朗西丝卡，虽然在某种程度上能够认识到自己的成就，但她的内心总有一部分觉得自己"不值得"或"不够好"，同时还觉得自己"太黏人"。

在心理治疗中，我们必须深入解读她内心的这一部分，帮她克服因为父母不支持而产生的愤怒和失望，促使她认清现实，摈弃"我不够好"的说法。我们要观察她内心那个"被人挑剔的小女孩"，帮助她理解并更好地管理这种情绪，因此，当她进行薪酬谈判时，她可以用她成熟的一面来解决问题。她应该意识到自己是一个合格且表现良好的员工，理应获得更高的薪酬，而不是当年那个"黏人的小女孩"。

对伊莎贝尔来说，要求加薪的谈判也很难。她也难以争取自己认为合理的薪水，但她的犹豫是因为她的家庭中有个说法："贪婪是可恶的"，金钱是"肮脏的"。伊莎贝尔在一个以谦逊和勤奋为荣的家庭中长大，从童年时代就接受了这样的信息：一个人应该对自己拥有的一切感到满足并心怀感恩，切不可不知足，变得"太贪婪"。从某种程度上说，伊莎贝尔尊重家庭价值观，并真心想在生活中遵循这个价值观。然而，作为一个成年人，她需要别人的帮助来表达自己对家庭价值观的理解且做出自己的选择，区分什么是野心与贪婪，什么是公平与忘恩负义。我们要用语言表达出这种困境，并克服这些细微之处，帮助她从普遍的焦虑和内疚中解脱出来，以一种更自信的姿态提出申请，让她觉得自己要求的薪水似乎是合理的且应得的。

如果我们深入探究隐藏在财务管理不当或与金钱相关的情感问题背后的深层情感问题，那么我们就能更好地理解这些财务问题。财务情感意识是指了解金钱背后的欲望、渴望或恐惧，并意识到驱动我们进行财务选择的情感因素。

当我试图通过引导大家进行关于金钱的心理探索来提升自己的财务情感意识时，我们不可避免地会追溯到早期的经历。这并不是因为我们对金钱的渴望始于童年，而是因为我们将早期的某些渴望与金钱的象征意义联系在了一起。心理分析师莱斯利·默丁（Lesley Murdin）写道："渴望金钱并不是幼稚的表现。婴儿可能想要权力、想要控制力……想要爱，但他不想要钱。成年人拥有复杂的内心世界，开始理解金钱象征着他们想要或自认为想要的很多东西。"我们可能会在我们的过往经历中找到自己当前金钱行为的根源，因为许多人希望金钱能够满足那些即使在他们尚不知钱为何物时就已经存在的渴望。通常情况下，金钱成为我们情感需求的替代品。我们可以通过了解金钱对我们的意义来做出更明智的决定。

金钱有时会带来情感负担，因此也会阻碍我们发展人际关系。在我们的脑海中，这可能是一个沉重的话题，但它也可能让我们觉得在人际关系中存在雷区，因为我们已经让金钱成为一种象征或一种语言，不限于财务领域。换句话说，我们可能会用金钱来表达自己对别人或对某段关系的潜意识感受。但是，以这种方式传递的信息是模糊的，可能会让人陷入无休止且无法解决的冲突。为什么要让金钱来替你说话呢？理解我们通过金钱表现出来的行为，岂不是更好？

人们对金钱代表什么以及应该如何使用金钱持有截然不同的看法。对一个人来说看似过分的东西，对另一个人来说则显得保守；对一个人来说看似公平合理的东西，对另一个人来说则显得不公平且不合理。如果你最近在约会，我猜想你可能会花很多心思去猜测结账时对方会期待什么。他会看重平等并愿意分担吗？或者，他会看重甚至期待这顿饭由你出钱吗？也许有人认为"主动付钱"代表绅士风度、慷慨大方、"高姿态"、控制欲或善良，而有人则认为"期望被人款待"是顺从或理所应当。但这究竟是什么意思，我们无从得知。

如果我们试图解读自己的金钱行为并猜测对方的金钱观，可能会让人感觉像是在穿越雷区。账单被留在桌上，气氛很尴尬。在这种情况下，人们常常会感到羞愧和脆弱，可能是因为在如何解决这个问题上，我们很难避免（至少部分地避免）暴露自己的观点。

"我们应该平分吗？"这句话暗示着我们无意支付全部费用。等待对方先开口的时间过长，可能会被理解为拒绝买单。两个人在经历了第一次约会之后的账单等事件，都会发现自己在慢慢揭示自己的价值观和态度的同时也发现了对方的价值观和态度，希望不要因为发现了这些而冒犯对方或对对方失去兴趣。他们能够理解并接受彼此之间的差异吗？这是可以调和的冲突吗？金钱只是情侣们面临的诸多问题之一。

波拉（我将在第八章中将详细介绍她）在两个控制欲极强的父母的陪伴下长大。他们的控制也体现在金钱方面，波拉的成长经历与同龄人不同，她从未得到过零花钱，因此无法离开家参加社交活动。多年以后，波拉在与未来丈夫的初次约会中不允许对方为自己买电影票。她会对他说："等我有钱了，我们再去看电影吧！"对她来说，这是一个比让他付钱更好的选择。为什么呢？在波拉的案例中，实现经济独立和自主变得如此重要，这与她的自由感联系在一起，以至于让对方付钱会让她产生一种痛苦和不安的感觉，即别人掌握了她享受生活的钥匙。因此，对于波拉而言，普通而慷慨的行为是否可以被接受，要取决于她过去经历的创伤事件。波拉不打算让她过去通过金钱表现出来的控制欲成为她与这个男人未来关系中的特征。

对大多数人来说，金钱所带来的影响通常是微妙的，而且往往超出了意识范围。我们可能没有意识到，我们正在通过金钱来表现依赖、合作和平等的人际关系，尤其是如果这些是健康的，不会造成痛苦，因此也不会引起我们的注意。

在我的经验中，不可否认的是，我们如何对待金钱、解读金钱、谈论金钱、追求金钱、否认金钱或谴责金钱，都受到我们过去经历的影响，这不仅仅是与金钱有关的经历，很多因素都决定了金钱对我们的意义。

过去人际关系中的情感印记

当我们思考我们与金钱的关系（见图 1-1）时，仅仅考虑我们从父母那里学到了哪些金融知识、我们的零花钱是如何处理的，以及我们是在富裕还是贫穷的环境中长大的（这就是我们经历的情感印记），那就太狭隘和太过局限了。从创伤和失去等重大生活事件，到纸牌游戏和赠礼等点滴互动，我们的经历将会影响我们对自己和他人的期望，也对我们渴望和害怕的东西产生影响。

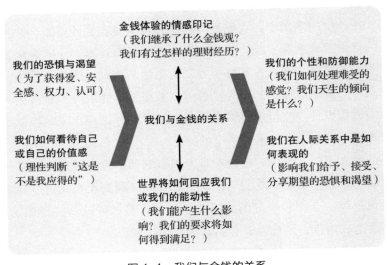

图 1-1　我们与金钱的关系

　　我们是自己过去经历的结果：这些经历塑造了我们，尤其是那些充满情感的体验。当时我们如何处理自己的情绪，以及我们周围的人如何帮助我们控制情绪，都会给我们现在处理类似问题的方式留下情感印记。我们早期的人际关系对我们成为什么样的人、我们如何看待自己、我们如何建立未来的人际关系以及我们如何体验周围的世界，都会产生很大的影响。

　　当心理治疗师思考你与金钱的关系时，他们可能会着眼于当下出现的问题，也会使用"调查工具包"，试图触及可能隐藏在金钱行为背后的无意识感觉和想法，从而解开你可能渴望或抗拒的东西。

- 不敢超支实际上可能是一种想要融入群体的欲望。
- 不舍得花钱可能与我们的自我价值感低有关。
- 保守金钱秘密的行为模式可能与我们内心的羞愧感有关。
- 赌博成瘾实际上可能是为了惩罚我们的父母对我们的忽视。

让我给大家举一个心理治疗过程的例子：

迈克尔：和朋友出去的时候，我从来没打算花这么多钱，碰巧就花多了。

治疗师：碰巧就花多了……

迈克尔：是的，我的意思是……我们都喝完了一杯，突然我脱口而出："下一杯我请客！"

治疗师：那你感觉如何？

迈克尔：五味杂陈……在我说我请客的那一刻，大概萌生了5%的后悔感，但最重要的是我的兴奋感……而且有一种如释重负的感觉。

治疗师：如释重负？

迈克尔：是的，就像我内心的某种情愫平静下来了。

治疗师：就像……

迈克尔：就像现在，至少有那么一会儿，不用担心别人是否喜欢我。

迈克尔在家中排行老二，由于他父亲的职业是外交官，他上学的大部分时间都是在不同的国家和不同的学校度过的。与别人相比，他的身份常常让人感到困惑。即使在他的家庭中，作为家中的老二，他觉得姐姐和父亲关系密切，弟弟和母亲关系密切，他经常害怕被人排斥，因为他不能确定自己是不是招人喜欢。无论他从沮丧的妻子那里得到了多少预算建议，这都不是一场理性斗争，而是一场情感挣扎。过去的一些经历让他害怕被人排斥和拒绝，这需要他去思考和克服。与此同时，在"此时此地"，他需要对自己的恐惧进行现实检验（如果他的慷慨程度不能赶超朋友们，他们真的会看轻他吗？），并坚持这样的信念：未来未必要像过去一样，万一他不再过于慷慨后遭到冷落，他绝不要做一个在操场上独自玩耍的"小学生"，而是要争当那个决定去寻找更有互惠感关系的成年人。

我们如何看待自己或自己的价值感

过去的人际关系会影响我们成为什么样的人以及我们如何体验这个世界，这与我们成年后允许自己拥有什么、渴望什么以及我们的行为方式如何非常相关。本书中的很多金钱问题都可以从我们的应得感、权力感和能动性中找到根源。

我们与主要照顾者的关系塑造了我们的自我认知：从母亲[⊖]与婴儿之间最初的情感联结，到被抱起、喂养和换尿布等经历，再到后来的所有互动（他们如何回应我们、如何鼓励我们、如何向我们表达愤怒）。这些都是影响我们感觉自己有多可爱或有多能干的体验。如果婴儿得到的回应是微笑或被温柔地抱起，其需求得到父母充分的理解和满足，那么，他就会萌生一种自己值得被爱的感觉，觉得自己拥有有价值的品质，并形成一种信任感，认

⊖　请注意，在精神分析文献中，主要照顾者通常是母亲，所以，如果我或者我引用著作的作者提到"母亲"二字，这就等同于"主要照顾者"。

为这个世界是一个安全的生活之地。而需求被忽视的婴儿则会在成长过程中形成完全不同的自我认知，他可能会觉得自己不受欢迎、不可爱、软弱而愚蠢。世界在他看来可能是一个充满威胁和危险的地方，让他感到脆弱且无助。

温尼科特解释说，小孩子的性格是由他们通过"镜子"（即母亲的脸）看到的东西塑造的：一个冷淡、生气或沮丧的母亲会影响婴儿对自己的美好、价值和有趣的感知。同样重要的是"调谐"，这是母亲解释和理解孩子需求的方式。一个不能与自己的孩子"调谐"的母亲会让孩子感到自卑和羞愧。困惑和无助等感觉会淹没这个小孩。母亲（以及孩子所生活的世界）会显得严厉、冷酷和挑剔。

这些经验的积累最终会形成我们对自己的整体感受。我们觉得自己配得上美好的事物（比如爱或金钱）吗？我们能允许自己拥有和享受赞美、甜点、爱人以及金钱能买到的好东西吗？拥有金钱和享受金钱带来的快乐可能会很困难，因为我们的过去经历让我们觉得自己"不够好"，不配拥有金钱，因此我们的行为会干扰我们在财务方面获得成功，也会妨碍我们对金钱采取的平衡态度。我们可能会挥霍它、花得太快或把钱存起来，希望这样能提升我们的自尊心。

对许多人来说，想要拥有、享受或珍惜美好事物可能是一种无处不在的挑战。他们被羞愧感和无价值感折磨着。他们可能会暂时允许自己拥有一些美好的事物，却无法享受它们，甚至希望失去它们（"这太好了，不可能是真的，也不会持久的"），或者，他们以某种方式破坏美好的事物。当他们吃东西的时候，他们可能会感到内疚，或者当他们取得任何成就的时候，他们会觉得自己是个冒牌货。我将在"过度节约"和"自我破坏"的章节中给大家列举几个具有这种倾向的人的案例。在这些案例中，他们宁愿在经济上自我破坏，或者成为患有"厌钱症"的人，也不允许自己拥有和享受金钱。

我们从母婴关系（这几乎是刚出生几个星期的婴儿的全部注意力所在）扩展到其他的人际互动。我们渐渐开始注意自己与父亲、兄弟姐妹、祖父母、老师、社会的互动。这些互动对我们如何看待自己也有着重要的影响。在家庭中，探索你最认同父母中的哪一位是件有趣的事情。如果你在商业决策中总是会怀疑自己，在取得成就时感觉自己是个冒牌货，那么请思考一下你的悲观态度是否源于你认同了一位对自己技能缺乏信心或没有"成功所需特质"的家长。

当然，我们并不是在生活的所有方面都完全认同父母中的某一方。我们可能在工作和金钱态度上认同父母中的一方，而在人际关系上则认同父母中的另一方。这些都是复杂的、无意识的、多因素的现象，我们无法用科学的方式去探究，但我们可以利用这些现象去加深我们对真实自我的理解。

我们对自己的感觉会影响我们的管钱方式。同样重要的是辨别、确认和管理自己情绪的能力。这也是通过与主要照顾者（如父母）的调谐习得的：他们解读我们的情绪和需求的能力，伴随着足够的积极体验，转化为我们的自我情感管理能力。对情感缺失儿童的研究表明，这些孩子缺乏自我意识，也没能力思考和确认自己的感受［精神分析师彼得·福纳吉（Peter Fonagy）称之为"心理化"］，同时也无法理解他人的心理状态。如果我们无法思考自己的情感，更不用说管理自己的情感，那么我们就更容易以破坏性的方式表达自己的情感。在本书中，我们会看到很多这样的例子。

世界将如何回应我们或我们的能动性

塑造我们个性和身份的许多经历，同时也塑造了我们对自己能动性的认知以及我们对如何被世界接纳和回应的期待。这些都是我们能在财务上取得成功的必备技能，也是我们在财务管理方面产生能动性的必要条件。

从婴儿期的母婴互动开始，我们的早期关系就塑造了我们对世界如何回应我们的期待。正如荣格主义分析师黛博拉·C. 斯图尔特（Deborah C. Stewart）、丽莎·马尔基亚诺（Lisa Marchiano）和约瑟夫·R. 李（Joseph R. Lee）在《荣格式生活》（*The Jungian Life*）播客中的《金钱情结》（*The Money Complex*）一集中讨论的那样，如果婴儿转向乳房寻找食物，并且发现得到回应，那么他们长大后就会有一种感觉，即当他们伸手去拿某样东西时，世界会给予积极的回应。

一个能够给孩子足够的情感陪伴、共鸣和回应的母亲，不仅会让孩子感到自己是有价值的、安全的和被关爱的，还会让他产生一种感觉，即自己的需求可以得到满足（既是被接受的，也是可以得到满足的）。这些经历的积累在延续我们的能动性方面发挥着根本作用。为了建立事业或开展商业活动，我们需要一定的信念，我们要相信世界会对我们做出积极的回应。坐在客户面前自信地推销自己的想法时，我们需要有足够的经验，如此，无论接收我们信息的是谁，都会表现出兴趣或者至少会尊重地拒绝。如果没有这样的经验，我们要么避免这样的情况并在追求中保持谦虚，要么硬着头皮去面对，结果被焦虑压垮。

如果我们在非常挑剔的父母和老师或教练的陪伴下长大，成年后我们可能会害怕别人（无论是谁）拒绝、批评或挑剔我们。

因此，我们可能会避免互动，或者在涉及金钱时很难信任他人。我们可能会听到自己脑海中的声音（在精神分析术语中，这是"超我"的声音），告诉我们要求加薪是不懂感恩的表现；或者，我们可能因为预期会有负面结果或遭遇批评而不敢冒险。如果我们不相信自己有能力通过自己的选择来影响和改变自己的处境，那么，财务幸福感是很难实现的。我们在追求某件事时会发生什么？我们会期待被批评和羞辱吗？我们期待自己的请求通常是被接受还是被拒绝呢？如果我们觉得自己无法影响他人，我们就无法感受到对财务幸福感至关重要的自主感和能动性。

我们在人际关系中是如何表现的

我们的成长经历也会影响我们在人际关系中的表现以及我们对对方的期望。这对我们的财务情感意识来说非常重要，因为：

1. 当涉及人际关系时，它可以帮助我们识别我们对别人所抱有的一些潜意识期望，而这些期望往往会转化为我们对金钱的期望。

> • 我们是否期望付出比得到的更多，最终在人际关系中承担起经济上支持对方的责任呢？
>
> • 我们是否期望在人际关系的各个方面实现平等，因此寻求在从育儿责任到财务贡献等所有方面实现平等分配？
>
> • 我们是否习惯于并且因此期望在财务方面能找到一种被控制的状态，以至于在不知不觉中轻易放弃了对财务的控制力？

2. 它还可以帮助我们识别出我们是否在用金钱来表达除财务以外的需求、恐惧和愿望。

> • 例如，我们是否在寻求一份更贵重的礼物，而内心深处真正渴望的其实是更多的关爱与温情？
>
> • 我们是否在抱怨伴侣的高额旅行费用，而实际上是在担心他们的频繁缺席和情感疏远？

在人际关系中，金钱冲突屡见不鲜。仅仅通过解决金钱观和价值观上的分歧来解决这些冲突是目光短浅的表现，因为很多金钱冲突根本与金钱无关。理解我们在金钱冲突背后的情感，将不仅有助于提升我们的财务幸福感，还有助于改善我们的人际关系。

毫无疑问，我们与父母的关系以及他们彼此之间的关系会影响我们与其他人的关系。有时，我们会无意识地重复我们在家庭中经历的金钱行为和人际关系。

大卫是我的一位患者，他发现，管理一处度假房产的压力很大，这是他和妹妹塞布丽娜在父母去世后共同继承的遗产。大卫和塞布丽娜经常就公寓的财务管理问题发生争执。大卫觉得自己才是负责任的那一方，总是及时支付账单，还与服务供应商重新协商合同事宜。每当有设施损坏，他都会四处奔波着购买替代品。他认为塞布丽娜是在"搭便车"，实际上，她没有为这套公寓付出任何努力，甚至还冲动购物，不假思索地从他们为公寓设立的共同账户中取钱去消费，因此对公寓的财务状况产生了负面影响。

当大卫意识到他和塞布丽娜在很多方面都在重演他们多年来在家里目睹的父母之间的争吵时，这对兄妹之间的关系出现了转折。父亲在处理家庭财务问题时总是采取合作的态度，试图让妻子参与决策，但最终承担了大部分财务责任（不仅是主要的收入来源，还包括管理家庭开支）。母亲对财务话题不感兴趣，也不参与谈论，完全听从丈夫的意见。后来，父亲发现了母亲因为肆无忌惮的消费习惯而隐藏的信用卡借款和过去一次失败的小型投资而导致的债务。大卫认为塞布丽娜会像母亲一样超支，因此对她的意图持怀疑态度，不信任她管理财务的能力，并时刻留意着任何能证实这一点的迹象。这意味着很多互动在一开始就遭到了破坏。塞布丽娜真的有机会更多地参与财务管理，并向大卫证明她并不像母亲那样挥霍吗？

大卫和塞布丽娜在两个人的兄妹关系中重演了他们父母在夫妻关系中对待金钱的态度，即不信任、缺乏透明度、猜疑。大卫对塞布丽娜的描述可能有一定的真实性（也许她不如他有条理，也不如他积极主动）。但是，他父母的经历对他产生的影响在多大程度上扭曲了他对妹妹的看法呢？当我们期待某件事会朝着一个方向发展时，我们会无意识地操纵局面，使其符合我们的世界观和我们的预测（这被称为"自我实现的预言"），这是非常强大的过程。大卫担心塞布丽娜会像母亲一样，于是他做出了一些选择，限制了她的贡献能力，也限制了她平等分担与公寓财务管理有关的工作量。他们都有足够的理由把责任推到对方身上，但只有通过反思各自的角色，并把对方置于其中，他们才能开始改变自己目前所处的困境。

大卫和塞布丽娜的例子也是身份认同的典型案例。大卫认同他的父亲，认为自己是一个值得信赖且有条理的人，有能力管理好财产。但塞布丽娜也是如此。她足够认同自己的父亲，因此拥有足够的自信和财务智慧来创办并经营自己的企业。然而，在他们的兄妹关系中，塞布丽娜没有机会展示自己的这一面。

我们在人际关系中的表现并不仅仅是对父母行为的翻版，而是受到许多其他因素的影响，包括父母对待我们的态度。"依恋理论"研究我们如何与他人建立和构建关系，它可以帮助我们识别我们在人际关系中（有时通过金钱表现出来）的一些愿望和恐惧。这一理论的创始人是约翰·鲍尔比（John Bowlby）和玛丽·安斯沃斯（Mary Ainsworth）。他们认识到，从生物学和进化的角度来看，婴儿需要与照顾者保持亲近。鲍尔比说过，我们的照顾者成为我们的"安全基地"，我们从这里探索世界；当我们感到不安时，我们会回到这里。他们的有效陪伴（尤其是他们的情感回应和对孩子不断变化的心理状态的反应能力）对于我们在这段关系中的安全感至关重要。我们与照顾者的"依恋风格"为我们一生中的人际关系行为奠定了基础。

"安全型依恋"意味着我们感到安全，并且可以信任对方。我们可以建立深层次且令人满意的关系，可以调节自己的情绪并管理冲突。如果我们拥有安全型依恋关系，我们就能够寻求帮助，并向他人传达自己的需求和挫折。我们觉得自己值得被爱，不需要从对方那里得到安慰。

然而，消极的育儿经历可能会导致不安全型依恋关系。我们可能会发现自己在避免建立亲密关系（"回避型依恋人格"）。当我们处于一段关系中时，我们会想办法让对方与自己保持"一臂"距离，甚至将对方推开。我们更愿意把自己看作是独立且自给自足的个体。那么，难怪我们在金钱方面可能会选择保持独立的账户、拥有财务自主权，或者避免共同承担财务责任（比如一起买房）。

还有一种应对负面情感体验的方式，那就是发展所谓的"焦虑型或矛盾型依恋人格"，其特点是害怕被拒绝和抛弃。进入一段关系会加剧我们的焦虑，因为它让我们面临痛苦情感的威胁，但我们渴望拥有亲密关系且害怕孤独，因此，我们会紧紧抓住伴侣并寻求安慰。我听过很多关于金钱的夫妻对话，伴侣们用金钱来满足彼此拉近距离的需要。比如，共同投资某物（一辆汽车或一套度假屋），以确保婚姻关系的稳固；急于合并银行账户；完全将财务事务交给伴侣以建立一种依赖关系。这些都让我们感到舒适，因为我们觉得我们的伴侣想要照顾我们。

最后一种依恋类型是"紊乱型依恋人格"。该类型人格在本质上是前两种依恋模式的混合体。这类人在想要独立和想得到安慰之间摇摆不定，他们害怕被人排斥，不幸的是，他们很快就遭人厌弃。金钱方面的信息也是混杂的。依恋理论学家杰里米·霍姆斯（Jeremy Holmes）写道："金钱主要是一种交换手段，而人际关系则建立在交换的基础之上。"因此，毫不奇怪，我们对待人际关系的方式可能会反映我们在人际关系中使用金钱的方式。

尽管我不喜欢概括和分类，但记住依恋类型也会有所帮助。我认为依恋模式更多的是一种"趋势"，而不是约束人们行为的"方框"。正如一些心理治疗师建议的，我们可以将这些依恋模式看作是一个框架，根据两个维度（倾向于避免亲密＋担心被抛弃），人们可能会落入四大象限之一。避免亲密和担心被抛弃的心理都可以通过金钱体现出来。

在一段关系中，我们不能只考虑金钱而不考虑我们自己。比如，我们带着什么样的情感包袱来到这段关系中？这可能会如何影响我们与伴侣之间的行为？

心理防御：我们如何管理难受的感觉

为了提高自己的财务情感意识，我从一个广泛的视角开始，了解自己（自己的价值感、渴望和不安全感）以及自己在世界和人际关系中的行为（自己的能动性以及他人将如何对待自己的期望）。下一步是更好地了解自己如何处理棘手的情绪。在本书中，你将看到许多例子，说明有问题的金钱态度或行为实际上是应对难受感觉的一种心理防御机制的表现。

"防御机制"在精神分析学中是一个有用的概念，我会在本书中频繁提及这个概念，因为它可以解释很多我将要讨论的金钱"滥用"现象。"防御机制"的概念是由弗洛伊德首次阐述的，他认为，当你因为某种欲望无法得到满足而面对无法承受的痛苦威胁时，防御机制就是让心灵保持平静的方式。换句话说，我们不是直接面对痛苦的感觉，而是通过采取行动来防御难受的感觉，比如购物或赌博，当然，喝酒和其他行为也遵循同样的逻辑。心理分析师兰斯·多德斯（Lance Dodes）描述了存在于许多问题行为（通常也是成瘾行为）背后的共同机制。在采取行动之前，人们会感到一种"无法承受的无助感"。通过采取行动，人们会感到自己被赋予了力量，变得更有控制力（兰斯·多德斯称之为"无助感逆袭"）。多德斯强调了解产生无助感的情境意义的重要性：我们唤起了什么难以应对的情绪呢？

虽然单独考虑每一种不同的金钱行为（我在本书中将对此进行探讨）是有意义的，但许多成瘾行为往往是共存的，人们也会在它们之间来回切换，因为对许多人来说，心理上的慰藉来自于采取行动，无论采取的是什么行动。

以下是一些我们通过采取行动来防御负面情绪的例子：

- "如果我不再购买昂贵的衣服，我就必须面对自己内心的自卑感。"过度消费是为了抵御"感觉自己不够好"的内心活动。

- "如果我不再谎报收入，我就必须面对经济上失败的羞愧感。"说谎是为了掩盖与财务损失相关的羞愧感，或许还会抵御"遭人挑剔"的恐惧感。

- "如果我开始花这笔彩票奖金，我就必须面对朋友的嫉妒。"不花钱是为了抵御"遭人嫉妒"的恐惧感。

因此，我们的负面财务行为可能在无意识中发挥着积极的作用，保护我们免受痛苦的事实或痛苦的对话的伤害。

我们的非理性行为背后的心理动机可能乍看并不明显。这就是心理治疗师可以帮助我们解开看似常见症状背后的无意识过程的地方。一个名叫史蒂夫的年轻人来找我帮忙，他看起来像是有购物瘾，如果我假设他只是在控制预算方面出了问题而简单地对他进行治疗，可能会适得其反。

史蒂夫刚刚开启他的职业生涯，仍然依赖父亲每月的资助来维持生计。他有一个支持他的父亲，与他非常亲近，在父母十年前离婚后更是如此。他联系我进行心理治疗的原因是，他发现他在每个月的月初就把零花钱花在了不必要的开支上。为什么会这样？这是关于难以控制冲动消费的问题吗？这些钱花在什么地方，似乎没有规律或逻辑可循。"上周我买了两副耳机。"他告诉我。当我们深入探讨这个问题时，很明显，他几乎是急着要把钱花光。解开这一行为背后真正含义的关键问题是："如果在一个月开始后的一周内就花完了钱，会发生什么？"答案是他会打电话给母亲要更多的钱。啊哈！那么，他与母亲的关系如何呢？原来他渴望与母亲建立一种关系，但由于母子俩逐渐疏远，他们之间唯一交流的话题就是钱。在不知不觉中，他对纠正这种金钱行为抵触强烈，因为这意味着他可能完全失去与母亲的联系。母亲提供的钱无意识地起到了安慰史蒂夫的作用，让他觉得母亲"仍然关心他"或"仍然没有缺席"，这在某种程度上也是对抗母亲不再关心他的恐惧感。当然，还有更健康的方式可以让他与母亲重新建立联系，并在不造成经济损失的情况下建立一种亲子关系。因此，金钱可以用来管理内心的不安、不满等情绪，当金钱与负面情绪挂钩时，我们可能会采取一些适得其反的金钱行为。

金钱体验的情感印记

从更广泛的角度审视你的自我意识和你对他人的期望，可以帮助你卸下你在金钱态度和行为上的负担。但同时，与金钱相关的记忆和经历也很重要。

我们的财务情感体验涵盖了我们成长过程中的财务现实以及家庭对金钱的体验，这将在我们的金钱观和情感上留下不可磨灭的（且不一定是意识层面的）印记。当你试图理清并理解是什么塑造了我们当前对金钱的态度时，我们的财务情感经历是值得考虑的另一个谜团。

想象一下，举个简单的例子，一个小女孩目睹了母亲总是把所有与金钱有关的事情都交给父亲处理。爸爸给妈妈钱。爸爸付账单。妈妈把白色信封交给爸爸，说："别忘了付这笔钱。"爸爸在打电话和别人谈论钱。爸爸把现金交给妈妈。妈妈想要更多，因为她要参加一个活动。爸爸看起来很生气，他问了她一些问题。他们吵了起来。爸爸提高了嗓门，气冲冲地离开了。妈妈看起来很伤心。

这个小女孩会从这些互动中内化（采纳、吸取）哪些模式、意义和信息呢？金钱是爸爸（男人）处理的事情吗？为什么妈妈要向爸爸要钱？金钱真的有那么重要，以至于他们会为此争吵吗？像这个小女孩观察到的这样的互动将会影响她头脑中关于金

钱的塑形模式。她会记录下各种信息，比如，母亲的财务能力
（无能）、母亲的独立程度（黏人）、父母的性别角色。又如，当
我们要求更多时会发生什么？我们如何管理愤怒、挫折和冲突？
在家庭中的经历（最初是在家里，但随着我们的成长，也会发生
在家庭之外）、积累的证据、信息和情感体验将塑造我们的思想、
人生观和世界观，并影响我们的期望。

在家庭中如何恰当地谈论金钱是很重要的一个问题。精神病
学家兼精神分析师安·托克尔（Ann Turkel）写道："每个孩子都
能通过父母谈论金钱的能力、对金钱的重要性的重视程度、处理
金钱的自如程度、他们看起来有多少钱以及他们如何看待那些比
自己更富或更穷的人等线索，感受到父母对待金钱的态度。从这
些线索中，孩子形成了对金钱的认知。如果一个孩子对父母关于
金钱的情况感到好奇却得不到满足，那么他长大后可能会认为金
钱是神秘的，进而将此与邪恶和罪恶联系在一起。"目睹父母因
金钱问题而争吵，会让人觉得金钱是一种令人压力倍增、令人焦
虑且难以启齿的东西。

请听一听这些人的倾诉：

"我永远不会忘记妈妈带我和哥哥去购物的那次经历。我们
都买了很多东西。我们在庆祝我爸爸卖掉了公司，我们可以挑选
任何我们想要的东西。我和哥哥都欣喜若狂！但后来，当我们回
到酒店时，妈妈感到非常内疚。我们不习惯这样奢侈。第二天她
退回了大部分她购买的东西。但我们兄弟俩可以保留自己购买的
东西。可那段往事一直萦绕在我心间……尽管后来我们终于有钱
了，但花钱还是让我们感到内疚。"23 岁的唐恩在过度消费和节
制消费之间摇摆不定。

"我记得爸爸在他失去工作一年后第一次带我们去餐厅吃饭

的情景。我知道我们正挣扎着维持生计……这是我从爸爸妈妈的争吵中知道的事实。爸爸想出去庆祝我的生日。那是我9岁生日。让我难忘的是他打开钱包付账时的那种苦楚……他的脸上泛起深深的悲伤，还伴着沉重的叹息。把那些钞票拿出来是很痛苦的。他想给我一些特别的东西，但打开钱包的一瞬间，他想起了失去的一切，想起了他无法带给我们的一切体验。我决定一辈子都不要经历这种事。"42岁的拉斐尔急于积累财富。

"我记得第一次收到牙仙送来的硬币时有多兴奋。我记得我花了好几个小时考虑我该如何消费。我是把钱存起来等以后再花，还是去文具店买我一直想要的橡皮擦？我决定存起来，这样我就可以等以后攒够钱再买一整套文具了。但有选择的感觉很自由。我妈妈总是告诉我该怎么花钱，但有了钱之后，她只是说'宝贝，你自己决定吧'。我顿时觉得妈妈给了我自由！我可以自由支配金钱。"31岁的克里斯蒂娜偶尔会大手大脚地花钱。

我并不是说这些经历可以单方面决定一个人对金钱的态度。然而，意识到这些经历留下的印记，可以让你有机会了解促成自己当前金钱观的因素。正如上述例子所示，很多信息是通过非言语方式传达的。比如，在收银台前，父母长叹一口气。签收账单时，他们气鼓鼓地哼一声。

我们从父母那里学到了很多对待事物的态度和行为方式，有时还不止于此，我们还会吸收他们的某些特质，从心理学角度来说，我们"内化"了他们。我们在某种程度上会成长为像他们那样的人，因此很有必要承认我们身上那些与他们相似的部分。理想情况下，青春期会发生这样一个过程：我们开始塑造自己的独立身份，有意或无意地决定是否要保留父母的某些品质，以及如何处理我们想要摒弃的品质。我们愿意像妈妈一样吝啬，还是希

望自己尽情享受生活（包括金钱）？我们期待像爸爸一样在金钱
方面更理性，还是接受自己也有冲动的一面，偶尔会放纵一下
自己？

从习惯到感情，一切都可以传承下去。孩子会在不知不觉中
吸收对金钱的期待或焦虑。父母与金钱有关的不安全感可能会成
为孩子的问题，即使父母与孩子的环境截然不同！例如，父母可
能在贫困中长大，经历了一贫如洗带来的困难和牺牲，但他们的
孩子（努力工作并建立了稳固的经济地位）长大后却发现，无论
有多少钱都无法让自己拥有安全感。这是不合常理的，但从心理
学上讲是可行的。我们吸收了他们的感受，可以将其看作是一种
"情感继承"。当我们在内心寻求更深刻的财务情感洞察时，重
要的是要考虑我们对待金钱的行为和态度，以及我们的父母和他
们的金钱体验如何塑造和影响他的金钱观。

一个人不可避免地会受到自己成长家庭中的金钱观念和态度
的影响，但这并不意味着这些观念会被"全盘接受"。家庭之外
的经历也会影响他成年后与金钱的关系。

随着年龄的增长，我们开始从更广泛的角度思考金钱，我
们的父母也有机会帮助我们理解金钱。我们可能会开始注意别人
比我们更富或更穷。为什么有些人在街上乞讨？为什么朋友们有
更大的房子？为什么牙仙给别人 3 英镑，只给我们 2 英镑？父母
的回应也很重要。他们会认为贫富差异是正常的吗（有些人有
钱，有些人没钱，这是生活的一部分）？他们会做出判断吗（我
们拥有的越多越好）？他们会强调物质的重要性吗（我们拥有的
越多越幸运）？这些问题的答案将塑造我们的金钱观。我们只在
表现出色时才得到表扬和奖励吗（礼物、奖章）？或者说，我们
的默默努力也得到赞扬了吗？我们把付出和业绩联系在一起会产

生一定的风险，因为我们在成长过程中会逐渐形成一种观念，即我们只因自己的产品、所拥有的东西而被爱，而不是因为我们本身。

社会开始将与金钱相关的信息复杂化。西方文化（这是我所处的文化）强调物质财富是衡量成功和个人成就的标准。"金钱可以带来幸福"是社会普遍推崇的一种谬论，广告商也利用这种观念来说服我们，认为拥有物质也能带来幸福。如今，社交媒体既是人们最新购置物品的展示平台，也是我们设定假想竞赛的舞台，还是我们拿来攀比的参照点。总有更多东西可以拥有，总有更多东西可以花钱购买，当我们获得我们以为想要的东西时，这个标准却在不断变动。

当然，我们对社会阶级观念的不断加深，也影响了我们对金钱在社会中所扮演角色的看法。在当今社会中，金钱和权力是内在联系的。例如，我们可以考虑一下阶级流动带来的情绪困扰。这样的经历会对我们对待金钱的行为和态度产生很大的影响。在社会阶梯上"爬坡"，可能会让人觉得自己充满力量。如果你已经在享受一种内在的自信，那么，你可能会在你外在的"爬坡"运动中发现这一点。你可能会觉得金钱能赋予你自由和权力。

但是，自尊心比较脆弱的人可能会发现，这种"爬坡"运动会引发"自己不够好"的感觉，金钱会成为心理不适（甚至怨恨情绪）的源泉。我遇到过一些人，他们被抛进了一个新的社会现实，却感觉自己与这个社会格格不入，于是开始厌恶金钱。他们因为较晚到达更高的社会阶层而被欺骗和不受欢迎的感觉所吞噬（并可能将这种矛盾心理传递给他们的孩子，即第一代传人）。这使我们的财务幸福感、我们对财务选择的自信心和掌控感变得相当不确定，因为内部冲突和恐惧无处不在。我们可能手里握着一大堆巨额财富，但发现自己在那些自认为有权享受财富的人面前相形见绌。我们可能想花掉这笔钱，享受我们新获得的财务自由，但又害怕被老朋友指责为"爱显摆的人"，被新朋友指责为"暴发户"。我们可能在经济上有能力满足孩子的要求，但发现这与我们持有的关于孩子适合拥有什么的价值观相冲突。我们可能会因为比父母拥有的更多而感到骄傲或内疚。社会阶级流动对你与金钱关系的情感影响取决于许多因素，但主要取决于你对自身价值的内在信念、你的权力意识，以及你对自己被排斥或被批评的恐惧。

家庭可以从贫穷迈向富裕，也可以从富裕跌入贫穷。目睹父母承受巨大的经济损失，甚至破产，会给孩子留下强烈的情感印记，还会在将来深度影响他们与金钱的关系。有些人可能会对这样的经历做出反应，他们在财务管理方面背负着巨大的焦虑，并越来越厌恶风险。突然在一夜之间，一切都消失不见，这会成为一种不可磨灭的记忆，影响着他们未来的选择。消费可能充满了负罪感，投资可能被恐惧所污染，唯一的慰藉就是囤积金钱。许多在这样的负面经历中长大的孩子（有些人称之为"财务创伤"）甚至可能会追求经济学或商业学位，有意或无意地努力去避免历史重演，或者寻找一个能代表他们一直渴望的财务稳定的伴侣。

比实际损失更重要的是家人对该损失的反应。如果所有的希望随着金钱一起消失，孩子们可能会内化这样的信息，即金钱是唯一能带来希望的东西。如果这种损失能够得到缅怀和释怀，孩子们长大后可能会对金钱所能带来的东西有一个不那么理想化的看法。

一概而论在心理治疗中是没有用的。心理治疗旨在理解每个人对待金钱的方式的细微差别和复杂之处。因此，尽管我们可以在与贫困抗争或享受财富的人当中找到一些广泛的共同信念，但我们不能假设这些人都是具有相似经历的同质化群体。

事实上，在同一个家庭中，在同样的父母的教导下，兄弟姐妹也可能有非常不同的经历和非常不同的金钱行为。我们每个人都是不同的，即使两个人生活在相同的街区，拥有相同的金钱，对一个人来说足够的东西，对另一个人来说可能就显得很少。这是因为我们同时受到许多因素的影响。比如，我们之间怎么互动，我们如何理解别人的行为和感受，我们应该采取何种防御措施，我们认同哪种类型的父母，等等。

我们的恐惧与渴望

我经常会回到这样一个观点，即我们往往在潜意识中试图通过金钱来满足情感上的渴望或解决植根于过去经历的恐惧和不安。

爱是追求金钱的行为背后的一大驱动力，但不是唯一的驱动力。渴望被认真对待，渴望得到父母的注意，渴望得到赞许或鼓励，这些都会驱使我们追求更多。那些失去、被剥夺和被抛弃的痛苦经历可能会让我们产生紧紧抓住某些东西的欲望，担心它们会再次消失或被夺走，而金钱可以给我们一个表达这种渴望的出口。我们无法用纯粹的理性或认知工具来理解我们的金钱行为。有时，答案并不在于我们从家里或社会上学到的任何"金钱教训"，而是深藏在我们内心深处，那就是我们最深切的欲望和恐惧。

我们是复杂的生物，我们的行为受到一系列复杂的情感和认知因素的驱动，这些因素是由我们的个性和历史塑造的。我们对待金钱的方式可能与我们多年来一直持有的"奇怪幻想"[⊖]有关。"奇怪幻想"不同于普通意义上的"白日梦",前者在精神分析文献中指的是涉及无意识内容(欲望、恐惧、冲突)的想象场景。例如,我们可能会幻想和渴望更多的钱会给我们带来更多的爱,或者幻想和害怕人们的嫉妒给会我们造成实际破坏,或者幻想我们是不可战胜的。进入幻想模式是有帮助的,因为它能让我们更好地理解我们的内心世界和内在动机。

更广泛个性的体现

我们对待金钱的行为也可能反映出我们个性中更为普遍的一面。

- 你在生活中的总体倾向是厌恶风险吗?你是否担心和想象消极的结果,并倾向于灾难化描述?那么,难怪你是一个谨慎的投资者,可能更倾向于过度储蓄,而不是尽情消费和享受金钱带来的快乐。金钱是你展现一些普遍性格特征的领域之一。
- 你总是进行"非黑则白"的思考和行动吗?你会在匮乏和过度之间摇摆不定吗?那么,难怪你会发现自己在过度消费和吝啬之间摇摆不定。
- 你是不是很难搞定边界感(也许你没能按时完成任务,也许你过度分享,也许你吃得过多或喝得过多)?那么,难怪你经常超出信用卡限额,支付高额透支费,并且信用评分很低。

⊖ 请注意,在精神分析中,这个术语没有一个所有分析师都遵守的明确定义。虽然弗洛伊德最初对它的定义仅限于对受挫愿望的想象性实现,但这个术语的含义随后被扩展,将与自己和他人有关的愿望、恐惧和信念更广泛地组织在了一起。

　　在所有这些例子中，试图专门解决金钱行为可能是徒劳的。通过上述例子我们可以看出，金钱只是你自己某一方面的一个表征，以及你如何对待你的感觉和整个世界的一种表现。我们把自己带到每一个互动情境中，因此更广泛地了解自己可以帮助我们更好地理解自己与金钱乃至其他一切的关系。

　　我们走进任何一段关系，包括治疗关系，都带着从以前的经历中继承下来的情感包袱。作为一名心理治疗师，我可以向大家保证，我们早期的经历深深地决定了我们成为什么样的人，以及我们如何与世界互动。我有一些五六十岁的患者，他们很快就把自己现在的不安全感与他们青春期之前发生的事情联系起来了。30 年、40 年、50 年后的今天，这些经历仍然影响着他们在这个世界上的行为。

　　心理治疗师的目标是带着纯粹的好奇心走进一段疗程，尽量不要妄自臆断。有一位患者告诉我，他对金钱有焦虑感，事实也仅此而已。我无法知道他是否在富裕的环境中长大，他的父母是否在金钱问题上意见一致，当然也无从知道这些焦虑感的实质内容。是害怕钱被夺走，是担心钱被花光，还是觉得钱永远不够用，我也提醒大家，在阅读本书的时候，不要匆匆忙忙地妄下结论，也不要急于寻找"走直线"的明显答案。

　　我那些更有科学或商业头脑的患者经常对"不走直线非要绕弯"的旅程感到沮丧。我刚开始的时候也是如此！我们的目标是什么？我们怎么从 A 点到达 B 点？作为一名读者，你可能希望在读到标题为"你的金钱问题"的章节时，可以在其中找到一个明确的答案。但人类的思维不是这样运作的，实际情况要比这复杂得多。

我们没法预测两个有着相似经历的人将来会如何抵御难受的感觉。相似的情况会导致不同的结果，而这些结果可能是截然相反的。例如，一个人对待自己被抛弃的反应可能会是在未来的恋爱关系中变得过于黏人，也可能是完全谢绝爱情的降临。同样，一个觉得自己在父母眼里不重要的人，可能会成为一个挥霍无度的人，希望以此来获得别人的钦佩，或者可能会不知疲倦地积累财富，希望以此来增强自己的重要性。总之，经历 A 并不总是导致结果 B。

对于此人此时此刻的行为，也会有多种解释。因此，行为 B 可能受到多种思想、恐惧或欲望的影响。如果把它追溯到一个单一的原因，那就太狭隘了，还会遗漏很多有趣的洞见。

然而，尽管如此，我们在探索人类思维的非理性和复杂性时，仍然有很多意义有待发现。仍然有很多东西可以被发现和理解，仍然有很多链接可以被建起，仍然有很多启迪时刻可能会到来，但这条道路不会遵循一般的逻辑规则。有时候，我们需要花上几个月甚至几年的时间围绕某个主题，剥去层层含义，一点一点地打磨，直到一切尘埃落定，然后将两个点连接在一起，凸现立体感。情感洞察力可以让你立刻释放自我、心态平和，并且充满力量。

第二章
过度消费及其诸多驱动因素

经常有人向我求教："我怎么知道自己是否有过度消费的问题呢？"这就需要你好好解读"过度消费"中的"过度"问题了，因为没有一个明确的标准来定义"过度"这个词。不过，我可以给大家剖析一下。

"过度"的意思是超出你的财力范围吗？如果我们量入为出，却被内疚和后悔情绪折磨，那该怎么办？如果我们现在的财力允许我们花的比我们在成长过程中梦想的还要多，我们对"过度"的定义需要调整，那该怎么办？正如你所看到的，对"过度消费"的定义不仅是主观的，甚至对我们个人来说，这个定义也可能会因为外部环境（财务现实）或内部环境（情感因素会影响我们对过度消费或过度节约的感知）而改变。

我最近治疗了一位名叫海伦的女性患者。在这个一次性疗程的一开始，她就说："我有 103 件连衣裙。"我并没有妄加揣测，而是问她对此有何感受。她接着说："这并不是说我欠了债或者在购物上花了我不该花的钱……而是我觉得自己无法控制这种行为。我经常冲动购物，事后面对满柜的衣裙又感到内疚。"有些人可能会觉得拥有 103 件连衣裙是过度消费，但从财务幸福感的角度来看，真正令人担忧的是她无法控制自己的消费行为，以及对满柜衣裙的内疚感。

内疚感是否足以定义过度消费呢？绝对不可以。事实上，有些人甚至在满足基本需求时都会感到内疚。但是，内疚感加上无法控制的消费欲望，意味着至少在某种程度上，我们觉得自己是在情绪化地做出金钱选择，而不是理性地做出消费选择。海伦对自己的消费行为感到不安，她希望自己能有不同的表现。

　　你怎么知道自己是否过度消费了呢？根据我的经验，如果你对此感到疑惑，那么你可能真的超支了。许多人至少会怀疑自己的消费模式存在问题。他们的思想和时间都被购物占据了。羞愧感和内疚感可能会浮现出来。比如，撒谎、藏起购物袋或银行账单等行为都是逃避他人指责的常见方式，而实际上他们已经在自我评判了。

　　我们并不都需要遵循相同的标准来定义什么是过度消费（对一个人来说是过度消费，对另一个人来说可能是完全理性且合理的选择），所以，一个人评价说，我们在外面吃饭花了太多钱，并不意味着我们就是过度消费的人。但是，当我们真正过度消费时，朋友、家人、父母或伴侣可能会表示担忧，甚至抱怨我们的消费行为对他们的影响。有时候，这个习惯占用了我们太多的时间和精力，以至于影响了我们的人际关系、工作和生活的其他方面。因此，无论是债务、朋友、我们自己的谎言、内疚，还是"失控"的感觉，都会日积月累，直到我们恍然大悟，意识到问题的严重性。

消费行为

　　过度消费是一种有害的习惯。这是日常生活的一部分，我们很难确定自己在什么时候越过了"过度消费"的抽象界限。"购物疗法"常被用来描述一种用金钱进行自我安慰的良性行为。这有点像对酒精成瘾的描述，衡量标准可以起到一定的帮助作用（经常负债是你花钱太多的迹象），但最重要的是你对自己行为的控制程度，以及它对你的生活和人际关系的影响。我们偶尔会买一些我们并不真正需要的东西来"犒劳"一下自己。然而，当这种行为成为一种习惯，导致我们积累了大量不需要的东西，再加上难以抵制购物的冲动时，我们就越过了界限，使购物行为变成了一种强迫行为，甚至是一种成瘾行为。

"生活方式通胀"是一种常见的过度消费形式。"生活方式通胀"指的是随着收入的增加，支出也随之增加的情况。这可能会影响你储蓄、偿还债务或实现其他财务目标的能力。那些在财务阶梯上"爬坡"的人面临着一个选择。他们要么增加支出，利用新的财务自由来放纵自己去获得一直想要但负担不起的东西，要么继续目前的生活方式，用额外的收入来实现其他的财务目标（比如，存钱买房、偿还贷款）。当涉及这一点时，人们会做出各种不同的选择。有些人会设法限制自己晚上外出消费的放纵行为，或者在度假时多预订一星级的酒店。但对于某些人来说，生活方式通胀可能会达到一个临界点，最终使他们的财务状况比开始时更糟。他们不仅停止了储蓄，还牺牲了现有的储蓄。这些个人的判断基于我们个人的目标和偏好，也基于我们从小到大所重视的、梦想的或害怕的东西。

在某些情况下，当生活方式通胀（随着收入增长而用于提升生活品质的额外支出）恶化了我们的财务状况时，或者即使没有构成财务威胁，这也不是我们心甘情愿做出的选择，而是由许多情感驱动因素导致的结果，比如想要迎合他人的压力、源于过去的不安全感或我们尚未完全理解的欲望时，我们可以将生活方式通胀看作是一种过度消费的形式。

当人们突然变得富有时，比如中了彩票或职业运动员迅速成名，一种极端的生活方式通胀就会出现。但这些人在短时间内就失去了新获得的财富。过度消费是随之而来的破产的关键驱动因素之一。首先，他们在做消费选择时会考虑自己的最高收入，而很少考虑这些收入是不可持续的。实际上，由于他们的职业选择，高收入潜力的年份是相当有限的。其次，还有情感方面的诱惑因素，比如，渴望加入那些令人羡慕的超级明星球员"俱乐部"，像他们一样拥有闪耀的财产（汽车、豪宅）。再如，能够负担得起小时候（通常是在贫困中长大的孩子）无法想象的东西的兴奋感。此外，与家人和朋友（甚至延伸到支持他们的庞大社区）分享财富也会带来情感上的压力（来自外部压力或自我施加的压力）。在很多情况下，导致他们财务失败的不仅仅是过度消费，还有财务教育的缺失、糟糕的投资建议和赌博成瘾等综合因素。一位服务于世界顶级足球运动员（他们不愿透露姓名）的财富管理师告诉我："毫无疑问，他们有一种'金钱万能'的感觉，没有长期的规划，也没有对支出进行跟踪。但他们沉浸的整个世界都在鼓励他们花钱，比如同龄人的压力、家庭和朋友的需要。我经常不得不帮助他们考虑那些离谱的花销，有时他们花钱不是因为他们想要，也不是因为他们需要，而是因为他们买得起。"

美国体育周刊《体育画报》（Sports Illustrated）2009 年的一份报告指出，估计有 78% 的美国橄榄球联盟（NFL）球员在退役两年内破产或面临巨大的财务压力。同样，一项美国研究发现，美国的彩票中奖者在 3~5 年宣布破产的可能性比普通美国人更高。有些人将此归因于"心理账户"，这是一种思维扭曲，即我们根据金钱的来源或预期用途来决定不同的花钱方式。在彩票中奖者的例子中，这通常意味着"赢来的"钱比"挣来的"钱更容易花掉，这就解释了彩票奖金被浪费的速度和中奖者经常表现出的草率态度。但它是多种因素的结合，类似于上面提到的那些因素。难以想象的财富，加上别人要求投资、捐赠、分享的压力，再加上糟糕的建议和缺乏足够的财务教育，这些因素结合在一起，共同造就了这场"完美风暴"。

因此，"过度消费"很难定义，但"强迫性购物症"（也称为"购物狂症"）或"购物成瘾"（"消费成瘾"）更容易被普通大众所理解。这两种情况都存在一种强迫性的消费需求，而消费的焦点是购买行为，而不是看似微不足道的购买对象。购买行为成为应对任何负面情绪或事件的默认反应。关于购买的念头（渴望）频繁出现，令人分心且无法抗拒。购买行为往往超出了实际需要、财务资源甚至预留的购物时间，也干扰了履行其他承诺（如工作或学习）的能力。当一个人需要增加购物频率或数量以获得与之前相同的"快感"时，这种购物冲动就会转化为购物成瘾，就像其他成瘾（如物质成瘾）一样。

因此，购物成瘾被心理学家称为行为成瘾，因为它是一种使人上瘾的行为，而不是一种物质。据估计，大约 1/10 的人可能患有购物成瘾（但这一估计因人而异）。有证据表明，购物狂与物质滥用障碍、进食障碍和其他冲动控制障碍密切相关。正如伦敦普里奥里医院（Priory Hospitals）的成瘾治疗项目经理帕梅拉·罗伯茨（Pamela Roberts）所说："患有购物狂症的人完全受制于'购物和消费'的冲动，要么是为了自己，要么是过度赠予他人。网上搜索、浏览社交媒体、逛商店、应付信用卡账单、向家人隐瞒购买物品和退货所花费的时间和精力，甚至情绪压力，都可能会造成严重的干扰。"普里奥里医院估计，英国有 8%~16% 的人患有购物成瘾。

尽管有很多人受到购物成瘾的困扰，但它尚未被纳入《精神障碍诊断与统计手册》（*The Diagnostic and Statistical Manual of Mental Disorders*，美国精神医学学会用于精神疾病分类的出版物）或专业人员使用的类似手册中，而行为成瘾（如游戏和赌博）可能已被收录在该手册中。虽然关于是否应将购物成瘾纳入其中的争论广泛且超出了本书的范围，但值得指出的是，购物成瘾可能与赌博成瘾一样难以治愈，并会对患者的财务和情感生活产生同样负面的影响，因此不应该被简单地归类为"坏习惯"。

是什么让我们花钱

毫无疑问，我们所生活的社会是一个推崇消费的社会。广告行业利用数十年的研究成果，以一种能够促使消费者进一步购买的方式来量身定制广告信息。他们知道，承诺幸福感、更好的生活或更合心意的品质将增加产品的吸引力。他们利用认知偏差（理性思维中的常见扭曲）精心定位他们的信息、产品或定价。例如，他们知道，作为人类，如果我们认为某样东西是稀缺的，我们就会珍视它，因此"最后机会""限量版"和拍卖等信息利用了我们易受"稀缺资源"诱惑的天性，同时又迎合了我们"害怕错过"的心理，即错失恐惧症（FOMO）。他们知道，我们在看到价格为 599 美元时会更注意数字"5"（"左位数偏差"），从而扭曲了我们对价格的理性看法（其实是 600-1 美元）。或者，如果我们看到某件"先标高价再打高折扣"的商品，我们更有可能购买该商品（因为我们对当前价格的感知会因与先前的高价做对比而扭曲，这就是"对比效应"）。

此外，购物令人愉悦也有生理方面的原因。研究表明，浏览商品的过程，尤其是找到自己喜欢的东西的过程，会刺激大脑的快乐中枢，就像找到便宜货一样。在这两种情况下，我们都期待得到奖励或收获，这会让大脑释放多巴胺。针对这种体验的化学反应及其唤起的感觉通常被称为"购物快感"。但多巴胺的释放也与成瘾行为有关，因为它会让我们的身体在未来寻求更多的成瘾体验。

零售商知道如何让消费者觉得自己"占了便宜"。对一些人来说，在面对现实威胁时激活的机制，也会在面对销售带来的竞争环境时被激活。所有这些加起来构成了一幅复杂的画面。零售行业引诱我们购物，我们的生理反应驱使自己一次又一次地寻求这种体验，社交媒体则加剧了竞争，并提供了炫耀的机会。与此同时，内疚、后悔、经济压力甚至环境和社会问题的混合因素，都成为你沉迷于这种诱惑的威慑，并催生了"慢时尚"和"断舍离"等潮流。

互联网、智能手机和购物应用程序的出现促进了网上购物的兴盛。现在，我们无须离开家就可以购物，而且可以一天24小时花钱。即使我们离开家，刷卡机器和电子钱包的普及也让我们在不知不觉中花掉了口袋里的钱。过去，有现金的地方就有信用卡，而现在，我们只需轻轻点击一下手机屏，就能产生消费。掏钱付账的痛苦在过去可能是一种威慑，但这种痛苦渐渐从意识中消失了。研究表明，通过信用卡付款会导致更多的消费，因为决定消费和实际付款在时间上是分开的，这种现象被称为"支付耦合"。新兴的神经经济学领域正在探索生理学证据，这些证据可以表明，当我们决定是否购买商品时，大脑中被激活的区域负责权衡购买所带来的预期快乐和花钱所带来的痛苦。科学家们说，支付行为现在越来越"无痛"的事实可以解释为什么我们更倾向于使用信用卡而不是现金进行购物。

　　一项针对 1045 名美国消费者的调查发现，1/5 的受访者因为害怕"错失良机"而花钱。社交媒体影响着我们的消费习惯，并为我们提供了与心仪的受众分享自己体验的机会。我们不仅炫耀财产，还可能在夜生活、待遇、体验和度假等方面过度消费。社交媒体增加了攀比、嫉妒和理想化的机会，并促进了人们的消费，而这种消费在一定程度上是出于匹配或追赶"他人"的愿望。将近 1/3 的受访者表示，当朋友建议参加他们负担不起的活动时，他们不愿意拒绝。大约 40% 的千禧一代（出生于 1981—1996 年）为了与朋友保持联系而过度消费，并指出社交焦虑是他们过度消费的主要原因，比如害怕未来被忽视、感觉自己像个局外人、担心失去友谊和被人指指点点。

　　这种欲望在人生的某些阶段会更加强烈，比如青春期（这个阶段会延续到 20 多岁）。在这个成长阶段，我们通过群体来塑造自己的身份认同感，遵从心理和归属感变得很重要，因此存在强烈的情感压力，要求我们顺从和融入群体。我们筛选同伴和欣赏他人，从中寻找如何穿衣打扮和言行举止的线索。我们利用群体来建立一种归属感，同时在内心与父母逐渐分离，为成年生活做准备。有些人会"卡"在青少年时期，在十几岁和二十多岁之后仍表现出这一阶段的特点。他们难以解决身份认同的问题，于是继续通过花钱买衣服、改变"造型"等方式来寻找自己的身份认同感，就像"试穿衣服"一样切换身份。这种消费行为源于他们需要定义自己的需求，而这种需求在内心的挣扎中找到了外部的表达方式。

　　想想现在成长起来的几代人，随着社交媒体的普及，青春期的压力也被放大了。当他们试图应对自己不断变化的身体，并建立自我意识时，社交媒体创造了一个平台，方便了理想化人物的出现。他们只需轻轻点击一下鼠标，就能获得比较和竞争的机会。他们所看到的都是经过精心挑选的、修过图的，而且往往是不现实的他人形象，这让他们对自己产生了无法实现的期望。在社交媒体出现之前，学校里可能有一位"最受欢迎的女生"，是我们心中理想化的人物和羡慕的对象，但在社交媒体上，她每天的发型都很好，总是完美无缺的样子。她可能拥有更多的"点赞"，被誉为更可爱、更性感的女神。只要点击一下鼠标，我们就可以随时欣赏她、羡慕她。

作为一名心理治疗师，虽然我描述的社会环境是一个重要的背景，但我关注的是个人消费的独特情感环境。原因是多种多样且错综复杂的，根据我的经验，现在的消费习惯往往植根于过去，但并非总是如此。

我遇到过一些案例，其中的答案非常简单。如果你在富足的家境中长大，觉得金钱是不受限制的，而父母没有引导你思考选择和权衡，那么，你长大后可能会变成一个花钱大手大脚的人。当你意识到金钱实际上是一种有限的资源时，你会感到震惊。为了面对金钱作为有限资源的现实，你需要经历一个简单却痛苦的过程，即重新认识自己和重新适应环境。失望和沮丧是难免的，其中一些成年人（通常是年轻人）可能会寻求第三方（教练、治疗师或伴侣）作为"临时父母"（或心理学术语中的"外化的超我"），让他们对自己负责，并帮助他们度过重新适应的过程。这种过度消费比那些由情感暗流驱动的消费更容易解决。后者是最难理清和改变的，因为我们不仅仅是"哎呀！一不小心超支了"，而是在用金钱来处理我们的情感，可能是为了满足潜意识中的欲望，也可能是安抚恐惧心理。

想要融入群体的欲望

在研究了各种形式的过度消费之后，我们可以思考一下自己以一种"失控"的方式购物的深层情感驱动因素。通常，当人们承认自己过度消费时，他们接下来会问："我要如何停止过度消费？"但要控制这种行为，更有用的问题是："我为什么会过度消费？"当患者来找我治疗时，他们通常已经尝试了一些方法：销毁信用卡、仔细做预算、请朋友或家人监督自己的消费行为。问题在于，如果他们不解决最初促使他们过度消费的原因，那些方法和策略只能发挥有限的作用。根据我的经验，人们心中有一个由心理和情感因素组成的复杂网络，可以帮助我们理解过度消费，并通过长期的努力去改变超支行为。

过度消费有时源于想要融入群体的愿望。在海伦的例子中，她买了很多衣服，过度消费与她早年在学校和社区（海伦家是唯一的外国家庭）中无法融入群体的记忆有关。过去的被排斥感（在学校被排斥、被欺负的经历，甚至是在家庭中感到被孤立的感觉）可能会加剧我们对"穿着得体"的焦虑，以及在当下感受到被接纳的渴望。当我们花钱买另一双鞋的时候，我们对没有归属感的恐惧、我们曾感受过的孤立或我们可能经历过的尴尬、自卑甚至羞辱，可能会在我们不知不觉间卷土重来。虽然我们也有成熟的一面，这部分的理智告诉自己，职场上的同事不像操场上的孩子们那么残忍，甚至不像他们那么挑剔，但这种理智在我们做决定时并不总是能发挥作用。下面我将举例说明：现在有个孩子，他的手中拿着一张信用卡，这让他占据了主动权，他想用这个新鲜玩意儿保护自己，不再感觉自己像个局外人。对归属感的渴望和对"我回到过去"的恐惧，是我们今天做出消费选择的强大驱动因素。

各种各样的经历都可能让人产生这样的感觉。一些在学校或社区中的孩子无法产生归属感，要么是因为社会经济地位的差异，要么是因为外表（种族背景、体重、发色）的差异，甚至只是因为一种不能归因于外部因素的内在差异感（"我总是觉得自己像个怪人"）。甚至被家人排斥的经历也会在我们心中留下那样的渴望。如果我们在成长过程中觉得其他兄弟姐妹比自己更受父母的喜爱和理解，那么，我们在成年后可能会一直寻找一个能让自己产生归属感的"家庭"，在某些情况下，想要成为某个团体的一部分、融入某个群体（这可能指的是成年人的"工作团体"或友谊团体）的愿望会通过金钱来表达。我们会付出精力、金钱和努力，给自己创造融入团队的最佳机会，不再让自己成为"害群之马"。为了让别人喜欢我们，我们可能会经常掏腰包买单。我们可能会为每一个团体活动（即使我们不同意）捐款，以便获得被接纳的机会。因此，我们改变的第一步不是制订预算计划，而是承认那103件连衣裙是我们在某个时期留下的情感遗迹，那时融入群体和被人忽视是一种防御机制，可以抵御未来的孤独感和孤立感。但作为成年人，海伦可以问自己以下问题："我还需要这种自我保护的盔甲吗？现在的朋友和同事还会像当年的小学同学那样苛刻吗？"

这并不是说每个孩子都会受到此类经历的永久影响。有时，尽管存在差异，孩子们仍能融入群体。有时，霸凌事件的受害者可以培养韧性，并战胜遭遇。但有时他们会留下情感印记（如恐惧、不安全感），而承认"被遗弃的孩子渴望像其他人一样"可以让人释放自我，并提供改变的机会。

　　这些渴望有可能是从父母传递给孩子的，而不是从我们自身被排斥的直接经历所遗留下来的。如果你的父母渴望与琼斯一家（指富裕阶层）比阔，你可能也会萌生赶时髦和攀比的愿望。你可能已经零零碎碎地了解到一些情况。比如，他们会拿别人拥有的东西来和自己做比较，他们会嫉妒别人的东西，他们会表现出一种竞争的姿态，甚至会过分强调"我们拥有"而别人没有的东西。这不只是一句话，而是成千上万次的互动、回应和评论，这可能会让孩子真正感受到父母的不适和没有归属的感觉。我们吸收了父母的情绪，有时甚至会"全部吸收"。他们当初想要融入群体的渴望以及他们的羞愧感，也可能成为孩子性格的一部分。

　　薇薇安是一位 42 岁的女性，她来寻求心理治疗是因为她对自己的消费行为感到矛盾。她形象地描述了自己内心"相互争斗"的两个部分。其一，当她为自己的社交圈子里的人提供谈资而花费了大量金钱时，她会感到极大的力量感和满足感。她喜欢向朋友们炫耀最近的假期滑雪活动，或者孩子们参加的著名网球训练营，并自豪地拿着名牌手提包到处显摆。尽管她的消费在自己的承受范围内，但很明显，她不知道应该把钱花在哪些地方。她觉得自己缺少一个"消费指南"来帮助自己做出关于花钱的决定，但在生活中的某些方面，她实际上是非常节俭的。帮助薇薇安找到"消费指南"的方法就是让她意识到，她选择花钱买的很多东西都是为了让她"融入"自己现在所在的社交圈。

　　薇薇安在一个中产阶级家庭中长大，但她的家人一直渴望在社会地位上更上一层楼。她的父母缩紧开支，为孩子们提供良好的私立教育和自己童年时从未拥有过的机会。然而，在某种程度上，这始终对她产生了影响。在上学期间，她注意到了这些差异。在别的家庭出国度假时，她的家庭会去参加当地的假期活动。她记得自己在大学时期曾拒绝或找借口不参加假期滑雪活动，因为她不好意思承认自己不会滑雪。当朋友们开始将泰国的海滩与地中海沿岸的海滩进行比较时，她会想办法转移话题或回避谈话。薇薇安一生都在以不同的方式体验着不合群的不适感。

薇薇安像她的父母一样，确保自己的孩子上私立学校，并为他们提供自己童年时从未拥有过的机会。但与父母不同的是，薇薇安沉溺于奢侈品。她买名牌衣服，花大价钱去国外度假。毫无疑问，她内心的一部分只是沉溺于她现在所能负担得起的舒适生活。用她的话说："花钱的时候，我感觉自己很有钱，这种感觉很好。"通过这些消费，她终于觉得自己"和富裕的琼斯一家"合拍了。但她内心的另一部分却对她的选择感到困惑和不确定。这种困惑反映了这样一个事实：她的选择有时是理性的，有时则受到她想要融入群体、不想再体验童年时期那种嫉妒和不适感的驱使。她必须解开情感包袱，并理解自己的消费动机。在接受心理治疗的过程中，她努力接受自己与父母相似的一面（在社会阶梯上"爬坡"、追随琼斯一家），并分析自己想要融入群体的渴望（甚至是绝望），并唤起周围人的回应和认可，甚至有时是羡慕。只有当她能够面对自己的这些方面时，她才能找到自己的"消费指南"，用来决定什么是消费的好理由，什么是花钱的烂借口。

物比人更可靠

对某些人来说，花钱可能源于害怕被人抛弃或辜负的恐惧感。归根结底，这是关于人际关系的一种矛盾心理。购物行为至少暂时变成了一种自力更生的胜利，这是一种看似完美的防御，可以抵御一种潜意识的恐惧，即害怕被人辜负，甚至害怕被人抛弃。购买行为提供了自我慰藉的短暂体验："看吧，我给自己买了些好东西，好东西可以让我的快乐持续下去。"然而，随着时间的流逝，空虚或孤独的感觉又会重新涌上心头。物品无法替代我们对人际关系的渴望。虽然购物确实提供了持续的快乐，但不能满足我们埋藏在心底的情感欲望。伴随着这种渴望，我们也会因为超出自己能力的支出而后悔，或者因为在一些不必要且最终不令人满意的事情上浪费钱而懊恼。

　　探索一下人类的生活历程，某些事件被解读为背叛和遗弃，确实让人深思。父母离开家庭、断绝联系被视为如此不足为奇，但父母离婚甚至死亡也可能会被孩子视为遗弃。我们需要想象一下孩子当时的感受，以及他们可能对这些事件的体验和理解。一位患者曾经对我说："我知道他得癌症不是他的错，但还是感觉他抛弃了我们，好像我们不值得他为我们活下去一样。"被背叛、被遗弃甚至被辜负的痛苦感受可能在那时就被封存下来，留给他的是伤害和对未来岁月的渴望。

　　西尔维娅·普拉斯（Sylvia Plath）被公认为有史以来伟大的诗人之一，她8岁丧父，这一失去让她一直无法释怀。在她的眼中，世界发生了变化，童年的魔力也消失了。在一次采访中，她这样说："我不再相信小精灵、圣诞老人和所有这些仁慈的力量，而是变得更加现实和沮丧。"她对宗教的信仰和对生活的渴望也随之消失了。在她稚嫩的头脑里，父亲不仅死了，还抛弃了她。她通过幻想自己在死后能够与父亲重聚来部分缓解自己被抛弃的情绪。她陷入了深深的抑郁，一生都在与这种情绪做斗争，每十年都会尝试一次自杀，直到30岁自杀成功。在《瓶中美人》（*The Bell Jar*）一书中，她写道："如果你对某人不抱任何期望，你就永远不会失望。"而在她那首令人震撼的诗《临终遗言》（*Last Words*）中，她向我们讲述了她希望与某些东西一同被埋葬的愿望，即她希望将一些物品放入她的坟墓（或者更准确地说，是放入她的石棺）：

> 我不信灵魂长存，它就像蒸汽一样逸散。
> 灵魂如梦，穿过你的嘴孔或眼洞，势不可当。
> 总有一天它会一去不返。但东西不一样。
> 东西会留下来，并且千古流芳。

她强调"东西会留下来"，她的话语有力地捕捉到了一些人珍视自己所能拥有的物品的原因，因为这些物品不再只是"东西"，而是"会留下来的东西"，它们是代表着永恒且可靠的情感对象。

这些极其痛苦的经历是构建防御机制的强大触发因素，而这些机制将防止我们再次感受到那种痛苦。下定决心以这种防御性的方式变得自立，可能会使我们完全脱离人际关系，转而在事物中寻找替代品。

精神分析师戴维·克鲁格（David Krueger）描述了他治疗一位过度消费的女患者的过程，该患者形容自己感到"极度疯狂和忙乱，有一种想要得到更多东西的冲动。我会变得非常焦虑，就像暴饮暴食一样的感觉。然后我会去买一些衣服。我觉得我不能空手而归。即使我没有找到我想要的商品，我也得带点东西离开"。克鲁格将此解读为：这位女士创造了一种幻觉，即她可以拥有"她一直想要的任何东西"。她以一种别人从未在情感上给予她的方式来满足自己。在这种防御机制中，金钱成为人们可以购买舒适和慰藉的一种媒介，以及如果别人无法给予，至少自己可以给予自己的一种保证。于是，花钱成为一种自我抚慰的手段，也会带来一种暂时的幻觉，即某些有意义的东西会留下来，并且千古流芳。

我要引围观

2022年6月，希腊有一条令人揪心的头条新闻，报道了一群年轻人在希腊的一家海滩酒吧点了200瓶香槟，结果却互相喷了起来。瑞典语中有个词语叫"Vaskning"（意为"浸没"），被用来形容把香槟倒入水槽的招摇行为。当瑞典酒吧禁止喷洒香槟时，那些渴望突显自己奢侈的人开始购买瓶装香槟，然后要求调酒师把香槟倒入水槽。这种浪费行为的规模和荒谬程度令人震惊，但这种为吸引眼球而砸钱的现象并不罕见。我们在生活中或许都见过挥霍无度的浪子、挥金如土的炫耀者。你可能称他们为"炫耀狂"，他们可能会让你感到不舒服，或在某种程度上引发你的嫉妒。这些人花钱主要是为了吸引别人的注意和嫉妒。根据我的经验，他们对这种欲望的意识程度各不相同：有些人对此毫无察觉，而另一些人可能会承认"是的，我喜欢吸引积极的关注"。

就在几年前，围观的观众还仅限于我们身边的人，但现在，我们可以在社交媒体上向广大观众"直播"我们的新物品，然后悠然地幻想着自己赢得的赞美。"点赞"开始源源不断地涌入，让我们确信自己得到了想要的回应。每一个"点赞"都在证明和安慰我们：我们值得被爱和点赞。

在某种程度上，渴望得到积极的关注是许多人的共同心愿，但什么时候这种渴望会变得如此强烈，以至于开始妨碍其他事情，甚至适得其反呢？回到难以定义"过度消费"的问题，我想我们不禁要问："这种过度消费会妨碍其他财务目标的实现吗？""你对你在新车或手表上的花费感到内疚和后悔吗？""它对我们的人际关系产生了什么影响？"用这种方式花钱不仅会对你的情感和财务造成伤害，还可能影响你的人际关系。简单来说，吹嘘或显摆可能会让你赢得别人的钦佩，但通常会让围观的观众产生负面情绪，让人"反感"而不是"喜欢"。

最近的研究发现，那些"吹牛大王们"往往意识不到自己的行为对其他人的影响。首先，一项研究发现，围观的观众更容易回忆起人们"吹嘘"自己赚钱、拥有金钱或物质财富的场景，而不是记住对方炫耀成绩或成就的情景。其次，那些自我推销或"炫耀"的人严重低估了听众们产生的负面情绪，并高估了他们可能感受到的任何积极情绪。

如此明目张胆地寻求关注的行为，往往是对内心匮乏感的过度补偿，我想，这并不是什么新鲜事儿。弗洛伊德用"自恋"这个词来描述一种心理功能，在这种心理作用下，一个人显然会变得"自爱"且自我崇拜感拉满，以此来掩饰其潜意识中的脆弱感和虚弱感。正是因为缺乏内在稳定的自我形象，才产生了对外部参照点的需求。正如心理分析师劳伦斯·斯普林（Laurence Spurling）所解释的："坚硬的外壳赋予了自恋者一种稳定且连贯的体验，但这种刚性外表之下藏着一颗空虚的心，如果受到威胁，自恋者会感到面临灾难性崩溃的风险。"我们在潜意识中构建了一个我们可以长久呈现给世界的"人格面具"，以此来掩藏（甚至埋藏）我们内心深处的自我怀疑。人格面具还能让我们远离羞愧感。

对于浮夸型自恋者（以自我膨胀、夸夸其谈、极爱卖弄的形象出现的自恋者）来说，金钱在心理上是一种有用的媒介，因为它提供了一种简单的方法以保持他们想要的"光鲜"的外在形象，并阻止他们接近自己在某种程度上感到匮乏的方面。金钱可以用来激发嫉妒心，引发敬畏之情，促使自恋者感到自己充满力量（甚至势不可当），为他们试图描绘的"浮夸画面"增添色彩，进而填补他们内心的"空虚感"。

这是一种强大的防御机制，但最终却会让他人疏远自己。如此耀眼的盔甲之下藏着的人，你是很难接近的，这正是防御机制的目的所在，但也确实成全了一种孤独的存在。虽然共情是一些浮夸型自恋者可能在他人身上唤起的最后一种情感，但我在工作中发现，一旦我被允许进入患者的内心世界，就会看到一个非常受伤的孩子，他躲在后台，生怕被人看见。当我们开始理解他们可能感觉自己不可爱、不受欢迎、不值得被喜爱的那一部分内心世界时，我们的同情心开始泛滥。他们保护的正是内心的这一部分。

我有一个患者，他在很多方面都表现出一种浮夸的"外在形象"。他告诉我："我觉得你应该提高你的收费。"在某种程度上，这个奇怪的要求反映了我在治疗过程中被理想化的事实。也许这也是为了炫耀他能付得起比我要价高得多的费用，从而抵消心理治疗可能带来的屈辱体验。但这也是他防御机制的一部分，即他"膨胀"的一面，喜欢追求名誉，用昂贵的东西装饰自己的形象。他拥有昂贵的治疗师，这可以维护他"什么都只要最好的"形象。

究竟是什么导致了自恋型人格的形成，目前还没有明确的答案，但有多种育儿风格可能与自恋型人格的形成有关。由于复杂的原因，自恋的父母更有可能培养出自恋的孩子。在某种程度上，这是因为我们吸收了父母的一部分性格，所以，如果我们的父母是自恋者，我们将不可避免地通过模仿和内化他们对待生活和他人的方式来发展自己的自恋性格。但不止于此。这也是自恋型父母抚养孩子的产物，他们通常在理想化孩子和诋毁或批评孩子之间摇摆，使孩子的内心变得不稳定。

此外，自恋型父母培养的孩子会被父母视为自己形象的延伸。父母可能会对孩子寄予厚望，并施加压力，要求他们符合理想的形象。孩子们没有空间去发现真实的自己。他们存在的目的是为了满足父母的情感需求，几乎没有机会去表达、承认或满足自己的情感需求。孩子们尝试着去做父母要求他们做的所有事情（照顾依赖性强的父母，实现父母的理想，让父母梦想成真），但不可避免地失败了。孩子们得到爱、关注和认可的唯一途径就是满足父母的需求，因此，他们得出一个结论，即他们自己的想法、愿望或负面情绪都是无聊乏味或不受欢迎的。

孩子们在成长过程中没有得到足够的积极回应，因此他们不指望自己的需求会得到满足。这种情况也可能发生在过于苛刻、虐待或忽视孩子的父母身上。这种情况可能会导致类似的情感创伤和内心独白，比如："我的需求不重要，我这个人也不重要。"孩子们会将自己那些不受欢迎的部分深埋起来，并逐渐变得抗拒。

那些遵循同样的机制，过度表扬或溺爱孩子的父母也可能产生同样的影响。孩子们觉得没有空间容纳自己"坏的部分"或与父母描绘的理想形象相背离的情感，于是，这些部分作为不受欢迎的体验而被隐藏起来。

我想开启神奇的自我转变

过度消费也可能掩盖了我们想要实现自我转变的愿望。然而，即使这种花费可能旨在外在转变，但实际上期望的却是内在转变。花钱是一种方式，通过这种方式，我们可能会在无意识中幻想自己通过穿得更时尚或者接受一次更成功的整形手术，就会更喜欢自己或者别人会更喜欢我们。这就是"更衣室"的神奇魔力。

一位记者在描述自己与购物成瘾的斗争时承认："我无休止地消费是为了'修复'我不喜欢自己的地方……但感觉并不轻松。我总是处于一种持续的焦虑状态，等待下一套衣服的到来。然后，新衣服到了，却让我失望了。我总是希望能找到那件能解决一切问题的衣裙。我会不停地花钱，直到我喜欢自己穿上新衣照镜子的样子。但那一刻从未到来。"这段话生动地描绘了她的情绪进程。在购物付钱的那一刻，消费者萌生了对购买的物品能带来神奇转变的渴望和期待。她在等待这些物品时充满了期待和焦虑，但是，当这些物品无法完成"解决一切问题"的巨大任务时，她就会感到失望。

那些给自己渴望的物品（或手术或改造）赋予各种神奇特质的幻想，往往植根于那些塑造了"我不够好"的自我意识的经历。那些看似对孩子不感兴趣或经常缺席的父母，或者患有抑郁症且无法积极回应孩子的父母，都可能让孩子觉得自己"不够可爱"或"不够好"。于是，向外界寻求认可就成了一种自我保护机制，让他人相信自己确实值得信赖。

在某些情况下，通过大手大脚花钱来表达内心转变的愿望，与其说是植根于过去的经历，还不如说是一种与当前情绪的斗争。我看到这种情况经常发生在中年时期（所谓的"中年危机"），人们有时会决定购买豪华跑车或豪宅。在《荣格式生活》播客中的《中年危机》（*Midlife Crisis*）一集中，三位分析师解释说，精神分析学家卡尔·荣格（Carl Jung）是最早关注人生后半段的人。后半生开始于一个临界点（中年），这是一个充满个人成长潜能的时期。在这个时刻，对许多人来说，对生命意义的追寻开始变得突出，并成为一种普遍关注的焦点。在达到职业目标、生育子女、还清了房贷之后，"标准答案就在此吗"之类的问题开始困扰我们。即使未能实现这些目标，这也可能会让我们产生自我怀疑，比如，我们真正看重的是什么？我们从生活中真正想要的是什么？我们的脑海中充满了来自自己从未充分表达的各个方面的问题、焦虑和渴望。如果我们不给自己机会以一种切实可行且深思熟虑的方式来思考这些想法和感受，我们最终可能会将这些付诸行动，改变外部环境（正如播客中所举的例子，购买兰博基尼跑车或辞职），而我们真正渴望的其实是内心的改变。遗憾的是，我们没有去倾听内心的召唤，反而去应对这些令人烦恼和不安的感觉。

金钱可以抚慰你的心灵

到目前为止，我们已经看到了消费行为背后的一些特定情感驱动因素。然而，有时候，金钱可以实现一个简单的目的，就是让我们采取行动（花钱）去分散注意力，把我们从试图避免的负面情绪中转移出来。

消极情绪管理是一种学习技能，这是我们在不知不觉中效仿照顾者的产物。父母可不可以应付一个痛苦的婴儿或蹒跚学步的孩子，解读孩子的感受，并用语言表达出来，而不是情绪崩溃，陷入恐慌，无法适应孩子的需求呢？这些经历塑造了我们用语言表达情感的能力。我们是在表达和控制自己的感受，而不是宣泄出来。

如果父母努力控制和管理自己的情绪，以健康的方式表达情绪，这会对孩子管理自己情绪的能力产生积极的影响。我们要观察并吸收父母愤怒和悲伤等时刻的行为。他们把自己的感觉表达出来了吗？他们谈论过这种感觉吗？我们是否感觉他们可以忍受并控制这种感觉？还是说，他们会宣泄出来、袭击他人、大喊大叫、罢工、伸手去抢东西或伸手去抓食物？我们可能最终会复制他们的应对策略，即采取行动，而不是忍受不舒服的感觉。我们可能不会采取同样的行动（我们的父母吸烟、喝酒、暴饮暴食，而我们可能会过度消费），但选择的心理机制是一样的，即采取行动，而不是表达出来以试图解决或谈论自己难受的感觉。

不出所料，强迫性购物症具有家族性特征（在这些家庭中，情绪不好、焦虑和药物滥用问题都非常严重）。如果父母韧性不够，也无法管理自己的情绪，那么，孩子在这些方面也会无能为力。

但是，除了重复父母的应对策略，还有一个现实问题，即患有抑郁症或成瘾症的父母在情感上对孩子的帮助更少，这使孩子更有可能压抑情绪，而情感表达和情绪管理的经验却更少。

当负面情绪开始压倒我们时，我们会试图找到转移注意力的方法。如果偶尔使用，这是一种有用的应对机制，不会导致我们系统性地否认或压抑自己的情感。问题在于我们使用这种策略的频率，以及我们实际上做了什么来分散自己的注意力。偶尔吃点爽心美食和经常胡吃海塞是有区别的，周末和朋友一起喝酒"放松一下"和酗酒成瘾是有区别的，"买东西犒赏一下自己"和购物成瘾也是有区别的。

对于许多过度消费的人来说，"当你有购物的冲动时，如果你不购物会发生什么"的答案是"那就只剩下欲念和情绪了"。但具体是什么情绪，答案可能会有所不同，比如无聊、悲伤、愤怒。他们不是去感受自己的情绪，而是去花钱，这会让他们一开始感觉良好，因为花钱能让他们的思绪从令人不安的欲念或情绪中转移出来，从而专注于某个过程。比如，他们正在浏览网站，搜索他们要买的东西。在克莱尔·巴雷特（Claer Barrett）的播客《金钱诊所》（Money Clinic）中自称购物成瘾的布鲁克说："当我在商店里的时候，外界的任何压力源都不重要。你知道，我在那里，我无须考虑工作压力，也不必考虑我没有很多朋友的事实，你懂的。所以，有时候，只要能在商店里逛一逛，我就像是深吸了一口气，释怀了。"

研究表明，患有强迫性购物症的人在购物之前会经历一些负面情绪（悲伤、抑郁、焦虑和无聊）。他们在购物之后立即感到兴高采烈、激动不已、心花怒放和感觉自己很重要或感觉自己变成了大人物。在某些时候，当潜藏在表面之下的问题变得难以控制时，购物能给他们带来掌控感。我们已经看到，购物之后的心情暂时好转现象，既有心理上的原因，也有生理上的原因，但这种"快感"瞬间即逝。内疚和痛苦是疯狂购物的典型后遗症。不要忘记，最初我们试图避免的负面情绪也没有得到解决。

对于购物狂来说，他们关注的是购买物品的实际需要，而不是物品本身（通常都不会打开包装，更别提使用了）。似乎无法抗拒的是购买某样东西的行为，而不是物品本身。购物往往超出了需求和财力（通常导致债务），甚至超出了预期投入的时间，干扰了履行其他承诺（比如工作）的能力。

努力识别和表达这种行为背后的一些情绪，可以是实现对其更大控制的第一步。那么，问题就变成了如何处理这些情绪。你可以解决这些情绪，表达这些感受，探索这些情感，忍受这些感觉。如果你在逃避悲伤，那么，你的悲伤到底是什么？你能忍受悲伤而不宣泄出来吗？你能找到一种更健康的方法来抵御悲伤情绪吗？还有什么能让你从孤独中解脱出来呢？当你感到孤独的时候，除了网购，你还能干什么呢？

研究表明，购物心理与其他心理健康问题（如抑郁和焦虑）密切相关。我曾听一位年轻女士说：“如果我不购物，我还能做什么呢？我还有什么可期待的呢？什么都没有！”

通常，购物成瘾的人也患有饮食失调、酒精成瘾等其他成瘾行为。事实上，研究发现，强迫性购物症患者更有可能滥用药物，并会产生情感障碍或焦虑症。在我看来，这证明了一个事实，即购物是一种行为，是试图缓解压抑和焦虑情绪的众多行为之一。

在电视剧《一公升的眼泪》（Only Human）中的某一集里，一位心理治疗师帮助一位女性解读她过度消费行为背后的原因。她的过度消费行为的表现形式多种多样，包括举办宴会、参加派对和与朋友外出过夜。当她和一位心理治疗师探讨这些习惯背后的原因时，她发现，多年来，她一直隐藏着痛苦和强烈的感情，这与她三岁时父亲搬离家庭有关。那时候，她压抑着与父亲离开有关的负面情绪，只专注于周末和父亲在操场上的嬉戏时光和“有趣的活动”。目前，她的许多消费似乎是为了漫不经心地重拾往日的快乐时光，同时掩盖或忽视这其中自我破坏的一面（因为她的债务超过了她的年薪）。她专注于享受乐趣，却忽视了自己从过去经历中承受的伤痛，以及因目前岌岌可危的经济状况而遭受的痛苦和伤害。这也是她隐藏的饮食失调症的一个特点：世人看到的是她快乐和放纵的一面，但她试图通过暴食症来摆脱难受的感觉。与她内心那个"受伤的小女孩"取得联系，帮助她更深入地了解了自己的超支问题。用她自己的话说，她在了解自己花钱背后的情绪之前会感到"害怕、孤独和恐惧"。

虽然过度消费的无意识驱动因素可能和人类的思维一样复杂，但我发现，过度消费者最常见的幻想是，钱能买到的东西要么会让他们更受欢迎，要么会给他们一种归属感，要么会让他们感到安慰，因为他们拥有一些美好永恒的事物。

对于那些难以坦白、表达和忍受自己负面情绪的人来说，金钱变成了他们宣泄的媒介和冲动行事的工具。与其忍受欲念，不如去购物；与其忍受不爽的感觉，不如去购物。

如果你发现你的花费超出了你的预期，还不确定自己为什么会一直积累小物品、小玩意和小配件，那么，值得思考的是你到底希望这些东西能给你带来什么。如果你能在半清醒状态下突发奇想，画一个云状小插图，并用语言表达这些小东西会给你带来的情绪价值，那么，你会配上什么样的小作文呢？试图探索自己过度消费背后的原因并不总是容易的事（我会在第十二章中给你一些建议），但在购买过程的各个阶段，更加感性地意识到这一点是一个不错的起点。购买过程是如何开始的？你是和朋友一起在手机上浏览吗？你是独自一人决定去商店的吗？在那一刻你有什么感觉？这个云状小插图可以帮你解开引发这种情绪的原因。有一位患者说消费时刻就是"有个活动必须出席"，这让我们看到她对别人如何"看待"她的不安全感，以及她在社交场合的不自在。还有一位患者说消费时刻就是"打发睡觉时间"，这让我们看到了她的孤独感。

问问你自己：

- 当我找到我想要的东西时，我会有什么感觉和想法？
- 购买这个东西后，会发生什么？
- 商品什么时候可以送达？
- 我是签收还是退货？
- 如果我没有购买该商品，或者我曾经尝试过限制开支，我会有什么感觉？
- 那么，这样会唤起什么样的情绪呢？

如果过度消费是你用来对抗难受感觉的一种行为，请记住，防御机制的存在是有原因的。防御机制能保护我们免受痛苦的困扰。但是，当防御不能给我们想要的东西，或者产生了非常有害的后果，使我们最终陷入比我们一开始试图避免的情况更糟糕的境地时，我们有必要重新评估防御的作用。衣橱里挂着103件衣裙所带来的经济压力和负罪感可能会给我们带来巨大的压力，所以，迎战被人遗忘的恐惧感可能是一件可怕但值得去做的事情。或者，我们自恋式的炫耀可能已将我们孤立到极端的地步，从而对我们寻找追随者的行动产生了事与愿违的影响。我们需要思考，是否存在一些比商店或美容院更能弥补我们缺失感的地方，前提是这些地方对环境的破坏更小，更能带来满足感。

正如作家兼心理治疗师斯蒂芬·格罗兹（Stephen Grosz）所写的那样："我们都曾在某个时候试图压抑痛苦的情绪。但是，当我们成功地做到毫无感觉时，我们就失去了了解什么伤害了我们以及为什么伤害我们的唯一途径。"

第三章

贪婪：钱再多
也不嫌多

当金钱在本质上变得有价值，被理想化，充满了神奇的力量（比如"解决一切问题"的能力）时，我们就为自己设定了一条不满足的生活之路。古希腊哲学家苏格拉底曾说过："如果一个人不满足于他已经拥有的，那他也不会满足于他想要拥有的。"这句话暗示了一种错觉，即"多多益善"。这是关于急于追求财富的悲剧真相——钱再多也不嫌多，因为这种追求是象征性的，不只关乎钱的问题。

这样定义"贪婪"的问题在于它只关注"想要的超过需要的"，也就是"欲望多于需求"，但谁又能说清楚什么是"超过需要的"呢？"需要"是指满足我们基本的衣食住行需求，还是指维持与我们大多数人的薪水相当的生活？是不是每个人对"足够的"收入或储蓄水平的看法都不尽相同呢？这样定义"贪婪"的另一个问题在于我们没有给自己的雄心壮志留下任何空间。"欲望多于需求"，这是贪婪的表现，还是雄心勃勃的表现，或者，举例来说，想给孩子的超过了我们拥有的？大多数人都希望自己能拥有更多的钱（实际上，根据盖洛普调查，超过 60% 的美国人希望有一天能变得富有），但贪婪并不仅仅是对更多财富的渴望，它还伴随着一种永不满足的欲望，以及对"钱不够"的持续焦虑。"贪婪"一词源于古英语，意为"贪吃，饥饿"。可惜，欲望得不到满足，饥饿感无法消除。在贪婪的人看来，他们拥有的永远"不够"。而事实上，他们的财务状况往往与这种"够不够"的认知毫无关系，这不禁让人质疑："你的钱够干什么，才算是钱够了呢？"

为了解释人们为何总持续产生"钱不够"的焦虑，相关媒体最近舍弃了精神分析术语，转而使用"金钱畸形症"一词描述人们对自身财务现实的扭曲认知。一个人可能觉得自己没有足够的钱，而实际上他的财务状况并没有那么糟。"金钱畸形症"借鉴了"躯体变形障碍"的定义，后者是一种心理健康状况，即患者对自己外表上的缺陷（通常是别人察觉不到的）感到困扰。同样，患有"金钱畸形症"的人可能对自己的财务状况产生不切实际的看法。至少他们中的一部分人知道，在现实中并不存在"缺钱"的问题，但他们仍会有"缺钱"的感觉。因此，就像躯体变形障碍患者不遗余力地纠正他们外表的"缺陷"一样，贪婪者会变成工作狂，或者痴迷于囤积金钱，希望以此来解决他们的"缺钱"问题。

还有一个常常被视为贪婪的特征是对他人的漠视，而这种漠视又往往伴随着贪婪。不可否认，贪婪的负面含义与这一方面有关："饥饿感"占主导地位，优先于其他因素。我们追求自己想要的东西（以金钱为例），通常会践踏那些挡道的人。

在一系列研究中，库恰基（Kouchaki）等人证明，仅仅接触金钱就能引发不道德的意图和行为（如撒谎、欺骗或只顾自己的利益而漠视他人），并得出"金钱是一个潜在的腐败因素"的结论。即使只是简单地让受访者接触与金钱相关的词汇，似乎也会影响他们后续完成任务的行为，使他们更有可能采取不道德的行为（如撒谎）。这并不是第一个试图将商业兴趣与竞争和自利行为联系起来的研究。

但财富也可以影响利己主义的意识形态。美国的一项研究发现，越富有的人表现出来的同情心和同理心越低，展现出来的权力意识却越强烈，这表明财富的增加和对他人的漠视之间存在联系。在一项研究中，开豪车的司机不太可能在十字路口停车等待行人穿过。虽然我们不能断言所有富人都很贪婪，但这些研究表明，我们越富有，就越有可能将追求财富的行为道德化，并认同利己主义的理念。当然，我们很难通过实验来研究人类的复杂性，虽然说，这种研究很有说服力。那么，从捐赠给慈善机构的收入比例来看，我们如何解释富人和大多数人一样慷慨的事实呢？

在我看来，许多关于贪婪的定义都忽略了对自我的漠视，而这正是陷入这种焦虑的人们的典型特征。他们为了积累越来越多的财富而不停地工作，因此他们的自护能力和人际关系经常受到影响。正如美国散文作家拉尔夫·沃尔多·爱默生（Ralph Waldo Emerson）戏说的那样："金钱的代价太大。"

所以说，我们对金钱有着永不满足的欲望，还一直担心钱不够用，这种想法可能驱使我们做出伤害到我们自己、违背道德或显得冷漠的行为。

希腊语中的"贪婪"（philargyros）一词的字面意思是"爱钱"。这揭示了人们金钱贪婪的一个关键方面，即通常伴随而来的"金钱崇拜"。金钱被理想化了，人们喜爱金钱，仿佛它本身就是有价值的。金钱不再只是达到目的的一种手段，而是变成了一种财产，人们积累金钱是为了其本身的价值。金钱不再被看作是一种交换的媒介，一种享受生活乐趣的工具，而是被视为一种带来快乐和消除所有焦虑的东西。金钱会治愈抑郁情绪。金钱能解决一切问题。可惜，这只是奇怪幻想，金钱并不能实现这些。而且，这个标准还在不断变动。

因为贪婪是一种让我们产生负面联想的感觉，因此，我们更容易发现别人的贪婪，而对自己的贪婪视而不见。这是一种被称为"投射"的现象。我们会不自觉地"投射"，即把我们觉得不舒服的"特质"转移到别人身上。通常，我们越是被别人的贪婪激怒，我们就越有可能不承认自己贪婪的一面，并在不知不觉中否认或摆脱这一部分。所以，如果你发现自己经常因为别人的贪婪而感到恼怒，那就得思考一下自己是否也有贪婪的一面。

我们在深入研究我们对金钱的态度的细微差别时，有必要区分一下贪婪/贪得无厌与吝啬鬼或守财奴。从心理学的角度来看，两者之间有着天壤之别，尽管在日常生活中我们可能会将这些术语互换使用。"守财奴"是指那些痴迷于囤积金钱（贪婪）但又不善于花钱的人。但在我的经验中，贪婪和吝啬经常相伴而行，却是不同的，因为想存钱和不想花钱是不一样的。不想在自己身上花钱和不想在别人身上花钱也是不同的（但这是下一章要讨论的话题）。在这里，当我们谈论贪婪时，我特指积累财富的欲望。

我认识一些人（通常是富有的人），他们能够过上许多人梦寐以求的生活，但仍然难以克服自己的贪婪（这可能表现为疯狂工作和不惜一切代价获得更多东西的欲望）。尽管他们有足够的钱来保证自己以及后代的财务安全，但他们仍然会牺牲自己珍视的东西（比如，与家人共度时光、锻炼身体、腾出时间来琢磨健康饮食或去旅行）去追求财富。

贪婪的起源和社会认知

长期以来，经济学家和哲学家对"贪婪"持有不同的看法。有些人认为"贪婪"是对自我保护的追求，也是社会层面经济增长的动力。也有人认为，旨在消除贪婪行为的政治体系导致了贫困和混乱的困境。

贪婪是与生俱来的，不仅存在于人类身上，也存在于动物身上。积累食物或金钱的欲望在一定程度上是一种生存策略。金钱与我们的生存息息相关，钱不够用的威胁会引发原始的焦虑。进化心理学家们认为，贪婪有助于我们延续基因，因为我们通过积累具有地位象征意义的财富去增加吸引配偶的机会。然而，许多人持相反的观点。经济学家兼政治理论家约翰·梅纳德·凯恩斯（John Maynard Keynes）把"爱钱"看成是一种疯狂的行为。他称"金钱动机"是我们把坏事变成好事的一种方式。我们将无情的贪婪变成了一种道德上令人印象深刻的东西。无论是在社会层面上还是在个人层面上，贪婪都可能是一种毁灭性的力量。贪婪还可能是一种有害的、不道德的和剥削性的力量。有些人认为，我们生活的社会和经济体系助长甚至强化了贪婪行为，导致了诸如不平等、腐败、金融危机甚至战争等社会问题。

奥托·费尼切尔（Otto Fenichel）是首批（1938 年）提出资本主义是推动财富积累的一种强大力量的心理分析师之一："资本主义者如果不想自取灭亡，就必须努力积累财富"。但他又说，我们在追求金钱的过程中受到了内部力量和外部力量的双重驱动。从内心深处，我们有"自恋需求"，试图通过金钱来满足这些需求。他指出了这样一个事实，即年幼的孩子会感觉自己无所不能，而这种全能感"在他们的一生中都会留下某种记忆，诱发他们萌生再次获得这种能力的渴望"。

他强调，是内部力量和外部力量的相互作用塑造了我们积累财富的渴望，如果只考虑其一而不考虑其他，那就太局限了。金钱在社会中的现实不容忽视。

梅兰妮·克莱因（Melanie Klein）在儿童心理治疗方面的开

创性工作极大地塑造了精神分析思维，她也认为儿童的成长是内部因素和外部因素持续相互作用的结果。但是，当谈到"外部"因素时，她强调了照顾者对婴儿贪婪的反应。贪婪既是一种与生俱来的力量，也是一种因我们在表达欲望时从照顾者那里得到的反应而缓和或加剧的东西。世界如何回应我们？当我们要求更多的时候，我们会得到更多吗？我们会因为"贪婪"或"依赖他人"而受到责备或惩罚吗？

宗教是影响我们对贪婪认知的外部因素之一。大多数宗教都谴责贪婪。在基督教中，贪婪是一种大罪（最恰当的例子是犹大为了 30 枚银币而背叛耶稣）。在佛教中，"贪"是人类三种烦恼之一（另外两个是"嗔"和"痴"）。许多不同的宗教都有这样的例子。在但丁的《地狱》中，贪婪者（或囤积金钱的人）和挥霍者（挥金如土的人）出现在同一个地狱圈中，表明这两个群体都犯了同样的罪，即无法适度地使用自己的财富。

在希腊神话中，米达斯国王的故事讽刺了人类对财富的狂热追求。米达斯帮助狄俄尼索斯（酒神兼欢乐之神）找到了他的父亲，狄俄尼索斯承诺为米达斯实现一个愿望。米达斯希望他碰到的任何东西都能变成金子。他在匆忙选择愿望时忽略了一个事实，即他的食物也会变成金子，因此，他因为愚蠢而面临着挨饿的威胁。在后来的故事版本中，就连他的女儿，被他碰了一下，也变成了金子。这个神话故事的结局有好几个版本，一些版本是他解除了这种愿望的诅咒，另一些版本则是他死于饥饿。无论何种版本，这都是一个寓意丰富的故事：金钱或黄金并不能带来幸福，人们对金钱的追求可能会变成一种诅咒，成为一种具有破坏性的力量。满足人类愿望的狄俄尼索斯实际上是一个双面神，因为他既代表快乐，也可能因为过度放纵而导致暴怒（这与酒的两面性相呼应）。对于米达斯来说，过度的贪婪也有其黑暗的一面。

贪婪通常具有非常负面的含义，阅读本章的一些读者可能会在一些例子中认识到自己的贪婪，因此不得不争辩说："我这不是贪婪，而是恐惧，是焦虑，是……"然而，只有当我们能够面对这样一个事实，即我们内心萌生一些激发更多渴望的感觉（很可能是恐惧，但往往与之相伴的是贪婪）时，我们才有机会理解并改变我们的行为。只有当我们能够面对我们可能不断渴望更多的事实时，我们才能停下来扪心自问："为什么我拥有的还不够呢？我想要更多的财富，这能让我得到什么？我在怕什么呢？"

还有一些人，尽管积累了比想象中更多的财富，但仍然感到空虚或不满足。金钱本应该可以带来一些东西，结果却失败了。对一些人来说，这是一种爱的感觉；对一些人来说，这是一种内在价值的感觉；对一些人来说，这是一种快乐。想象一下，你不知疲倦地工作了一辈子，最终却回到了你开始的地方。这一切都是幻觉。金钱被理想化了，我们把各种神奇的品质都归功于金钱，结果却发现我们想要的东西并非用钱就能买到。

贪婪的行为

对财富的热切追求呈现出不同的形式。其中之一就是攒钱，就像查尔斯·狄更斯（Charles Dickens）的中篇小说《圣诞颂歌》（*A Chirstmas Carol*）中的主人公埃比尼泽·史高治一样。史高治被描述成一个无情的守财奴，一心只想着钱。我认为迪士尼对唐老鸭的叔叔史高治·麦克老鸭（原型就是狄更斯笔下的史高治大叔）的刻画更为生动。史高治是"世界上最富有的鸭子"，人们经常发现他在钱箱里（一个装满钱的金库）游泳，沉醉在触摸真金白银的喜悦之中。尽管史高治大叔很富有，但他却痴迷于积累金钱，专注于赚更多的钱，以至于他失去了与家人和朋友的情感联络。

我们没有看到富人在满是票据的池子里游泳的场景，他们中大多数都以自己的勤奋和努力为荣，暗地里却痴迷于囤积更多的钱财。他们可能会因精明的商业交易而受到钦佩。他们可能会被伴侣和朋友指责为"工作狂"。我使用的"工作狂"是广义的中性词，不限于临床意义。将"工作狂"定义为一种成瘾行为，包括评估一个人努力工作的程度、一个人对工作的在乎程度，以及一个人为了工作而牺牲生活其他方面（如健康和人际关系）的偏执程度。通常，这个人的忘我工作是在没有任何外界期望的情况下进行的。这样的人很难享受工作之外的活动，却通过谎言来否认这一点，这些迹象就是工作狂的症状。

享受工作并且出于乐趣而从事某工作，这是一种健康的动机和抱负。出于无法理解的内在冲动而从事某工作，则是完全不同的。相关研究表明，前者（也被称为"工作投入"）与积极的感受（欢乐、专注和自信）有关，而后者（工作狂）则与"内疚、焦虑、愤怒和失望"有关。

工作狂可能是强迫性格的一种特征，就像我们之前看到的挥霍无度的人一样，他们倾向于"行动"而不是忍受自己的坏情绪（无论是哪种情绪）。工作狂也可能是受虐性格的一种特征（无意识地惩罚自己）。有时候，人们加班加点地工作是为了避开不幸婚姻中夫妻相处的尴尬或者难搞的家庭问题。然而，我这里所说的工作狂是为了金钱。他们被贪婪驱使。周围的人困惑地看着他们，想知道他们何时才会感觉自己赚够了。他们的目标标准总是在变动，而饥饿感从未得到满足。有时候，他们会把自己逼到精疲力竭的地步，美国心理协会将这种状态定义为"身体、情感或精神上的耗竭，伴有积极性下降、表现不佳及对自己及他人产生负面态度"。

为了理解那些焦虑地囤积金钱的人，或者就像一只无法跳出仓鼠轮的仓鼠一样，在永无止境的无效忙碌中耗尽自己以获取更多金钱的人，我们需要问自己："他们想象金钱能给他们带来什么？他们渴望的是什么（是安全感和舒适感吗）？在他们心中，金钱意味着什么（是衡量价值的标准吗）？他们害怕的是什么（是怕钱花光了，还是怕人耗没了）？"

与贫穷和经济损失相关的恐惧

我的一位患者这样总结自己的处境："30 岁时，我害怕钱会花光。我每天都生活在恐惧中，觉得任何错误的决定都可能导致灾难性的后果，这不仅不合逻辑，而且具有破坏性。我高度警惕。我不敢拒绝工作，结果常常把自己搞得精疲力竭。如今面临着前所未有的责任压力，我必须赚足够的钱来生活、生存和发展，这已经变成了我无法承受的压力。"尽管这位年轻女子在理性层面上意识到了自己对"想要更多"的需求是"不合逻辑的"和基于恐惧的，但她无法控制自己想要工作更多、赚钱更多、拥有更多的强烈欲望。

有很多人难以控制自己对"钱不够"的恐惧，而根据我的经验，这些恐惧往往源于贫穷和经济损失的真实经历，或者源于情感剥夺（缺爱）的经历，这让他们在内心深处苦苦挣扎，力求寻找一种安全感，并通过金钱表现出来。

　　贫穷的真实经历是对"花光钱"的恐惧以及随之而来的越来越多的追求的简单（但仍然痛苦）的解释。这种恐惧往往并非基于他们当前的现实处境。许多害怕贫穷的人会努力工作以确保自己不会陷入（客观上）不稳定的经济状况。然而，这不是他们的真实感觉。通常，他们也有理性的一面，那部分内心的理智会告诉他们实情，但理性的认知对缓解恐惧无济于事。

　　原因是，他们成长的环境给他们留下了恐惧和失落的情感印记。他们目睹了父母做出痛苦的妥协和自我牺牲，更重要的是，他们感受到了父母在那种情况下的感受。也许他们自己也曾渴望拥有别人能够负担得起的东西或经历，但他们无法拥有这些。尽管这些记忆在某种程度上激发了他们发誓再也不要陷入那种境地的决心，但也留下了恐惧的痕迹。他们继续保留住自己的贪婪，从而确保自己不会重复父母的经历，或者再也不必渴望那些自己负担不起的东西。

　　巨大的经济损失（个人或家庭）也会给当事人留下情感上的创伤。经济损失会激发灾难化思维。"如果……会怎样"的想法充斥着人们的思绪。这些都是合理的反应。毕竟，从经济损失中吸取的教训是，人们可能在一瞬间失去一切。然而，质疑人们为防范突然一无所有这种恐惧而采取的措施的过度程度是有价值的。我绝不是说人们不应该"未雨绸缪"，或在他们的财务预测中构建一些负面情景（实际上，这些都是健康的财务习惯），但是，谨小慎微和生活在恐惧之中是有天壤之别的。恐惧在让人们的思维陷入瘫痪后，便开始妨碍人们的财务幸福感了。多工作、多积累、多储蓄成为缓解焦虑的唯一途径，但这只是权宜之计。

　　贫穷或经济损失的经历往往会导致一种无意识的幻想，即让人们认为金钱能解决一切问题。尽管与金钱相关的困难可能会给家庭成长带来巨大的痛苦，但金钱却成了所有负面情绪的"万能解药"。因此，孩子会形成一种观念，钱多可以"解决一切问题"。金钱可以治愈不快乐、赶走抑郁，如果家里有更多的钱，争吵就会减少。那些抱着这些信念的人最终会希望"足够的金钱或快乐"唾手可得，如果他们多工作一点，多挤出时间去完成更多的项目，多争取一个晋升的机会，他们就会拥有足够的金钱或快乐。

对于那些对过去财务创伤的阴影挥之不去的人来说，首先承认自己当前的感受与过去的经历之间的联系是有帮助的。能够给自己的情绪留出空间，给自己机会去处理这些情绪，更深入地理解所发生的事情，是一种释怀。很多人很难认识到父母的经历如何深深地影响了他们自己，他们会把这归结为"父母的创伤不是我的创伤"。但是，一旦给他们机会去感受，考虑到他们对这段经历所赋予的意义，我们就能更好地理解他们目前贪婪行为背后的情感残余。

现实检验也是很有价值的。我所说的现实检验不是安慰自己"我有足够的钱，所以不用担心"，因为这并不能缓解焦虑。我所说的是要意识到自己是否在夸大其词（专注于低概率的场景）。同时，我们也要意识到自己实际上对当前情况有多少控制力，这可能包括采取一些财务措施（如储蓄计划），从而防止自己被打个措手不及。有时现实检验包括你要了解自己和父母之间的差异。例如，父母在财务上的疏忽为现在的你设定了一个非常不同的结果，所以，请你在做预算时加上这一点。尽管这些因素显而易见，但与焦虑做斗争的人往往会忘记，他们不是自己的父母，他们已经做了很多事情来防止历史重演。

爱的慰藉（安全的港湾）

心理治疗师们普遍认为，人们与贪婪的斗争往往源于他们经历了被剥夺的童年。如果婴儿因为某些需求未得到满足而感到焦虑，那么，他就会变得更加贪婪。父母的忽视会加剧孩子对食物、爱和金钱供应的焦虑和不安，从而导致无止境的饥渴感。梅兰妮·克莱因描述说，贪婪的孩子长大成人后，很可能变得雄心勃勃，但最终对自己的成就不满意，总是渴望得到更多。

每个人被剥夺的经历不同，所产生的缺失感也不同。我们如何努力填补我们"当时"体验的缺失感所留下的心灵缺口呢？换句话说，金钱在我们心目中的意义与我们试图填补的心灵缺口有什么关系呢？我们通过积累越来越多的财富来努力实现的东西是爱、幸福，还是价值感？挖掘这些可以帮助我们理解"我们贪婪的一面"，这种贪婪表现在我们的金钱行为中，也不可避免地表现在我们生活的其他方面。一位患者曾经对我说："我以为金钱能解决一切问题。"他已摆脱贫困，跻身于百万富翁行列。然而，让他惊讶的是，他并没有因此感到更快乐。"也许一些关于财务的焦虑有所缓解，但仅此而已。"通常情况下，人们是带着他们所谓的"存在主义"成见来接受心理治疗的，他们关心的是生命的意义和对幸福的追求。他们还承认，他们工作越卖力，挣钱就越多，就越觉得自己所追求的幸福触手可及。

心理分析师戴维·克鲁格举了一个例子。某日，一位患者来找他做治疗。这位患者的办公室墙壁上和奖杯陈列柜里已经没有空间来展示他的成就了。对此，戴维说："……再获得一个奖项，或者赚更多的钱，都是对他的希望的永久激励。他只是在每次取得成就后将赌注加倍，让自己的希望得以延续。他希望得到他在童年时未能得到的东西，从而填补内心的空虚感。"我的患者们经常说，他们内心有一种无法满足的空虚感。这种表达方式很有意思，我们想象有一个空荡荡的胃，而饥饿的胃隐喻地代表了情感缺失。金钱经常被用来满足这种饥饿感，以及对更多东西的渴望。

这种无休止的渴望源自何处？我们可以从依恋理论的角度来思考这个问题。几十年的研究已经证实，儿童的依恋模式是由家庭中的"母亲"[⊖]与婴儿之间的互动模式（母婴互动）决定的，而孩子在婴儿时期的依恋模式会影响他们在儿童、青少年和成年时期建立人际关系的方式。

如果我们的照顾者能够及时回应我们的需求，与我们有良好的共鸣，并且我们对他们的感受大多是积极的，我们就可能采用一种安全型的依恋风格，这意味着我们在人际关系中感到安全，并信任他人。我们能够处理冲突、调节自己的情绪，并向他人表达自己的需求和挫折。我们觉得自己值得被爱，而不依赖于外界的安慰和认可。

但许多人的育儿体验总体上并不乐观。他们在一个需求得不到持续满足、养育者不可靠或不亲近的环境中长大，那里充满了排斥、批评或冷漠。因此，他们在成长过程中缺乏"安全感"。他们继承了一种"认为别人不可靠"的情感脚本，与他人交往时充满恐惧和不安全感。他们很难以有意义和令人满足的方式与他人建立联系，在某些情况下，他们会依附于对方，努力寻求对方的认可与安慰。他们变成了"焦虑型依恋"人格，总是紧紧抓住

⊖ 我用引号括起"母亲"这个词，是因为它指广义的主要照顾者，不仅仅是母亲。

对方，害怕被对方抛弃。尽管别人会努力满足他们的要求，但他们的内心十分匮乏，缺乏"安全感"。换言之，这是一种信念，即他们的需求将以足够好的方式得到满足的信念。然而，这种失落感是无法填补的，他们最终会感到沮丧且不满足。他们也是以同样的方式把金钱紧紧地攥在手里，金钱成为他们表达对安全感和爱的渴望的一种方式，也是填补这种心灵缺口的另一种可能途径，但同样不起作用。著名的精神病学家兼依恋理论家杰里米·霍姆斯说："对金钱的膜拜是对……空虚感的一种变态反应。如果我无法拥有爱，那么，至少我会拥有钱。于是，我的无法满足的贪婪变成了我对金钱的渴望。"他解释说，一种以金钱为基础的"安全感"的形成，源于缺乏真正的安全感和调谐能力。

即使在狄更斯的小说中，埃比尼泽·史高治在孩提时代也被人剥夺了情感关怀，正如"过去的心理阴影"提醒他的那样，他被单独留在寄宿学校，甚至在圣诞节那天也是如此。这种情感上的渴望在他身上变成了对更多金钱的渴望。我们会在潜意识里认为，如果我们不抓住某件东西，如果我们不趁它还在的时候追上去的话，那么，我们就会面临饥饿与愁苦的危险。

对于史高治来说，帮助他改变的是"现在的阴影、过去的心理阴影和未来的阴影"。这是对他的早期创伤的一种对抗，是对他当前行为造成伤害的觉醒，也是对他当前所走的道路将把他引向何方的现实的认识。我们需要直面我们感到缺爱的那部分自我。我们要准备好为失去我们希望拥有的父母而悲伤。我们需要以成年人的视角去看待真正缺失的东西，这样我们就不会在错误的地方寻找它。

金钱靠得住——对自力更生的渴望

就像那些认为财产比人更可靠而购买和珍视财物的人一样，也有人可能会努力积累金钱，因为金钱会让他们有一种不需要依赖任何人的独立感，一种不需要依赖可能令人失望的某个人来满足自己需求的感觉。

想要经济独立的愿望是一个健康的发展目标，但不是我们现在要讨论的话题。这完全不同于想要积累越来越多的财富，以免再次陷入渴望的泥潭。

在我人生的一个转折点，我有幸与沃伦·巴菲特（Warren Buffett）会面，这让我对促使他取得非凡成就背后的驱动力产生了极大的好奇心。我越深入挖掘他的传记，就越能找到有关他早期经历的线索，我对他的案例研究越能让我了解到塑造未来人类与金钱关系的许多因素。在巴菲特的人生历程中，他从家庭中学到的金钱教训、他对坚韧而精明的父亲的认同、他与母亲关系中的情感剥夺和创伤经历，都是促使他后来成为世界首富的影响因素。巴菲特在年轻时就决定要成为百万富翁。他于 1930 年出生在美国内布拉斯加州，当时距离华尔街崩盘的"黑色星期二"还不到一年。在巴菲特快满一岁的时候，他的父亲霍华德宣布家族银行倒闭，他也因此失去了工作。那是一个全国上下都为钱而焦虑的时期。失业和自杀现象十分普遍。但霍华德勇敢地决定创办一家股票经纪公司，并努力稳步发展业务。也许这就是巴菲特从生活中（以及金钱方面）学到的第一条宝贵经验，即只要拥有韧性、勇气和决心，即使是遭遇最不可能战胜的（经济）挑战，也可以挺过来。

　　巴菲特意识到父亲对他的生活方式产生了巨大的影响。谈到父亲时，巴菲特说："父亲真的是一个特立独行的人。但他并不是为了特立独行而特立独行。父亲根本不在乎别人怎么想。他教会了我应该如何生活。"这一概念被巴菲特称为"内部记分卡"，在他的财务成功中发挥了巨大作用。正是对父亲的认同，让他有了追求目标和坚持信念所需的勇气，比如，当所有人都在股市下跌时感到恐慌时，他却没有急于抛售自己的股票。

　　他的谨慎态度，他对公司和业务的选择，他在投资不符合他的标准的项目时紧握现金不放的做法，都与他父亲和祖父教给他的理念一致。但我认为，如果只从家庭中的金钱教育角度来看待巴菲特的非凡成就，那就太局限了。在我看来，巴菲特痴迷于积累财富的关键在于他与母亲的关系不好，以及他渴望与父亲有更多的相处时间，这些都助长了他的"贪婪"。

　　巴菲特的母亲蕾拉出身于一个有着隔代遗传的精神病史的家族。巴菲特和他的大姐都说过，小小的导火索就会让母亲爆发出无休止的愤怒指责。只要一发作，她就不会停下来，直到孩子们伤心流泪，无助地哭泣。因为这些事情经常发生在他父亲不在家的时候，所以，父亲无法保护孩子们免受伤害。在这样的家庭里，巴菲特的情绪是不言而喻的。他只能独自应对这些事件可能带来的愤怒、羞愧和内疚。他的妻子苏茜曾这样评价他："所有关于股票的自信言论都围绕着一个脆弱且需要帮助的内心，因为他是一个在孤独阴影笼罩下蹒跚度日的小男孩。"

　　巴菲特从很小的时候就痴迷于数字。他会花几个小时和朋友们一起在笔记本上记下过往车辆的车牌号。在潜伏期（大约从

5 岁到 11 岁），孩子们通常会对收集小东西（通常是鹅卵石、弹珠和后来的硬币）产生兴趣，并参与一些看似重复和单调的活动（比如数数、列清单、排序）。然而，随着年龄的增长，大多数孩子会转向不同的兴趣。但小巴菲特继续沉迷于数字，并在收藏和囤积中寻找安慰。

我想知道，对于巴菲特来说，数字是否成为他逃离母亲怒火的心理避难所，一种可以"指望"的东西，一种可以预测的、理性的、容易理解的东西。在 2017 年 HBO 的一部名为《成为沃伦·巴菲特》（*Becoming Warren Buffett*）的纪录片中，他说："我觉得思考商业或投资问题很有趣。它们很简单。人类的问题才是最棘手的。有时候，人类的问题并没有什么标准答案。但金钱的问题几乎总是有理想的答案。"他通过收集、计数、编号来应对他对失控的母亲的恐惧，并从中获得一种控制感和可预测性。

8 岁时，小巴菲特就经常外出，"远离母亲的干扰"。但他确实渴望得到父亲的关注。他的父亲经常躲在书房里读书，只剩下孤零零的小巴菲特，所以他可能一直渴望得到更多。我不知道，他贪婪地收集金钱的行为是不是他对于情感渴望的一种物质表达方式。他通过囤积物品来应对情感上的更多需求。

10 岁那年，小巴菲特随父亲参观了纽约证券交易所，在那里，他与一位令人印象深刻的荷兰人共进午餐。午餐后，这位荷兰人为他卷了一支定制的雪茄。作为一名心理治疗师，我不会忽视这样一个事实：正是这个男人的雪茄让小巴菲特着迷。但我认为，在小巴菲特的眼中，雪茄不是权力和力量的象征，而是足智多谋的迹象。这个男人永远不会挨饿，他可以满足自己的需要和欲望，得到自己想要的东西。对于小巴菲特来说，我想这其中一定有某种深刻的吸引力。那就是自力更生的想法和不再奢求任何东西的"奇怪幻想"。

巴菲特对金钱的交易价值不感兴趣。事实上，他并没有花掉这笔钱，他因不愿买新衣服、大房子等物件而臭名远扬。他试图通过这种方式来满足一种情感欲望。

巴菲特在谈到市场时的座右铭是："别人恐惧时我贪婪，别人贪婪时我恐惧。"但这让我怀疑，他在家里经受住风暴以及在萧条时期建立韧性的经历，是否已经建立起了一种他能够利用的内在资源。他从很小的时候就必须处理好自己的恐惧和贪婪。作为一名投资者，他可以不受市场波动的影响。当所有人都卖出股票时，他却买进或持有股票，反之亦然，这也彰显了他在生活中其他领域没有表现出的信心。他给投资者的信息是，不要被别人的情绪冲昏头脑。

巴菲特可能在儿时就已制定了应对紧张情绪体验的策略，他能够将这些策略引向一种行之有效的途径。金钱也许给了他一种掌控感，满足了他自力更生的幻想。金钱也代表了一种情感货币，是他在缺乏情感照顾时仍能感受到富足的方式。

衡量价值的标准

虽然对一些人来说，金钱的积累与爱情、安全感或自力更生的观念更直接相关，但对另一些人来说，他们对财富的追求与他们潜意识中的一种平衡有关，即自我价值等于经济价值。金钱成为对内心匮乏感的一种补偿，反之亦然。当金钱丢失时，有些人感觉好像自我的一部分（或一个人的自我价值）也随之消失了。正如我们之前看到的，根据奥托·费尼切尔的观点，金钱可以提供自我尊重和权力，那么，正如他所说，"对贫穷的病态恐惧"就是对失去"自我尊重"的恐惧。

这种内在平衡（自我价值等于经济价值）的具体化可能源于有条件的爱。如果在成长过程中，爱被认为是有条件的，比如爱的前提是在学校表现好、做个"好女孩或好男孩"、获得体育奖牌和服从校规，那么，我们在成长过程中就不会觉得自己有资格得到爱，而是觉得爱需要我们努力去争取。当我们给予别人想从我们这里得到的东西时，当我们展示自己的优势时，我们会得到爱的回应。我们的弱点是不可接受的、不受欢迎的。我们幻想着成功会让我们得到爱。但经常发生的情况是，最终，我们周围的人看重我们的财产，与我们的世界观串通一气，认为我们有价值只因我们有成就。成功（财务成功）安抚了我们焦虑的一面，我们担心如果我们变得平凡（但愿不要如此）就会失去爱。

虽然有些人可能会花钱来获得外界的认可，但贪婪的人试图给"感觉自己微小脆弱"的那部分内心"赋予实质内容"。某些东西被"夸大"（银行账户或自我认知）以弥补内心的缺失感。事实上，有时候，贪婪的人会骄傲地炫耀自己的财富，也向外界寻求机会，希望给人留下深刻的印象并获得认可。在其他时候，这是一种更卑微且更孤独的追求。

当你与那些可能无意识地持有"自我价值等于经济价值"这种内在观念的人交谈时，你会真切地感受到金钱的重要性和意义。我们大多数人都希望拥有更多的金钱，但我们可能不会为此付出极高的代价，我们不像他们那样嗜钱如命。我们可能会因为财富减少而感到焦虑（尤其是在受到悲观的经济新闻轰炸时），但对他们来说，担心的程度不同，因为他们觉得风险更高，他们损失的不仅仅是金钱。我通常会问："那会怎样呢？"答案通常是从"我必须放弃我现在的生活方式"（理性的答案）开始，但更深层次的答案很快就会浮现出来："别人会怎么看我？""别人会怎么说我？""我还剩下什么？"一种感觉会涌上心头，即他们将失去作为一个人在自己和别人眼中的价值。一种深深的羞愧感会占据上风，让他们感觉无法掌控。

羞愧感不能等同于负罪感。你看，负罪感是我们在犯错（比如糟糕的投资选择）时产生的一种感觉。羞愧感是我们"表现不佳"时萌生的一种意识，是我们内心深处缺乏某种东西的感觉。人们关注的焦点是我们自身，而不是我们的行为，它揭示了我们是谁，而不是我们做了什么。羞愧感根深蒂固，无处不在，需要很长时间才能消除。因此，对于那些将自我意识和价值感建立在累积财富的基础上的人来说，财务损失可能是灾难性的、无法弥补的。

任何导致我们生计受到威胁的损失都会让人感到极度痛苦，而不仅仅是那些受贪婪困扰的人会深感痛心。为实现某个财务目标而奋斗多年，却眼睁睁看着它化为泡影，这种打击是毁灭性的。然而，根据我的经验，我们赋予金钱的内在价值越高，失去金钱时就越会沉溺于悲伤而无法自拔。我们会发现自己面临着这样的恐惧：我们不仅失去了金钱，还失去了自我价值、信誉、尊重和爱。有一位名叫安德鲁的老先生（68岁，已婚，有四个孩子和一个孙子）坦白地说："我感觉好像什么都失去了。再争下去已经没有意义了。我失去了一切。"听着他那含糊其词的话，我不禁遐想："他是在说金钱，还是在说他自己，他的人生？这种损失已经超越了财务层面。"

我们能区分"我感觉我失去了一切"和"我失去了一切"吗？我们能将象征性的损失与真实的损失分开吗？对安德鲁来说，经济上的损失已经很大，不可否认，这是令人失望和愤怒的，真是糟糕透了。但有时他无法看到他实际上并没有失去一切，他还有爱他的孩子、支持他的妻子，以及银行账户里的几百万英镑！"他失去了一切"只是他的感觉而已。

有些人失去了比安德鲁更多的东西，但他们并没有像他那样失去希望。有些家庭发现自己陷入贫困，不得不求助于食物银行，无法为孩子购买圣诞礼物。然而，许多人找到了坚强的意志去缅怀失去的东西，并专注于物质之外仍能赋予生命意义的东西，因为他们认为失去的是金钱和金钱能买到的东西，而不是他们自身的价值感。

当然，对任何人来说，没有什么是非黑即白的。经济上的损失可能让人感到万分沮丧和羞愧。就像任何悲伤的过程一样，要达到极其悲痛的地步是需要时间的。首先，我们需要给所有可能的情绪留出空间去体验。愤怒、狂怒、悔恨、悲伤、尴尬、羞愧、恐惧，以及深深的失落感。过去的情景在脑海中重现：如果这样……怎么办？如果那样……怎么办？要是……就好了！人们对未来的设想是根据可能发生的情况和将要发生的情况进行的。这是一个对所发生的事情进行梳理的过程，在此过程中可以进行很多自我反省和学习。但接下来我们会体验悲伤，我们要缅怀已经失去的东西，你要放弃过去可以有所不同的希望，你要忘掉已经逝去的事物。

　　对于那些把金钱视为自我价值的人来说，失去金钱在他们的脑海中成为一个强大的参照点：人生被划分为"失去金钱之前的生活"和"失去金钱之后的生活"，就好像一切都在那一刻发生了变化，他们的整个世界都改变了。他们常常在痛苦中感到孤独。有时，他们会有一种真真切切的羞愧感，不仅是因为金钱的损失，也因为他们的内心感受，以及他们无法"继续前进"的能力。朋友和家人安慰他们说"损失点钱而已"，但这并不能给他们带来安慰。对他们来说，这不仅仅是钱的问题。对于一些人来说（比如我曾治疗过的一些自恋症患者），财务损失意味着他们花了数年时间建立起来的外在形象的崩塌。让他们感到极具震撼且足够高大与强大的外壳已经不复存在，现在他们赤身露体、不堪一击，暴露出了他们一直试图掩盖的受伤的小男孩或小女孩的样子。这是毁灭性的。

　　对于那些没有失去金钱的人来说，他们可能会感到自己陷入了一种坚定不移的决心，即无休止地积累被视为至关重要的资本。

渴望被重视

　　有些人想通过金钱和财务成就来证明自己的价值，这也可能与早期经历中根深蒂固的"想要被重视"的愿望有关。我见过这种情况，尤其在兄弟姐妹之间的互动中，当然，这也可能发生在一个感觉被忽视或不被注意的独生子女身上。

　　这些经历可能会导致一种无意识的渴望，即希望自己有发言权，渴望被倾听、被重视。他们的贪婪也源于一种情感剥夺，以及他们不像其他人那样得到尊重、关注和爱的感觉。你可以想象他们花了一生的时间去构建一个由金钱打造的"神坛"，希望以此提升自己的地位，达到与兄弟姐妹一样的高度，或者站到一个足以引起"父亲"注意的高度。对他们来说，金钱代表着信誉和尊重。他们幻想着一旦积攒了足够的财富，他们就会"向对方表明"，他们实际上是值得得到梦寐以求的关注和尊重的。

他们甚至幻想着自己能成为父母更青睐的孩子，现在更有能力为父母提供有价值的东西。人们渴望被关注、被看见、被赞美、被欣赏，这种渴望在很久以前就存在，如今依然被人们所追寻。

传承与不朽，超越死亡的永生

作家兼存在主义心理治疗师欧文·亚隆（Irvin Yalom）曾写道："对于我们中的一些人来说，对死亡的恐惧只以间接的形式展现出来，要么表现为普遍的不安，要么伪装成另一种心理症状。"我发现，有时候，人们对积攒钱财的焦虑，特别是如果这种焦虑在晚年才出现，可能就是这样一种伪装。

迈入人生的第三个阶段（50岁以后），开始面对我们不可避免的命运这一现实，可能会引发关于生命意义的种种问题。我们是否已经取得了足够的成就？我们会留下什么来证明我们曾经来过人间？我们如何应对"人终有一死"的结局？而这些都是我们无法预知的前景！对一些人来说，当他们开始纠结这些问题时，他们对未来的焦虑以及对过去的遗憾变成了对节俭和囤积金钱的痴迷，事情就发生了变化。在面对我们无法控制的事情时，把财富藏起来可能会带给我们一种控制感。

努力积攒尽可能多的财富，也可以被解读为努力留下一些"实质性的东西"，给人一种"你还活着"的幻觉。我们可能怀有一种强烈的愿望，即希望留下一份遗产以供传承，实现某种意义上的不朽。

大多数人只有在步入下半生的时候，才开始纠结死亡的问题，但有些人却有着过早的死亡体验（比如亲人的去世），这影响了他们对生活的感受。虽然早年的死亡体验本身不一定导致贪婪，但可能会产生精神分析师萨尔曼·艾克塔（Salman Akhtar）所说的"与死亡抗争的能量"，从而激发人们"为成就而奋斗，使自己不朽"的欲望。这些"还活着的人"会不懈地努力积累财富，因为金钱可以通过遗产、慈善行为或仅仅作为身体消失之后留下的财产提供一种"此人还活着"的错觉。是的，东西会留下来，并且千古流芳。

$\bullet$ $\bullet$ $\bullet$ $\bullet$ $\bullet$ $\bullet$ $\bullet$ $\bullet$

金钱可以满足许多心理需求，比如追求永生的精神寄托，又如填补情感剥夺经历所留下的空虚。正如我们所见，"缺失感"的体验会被内化为不同的回应。有些人会积攒金钱，因为那是他们学会如何处理"优质资源"的方式。有钱的时候多囤积，积攒够了就不会如饥似渴了。对他们来说，金钱代表着爱和安全感。

有些人积攒金钱是因为被剥夺的经历让他们觉得自己"微小

脆弱"，所以，钱可以"弥补"他们的不足，让他们觉得自己有价值。对他们来说，金钱代表着自我认同和价值感。

还有一些人积攒金钱是因为他们希望金钱能给自己带来更大的话语权。对他们来说，金钱代表着信誉和尊重。

金钱是一种物品，也是一种象征，因此，当我们一生都忙于积累财富时，我们就会产生这样的疑问：金钱在我们心中代表什么？

第四章

过度节约：当我们不愿花钱享受生活的时候

用最少的钱过日子的守财奴。不给服务员小费的约会。一到结账时间就找借口上厕所的朋友。提议大家叫个优步，结果却不付他那部分钱的人。他们的共同点就是不愿意花钱，为自己花钱和为别人花钱都是对他们的挑战。

不愿花钱的情况可能以多种形式出现。比如，虽然有大量财富存在了银行账户里，但仍然过着吝啬的生活；或者，为自己花钱时也会感到内疚；或者，为了节省小额开支（痴迷于收集优惠券和折扣价格）而费尽周折；等等。

节俭何时会变成吝啬呢？就像"过度消费"一样，我们很难定义"过度节约"，因为我们对什么是不必要的奢侈品和什么是必要的开支有着截然不同的定义。这一切都是相对的，但有一些线索可以帮助我们认识到我们的某些行为是否倾向于偏离单纯节俭的范畴。

我们内心的某个部分通常会意识到自己的消费"异常"。我们可能在某种程度上希望自己能更享受自己拥有的金钱，或者可能羡慕那些愿意花钱和享受财富的人。我们可能意识到，当我们试图花钱时，我们会感到内疚和后悔，这也是我们努力不再花销的部分原因。

我们可能被称作"吝啬鬼"，或者被告知需要"放开一点""多享受一些"。当别人批评我们过度节俭时，我们会变得有戒心，也许我们自己也曾公开批评过那些"过度放纵"的人。这些迹象都表明我们在内心深处并不认同自己的花钱态度。

当我们试图理解过度节俭行为时，很有必要区分一下这些说法：不愿花钱、不愿为自己花钱和不愿为他人花钱。"吝啬"和"小气"之类的词语并不能帮助我们做出这种区分，而从心理学角度来说，这种区分是很重要的。

"过度节俭"也不是一个合适的术语，因为人们可以对自己非常吝啬（拒绝享受金钱所能买到的好东西）同时又能做到对他人慷慨大方，反之亦然。如果我们想要理解这些行为背后的原因，那么，这种区分就很重要。为了能够深入探讨这些区分，我将那些不愿为自己花钱的人定义为"自我克制型"，而将那些不愿对他人慷慨的人定义为"对人抠门型"。

自我克制型消费观

我遇到过一些人，他们不允许自己拥有任何东西，但会毫不犹豫地向有需要的人伸出援手。"厌消费"（媒体用来形容不愿花钱的态度）已经成为描述那些克制自己花钱的人的一种流行术语。他们不允许自己享受花钱的乐趣。就像患有神经性厌食症的人一样，为了保持体重最低，他们会克制自己的进食，"厌钱症"患者也克制自己享受金钱赋予他们的"好"东西。目前，人们对于"厌消费"的定义还没有达成共识。其中一种定义是"那些为自己有很少的财务需求而感到极度自豪，并且在贫困中生活得极其舒适的人"。然而，根据我的经验，那些克制自己花钱的人并不普遍感到自豪。不愿花钱的事实可能会带给他们极大的挫败感和羞愧感。当我们探索这种行为的不同根源时，我还会回头来探讨这个问题。

"厌消费"心理会干扰我们的财务幸福感，特别是妨碍我们享受我们所拥有的东西，而不是出于无谓的、非理性的、情绪化的限制。克制消费的行为可能会达到极端的程度，从而干扰我们的人际关系和我们的生活质量。

对人抠门型消费观

有些人在金钱上对别人有所保留，而在自己身上花钱则毫无障碍。他们可能会试图逃避支付账单、不参与捐款，或者找借口不送礼物。对他们来说，给予是件困难的事。有时他们会被认为是剥削者。他们甚至可能会"哭穷卖惨"，谎称自己缺乏财力，希望对方为他们买单，如果能说服别人为自己花钱，他们会萌发一种胜利感。我将这一群体称为"对人抠门型"消费者。

总体上很节俭

对于过分吝啬的人来说，花钱通常是件艰难的事，无论是为自己还是为别人他们，他们都不愿意花钱。花钱让他们感到很难受，花钱让他们焦虑，他们要不惜一切代价避免花钱。他们的节俭可能是普遍存在的，而不仅仅局限于金融领域。他们也可能在情感上有所保留。给予通常是一种挑战，给予拥抱、给予时间、献爱心都是难事。他们的自我克制倾向也可能超越了经济领域，实际上与厌食症或其他形式的禁欲和自我约束同时发生。

我关注的是花钱和享受我们拥有的金钱方面的困难，这与有意识地选择不花钱是不同的。美国兴起了一个名为"财务独立，提前退休"（简称 FIRE）的新运动，在英国也越来越受欢迎。它包括采用极端的储蓄技巧（高达收入的 70%），以便在未来实现财务自由（要么可以提前退休，要么想什么时候工作就什么时候工作）。我们可能想知道这种策略的吸引力是什么，但最终它往往是一种有意识的选择，而不只是努力做到过度节俭，尽管对于那些一开始就在为此挣扎的人来说，这可能为过度节俭提供了一个目标或合理化解释。

社会背景

我在 2023 年撰写本书的时候，英国新闻头条充斥着生活成本危机、通货膨胀和迫在眉睫的经济衰退，一想到克制花钱的话题，我就感觉很有趣。当时的消费焦虑现象比比皆是，因为金融不稳定性和不确定性，甚至潜在的财务损失的威胁，大多数人都感到不安。人们的自然反应就是努力限制消费。

紧缩预算的举措受到了赞扬，有关节约能源、食品等方面的建议有助于人们削减开支。无论是先发制人还是别无选择，人们都在限制自己的开销。

"反消费主义运动"谴责过度购买和消费的现象。反消费主义者们还谴责企业的营销行为，因为企业通过操纵消费者购买更多的产品，同时寻求最便宜的方式来提供产品（往往损害物质环境和社会环境），从而寻求利润最大化。他们鼓励回收利用、升级再利用、更加节俭的生活，或者花最少的钱过日子，而不是随意消费，并批评一次性消费行为、"快时尚"文化等。

然而，根据我的经验，节俭与其说是外部压力的结果，不如说是内部压力的产物。在理解那些不愿花钱者的思想方面，环境和社会压力，甚至是家庭对金钱的"认知"，也只能起到一定的作用。我们通过观察"超低消费者"的内心世界，就可以洞察他们的行为。他们如何看待自己，尤其是他们不喜欢的那部分自我？他们如何应对贪婪、羞愧和嫉妒的感觉？他们如何利用自控作为一种防御机制？

有些人舍不得花钱，有很多心理上的原因。我在关于贪婪的讨论中提到了一些。比如，钱可能会因为它所具有的象征意义（作为安全、爱或填补内心"缺失感"的代替品）让人觉得"太有价值"而无法割舍。这也可能是因为我们对自己的财务状况有一种畸形的看法（感觉自己很穷，但实际上我们并不穷），因为过去体验过长期缺钱或突然丢钱的遭遇，或者只是一种普遍的焦虑态度，倾向于描绘最坏的情况，并对未来做最坏的打算。

但这些并不是唯一可能的解释。我将探讨阻止我们消费的一系列原因：缺乏权力意识、财富羞耻感、以贫困为荣以及控制消费的执念。尽管这份因素清单并不详尽，但可以让我们逐渐明白为什么我们执着于某样东西（在这个例子中是金钱）的许多原因。只有理解了我们舍不得花钱背后的原因，我们才有机会过上一种可以享受金钱和分享金钱的生活。金钱既可以用来娱乐，也可以用来与他人建立联系。

自我克制的理由

觉得自己不配拥有好东西

这种表达貌似有点自相矛盾，但是，自我价值感低既可以通过过度消费表现出来，也可以通过囤积金钱和过度节俭表现出来。我们可以用钱买东西，这可能会促使我们感觉自己更受欢迎。我们可能会囤积金钱，希望钱能弥补我们内在的不足。或者，尽管我们努力工作和努力赚钱，我们也可以克制自己花钱去买好东西，因为，最终，我们觉得自己无权享受这些东西。

那些自我克制型消费者觉得自己不配拥有好东西，他们可能会表现得像一个以节俭为荣的人，因为他们淘到了便宜货。他们可能没有意识到自我克制背后的原因，并美其名曰"节俭而已"。他们可能厌倦了"为每一笔小开销都自责"的穷日子，希望自己能像其他人一样"放松和消费"，而不是被缺钱的焦虑折磨。

他们经常毫不犹豫地为所爱的人花钱或为慈善事业捐款。事实上，在他们的脑海中，激发负罪感的支出（为自己的快乐消费）和无可非议的支出（如商业支出；买些东西放屋里，其他室友也可以从中受益；赠送礼物）之间有着明显的区别。我们的底线是，如果是为了自己享受，最好不要购买。为此纠结的人很少去接受心理治疗（有关该主题的文字资料很少），因为投资于自己的身心健康和自我修养让人感觉太放纵了。

当弗拉维奥第一次来找我治疗的时候，他就表现出自我克制的倾向了。弗拉维奥问我："我们能每两周见一次吗？"他当时25岁左右，他来接受心理治疗是为了应对抑郁症，他越来越觉得自己"有毛病",因为尽管他完成了很多目标,但他仍然不快乐。弗拉维奥生长在一个经济拮据的家庭。他在意大利南部一个非常贫困的社区度过了一个没有快乐的童年,小时候经常躲在自己的房间里学习。他很早就决定离开"那个地方",所以他立志要取得一份好成绩,谋得一份好工作。最后他做到了。他学习科学,在罗马一所著名大学获得博士学位,现在在米兰的一家大型制药公司找到了第一份工作,在那里他可以一边应用自己的技能,一边拿着高薪。尽管"成功了",弗拉维奥还是无法享受他新获得的财务自由。

"米兰是一座寒冷阴沉的城市。然而,尽管已经在那里待了一整个冬天,我还是无法说服自己去买一件外套。真荒唐,我知道……考虑到我赚了这么多钱,我怎么能因为买了一件外套而感到难过呢?我不明白……"米兰的阴郁氛围很大程度上反映了弗拉维奥的内心状态,这受到了他的成长环境的影响。弗拉维奥不愿花钱买的不仅仅是一件外套。他在饮食方面也非常节制,在食物上只花最少的钱。他要走好几英里才去坐公共交通工具。自我克制的例子有很多。尽管我这里从来没有每两周治疗一次的先例(至少每周治疗一次,因为更多疗程往往更有利于患者康复),但我觉得弗拉维奥对允许自己接受治疗的行为持有矛盾情绪,他寻求帮助的原因正是为了努力改善自我克制的那一面。所以,我答应了他的请求,每两周进行一次心理治疗,还设定了一个双方都同意的时间限制,然后"骑马找马",看看能不能找机会改变现状,从每两周一次改为每周一次。

和大多数人一样,弗拉维奥在消费(以及寻找幸福)方面的挣扎是由一系列复杂因素造成的。首先是有一段经济匮乏的历史。他的父亲买不起体育场的门票,他的母亲因为现金不足而不得不把挑中的商品留在收银台。弗拉维奥在自己的故事中表达了自己对抑郁症母亲的深切同情。作为一个男孩，他已然长大成人，渴望为母亲创造更好的生活。最近，弗拉维奥试图把自己的一些收入分享给母亲，但她没有接受，弗拉维奥感到了小时候那样的无助，因为他无法让她高兴起来。弗拉维奥是四个兄弟中的老大，父亲似乎对每个人都不上心，包括他的母亲，弗拉维奥觉得自己有责任并渴望成为一个有用的人，即能让母亲开心的人。

很明显，毫无兴趣可言的父亲对弗拉维奥的成就漠不关心，对建立联系的任何努力不屑一顾，再加上母亲的悲伤，对弗拉维奥的自尊造成了双重打击。他像普通孩子一样，无法理解父母的不快乐，于是他推断，问题可能出在他自己身上。虽然这些想法通常是无意识的（我们不一定记得自己想过"哦，一定是我的错"），但它们会在我们的内心世界留下情感印记。在某种程度上，我们长大后可能会认为自己有错、不可爱或就是有毛病，因为我们不能让父母开心，或者让他们对我们产生足够的兴趣。有了这种默认情感设置，我们就很难认为自己值得拥有好东西了。

如果我们的内心世界充斥着被人嘲笑的愚蠢回忆、试图帮父亲修车却被赶走的记忆，以及父母无法享受他们所拥有的一切的记忆，那么，我们怎么可能觉得自己配得上金钱能买到的好东西：一顿滋养身心的饭，一件温暖的外套？

我们怎么能允许自己比父母拥有更多呢？我将在之后继续讨论这个话题，但在这里也值得一提。弗拉维奥现在比他们任何时候都有钱。他能允许自己那样做吗？或者，拥有更多的负罪感也会妨碍他的享受吗？

以贫困为荣

以贫困为荣的观念由来已久，在各种宗教中都有体现。

弗拉维奥称他的母亲为"终极烈士"。他的意思是，他的母亲为了他人的利益过着自我牺牲的生活。她总是把自我放在最后，总是为自己所放弃的一切寻求认可和同情。她的生活艰辛几乎是出于自愿的选择。她更喜欢"吃苦头"，好像这样更值得称赞。弗拉维奥以自己的方式模仿了这一点。他没有把精力投入到为他人服务中去，而是采纳了自我克制的做法，好像这样做是一种美德。

就像厌食症患者认为吃东西是放纵一样，厌钱症患者往往认为节俭是一种美德，而"浪费"比肥胖还要可耻。一位历史上曾患有饮食障碍的人说："现在我很难给自己花钱。我需要为我吃的东西、我拥有的东西找借口。我开始推崇极简主义，多次做'断舍离'，清理物品确实对我有帮助，因为我拥有的东西更少了，也不用再面对房间里浪费的'证据'了。以前我有一台任天堂游戏机，晚上睡觉时我总是感到很困扰，因为我知道它的价格，也知道它对我来说是一种浪费。"在这个例子中，我们可以看到自豪感和羞愧感与厌钱症并存。公寓里的东西越少就越可敬，这与她拒绝挥霍的财务理念息息相关，即她认为自己所花费的一切都是"浪费"和可耻的证据。

对于某些人来说，否认自己需求的自豪感可能源于情感剥夺。这也许同样适用于弗拉维奥。除了他母亲以自我牺牲的生活方式为榜样，他可能还因为感到情感上的匮乏而形成了这种性格特质。如果我们一再被剥夺表达情感的空间，甚至因为我们正常表达健康且符合年龄的愿望而被指责为"需要关注"和"想引围观"，我们就会因为自己的需求而感到内疚，甚至会对自己"坏的"、需要情感支持的一面感到羞愧。为了应对这种状况，我们可能会发展出一种防御机制，以此向自己和世界证明我们并不那么"需要关注"，我们战胜了自己的欲望。因此，当弗拉维奥在寒冷的冬夜步行回家时，在某种程度上，他为自己能够不穿外套而感到欣慰（和自豪）。

在某些情况下，"表面上的以贫困为荣"可能是一种被称为"反向作用"的防御机制，旨在应对某种"不可接受"的欲望。我曾在一些成长于对追求财富持强烈负面态度的家庭的人身上看到过这种情况。如果你在那样的家庭中长大，一旦开始产生对物质财富的渴望，就可能会采取"与被压抑的愿望截然相反的态度"来抵御这些不可接受的想法。简单来说，你采取"我并不在乎物质"的态度，并以此来证明自己的行为。克制花钱和拒绝消费，是为了让自己和周围的人相信你不想要什么东西，因为这很难与多年来灌输给你的家庭教训和价值观相吻合。

通常，识别这种防御机制的方法是寻找坚持和过度强调的迹象。这并不是一个默默努力节制花钱的人，而是一个反复公开强调物质对自己并不重要的人。他可能会轻蔑地谈论那些重视物质的人，并在公开场合炫耀自己的吝啬，以此掩饰自己潜意识中想要更多东西的欲望。然而，这种防御机制往往会失效。首先，因为他们不断地强调金钱和物质并不重要，这说明他们一直在心里念叨金钱和物质。其次，因为他们常常可以体会到内心的冲突，所以过着不真实的生活，这会让他们感到不舒服，这种不适感迟早会以这样或那样的方式暴露出来，通常表现为焦虑、不安、悲伤等情绪。

控制消费的执念

患有神经性厌食症的人可能会对自己的体重产生强迫性的想法，就像花钱抠抠搜搜的人可能会对自己的消费产生强迫性的想法一样。比如："我需要这个东西吗？还是我并不需要这个东西？哪里可以买到更便宜的？我怎样才能不付钱呢……"他们不会计算卡路里，但可能会频繁地查看自己的账户余额和结算单。账户余额和结算单都需要他们专注于思考和行动，而不是感受。实际上，他们的脑海中似乎只允许有一种感觉存在，那就是羞愧感。

因此，我在这里所说的那种节制花钱的人，是出于对"消费失控"的恐惧而严格控制自己支出的人。"捂紧钱袋子"可以帮助他们确保自己能控制住可能"发狂"的一面。这些品质无处不在。他们在生活的多个方面可能都固执己见、缺乏创造力和玩乐精神。他们在花钱方面可能很严格且有条理，在工作中也是如此。他们的某些品质可能会在工作中发挥作用，这取决于他们的职业选择。

早期的家庭经历会影响我们是否成长为过分专注于控制自己的成年人。看来，那些情感上疏远孩子、控制欲超强的父母，可能会抑制孩子在健康的环境中的学习和发展，即允许犯错、鼓励探索、培养创造力。这样不健康的环境不利于这些倾向的发展。因此，孩子必须"以正确的方式"行事，从而会害怕和逃避"制造混乱"。重点是遵守规则，做个听话的好孩子。凡事都要精心编排的积习难改，刻板僵化的陋习根深蒂固，这也成为他们避免被责骂或惩罚的有效防御。孩子的消极情绪可能会惹恼父母，父母对孩子的愤怒、贪婪或悲伤"零容忍"。他们会警告孩子"你表现得像个被宠坏的孩子""你太黏人了"，甚至连孩子表达一下自己的感受也被贬为"自私"。难怪孩子们会专注于自己的表现，注重细节，对自己要求很高。他们继承并遵循父母为他们设定的高标准，并将其内化为一种自我批评。他们会因为有负面情绪而惩罚自己，这些情绪本该允许存在，却不让表达出来，或者更糟的是，这些情绪遭到了压抑和忽视。

然而，他们无法做到的是接受自己"混乱的一面"，无论是负面情绪还是不完美之处。他们对自己这些方面的不足感到羞愧，而一个拥有能够容忍错误、负面情绪和缺陷的父母的孩子则不会这样。

那么，他们为什么不愿花钱呢？自我克制型消费者可能在控制自己想要花钱的欲望，因为他们害怕"打开欲望之盖"，接触到自己的欲望，就会导致无法控制且无法满足的欲望。他们幻想着他们的"需求"部分是"坏的"，揭示了"贪婪的一面"，让他们成为那个令人失望的"自私"小孩。因此，为了安全起见，他们的需求被剥夺了。宁可不吃饭，也不愿面对狼吞虎咽带来的羞愧感。与其面对自己贪婪的羞愧感，还不如不花钱。

根据弗洛伊德的观点，那些过分节俭和勤奋的人实际上是在试图压抑和防御他们想要挥霍和偷懒的欲望。他们渴望放纵自己，随心所欲，不计后果（这种防御机制被称为"反向作用"，即采取与被认为是不可接受的欲望相反的态度）。因此，不难理解，许多人会在自我克制和"狂欢作乐"之间摇摆不定，或者用金钱术语来说，在过度消费和过度节俭之间游走不定。有一个人说："我的消费习惯在很大程度上模仿了我的饮食习惯。当我陷入暴饮暴食的恶性循环时，我更有可能痴迷于网购。当我节食时，我必须为购物清单上的每一件物品找到理由，如果我的大脑认为某物的价格超过了它自身的价值，我就不会购买，即使是一些必需品，我也会从清单中划掉。"金钱只是一种象征性的东西，就像食物一样，它习惯于表达我们的矛盾心理，即一方面屈服于我们最深层且最黑暗的欲望，另一方面又自我克制、自我控制和表现"良好"。有时候，这是一种对我们欲望的真实恐惧（即"打开潘多拉魔盒"的恐惧），但其他时候，我们只是无法控制我们允许自己拥有的数量，可能是因为成长过程中接触到了不好的榜样，比如溺爱的父母或过于苛刻的父母。

我给出的自我克制的原因有很多重叠之处。最终，我们内心深处有一个关键部分，它阻止了我们享受本可以拥有的东西。而在心理治疗中，随着时间的推移，我们可以开始培养一种价值感，这样才会感觉自己值得拥有。此外，我们还可以在自我意识中承认和整合我们所有的部分，甚至是我们认为最不被接受的部分，比如贪婪、依赖、嫉妒的部分。如果我们能接受它们是人类普遍情绪的一部分，我们就不太可能坚守让我们牢牢控制这些情绪的防御机制。如果我们能接受它们是我们可以控制的一部分，我们就不需要站在道德制高点上发誓："我们是光荣的节俭者，而别人都是放纵、过度和浪费的存在。"当我们认识到自己的每一个部分都是可接受的，无论我们偶尔有怎样的负面情绪，我们都是可爱的时，世界就不再被视为"非黑即白、非善即恶"。它变得多维，就像我们对自己的感知一样。

财富羞耻感和幸存者的负罪感

在节制消费的行为背后，也可能是我们对自己拥有财富的一种羞耻感。如果有些人拥有的东西比家人和朋友多得多，那么，他们很难享受他们拥有的东西。这可能会让人在不知不觉中产生一种背叛感，从而妨碍了对财富的享受（我在下文会再次谈到这个问题）。如果我们允许自己享受新获得的财务自由，就要避免负罪感，不要总是琢磨这些问题：别人会怎么说我呢？那会让我们变成什么样子？

从传统意义上讲，"幸存者的负罪感"是指在遭受创伤性事件后挺过来的人所经历的一系列症状。这个术语最初是由精神分析师威廉·尼德兰（William Niederland）在20世纪60年代提出的，他观察到许多大屠杀幸存者会因为其他人没有活下来而感到内疚。这些强烈的负罪感，以及无助、后悔甚至抑郁等症状，都是幸存者的负罪感的症状。我们这里讨论的"伪幸存者"的负罪感并不一定与某一次创伤性事件有关，也不一定会引起头痛和闪回。然而，其原则是相似的："我为什么应该拥有这么多，而他们不能呢？"自我克制是一种应对经历了别人所承受的经济困难而产生的负罪感的方式。我们现在有钱了，但我们不允许自己去享受财富，因为我们的父母和朋友（无论是在过去还是现在）没有钱也照样可以活下去。

对于那些自己经历过饥荒、战争或极端经济危机的人来说，他们可能会保留一些"那时"的行为习惯，其中一种是不花钱、克制自己、省下每一分钱，并可能养成新的强迫习惯，作为自己害怕再次被置于失控情境中的创伤后恐惧的应对机制。许多研究表明，创伤与强迫倾向的发展之间存在联系。有些习得的行为倾向（比如不花钱的行为）可能会跨代传递，要么是直接传递（因为我们经常模仿父母的行为，这种模仿效应会对后代产生连锁效应），要么是间接传递（负罪感在不知不觉中就传递下去了）。

海蒂·格林（Hetty Green）是一位女商人，在镀金时代（1870—1900年，一个经济快速增长的时代）成为美国非常富有的女性之一。她也是公认的世界上极为吝啬的人之一。"从她8岁开设第一个银行账户开始，直到73年后去世的那一天，海蒂·格林一直牢牢抓住她庞大财富的每一分钱。"海蒂的小弟弟（她唯一的兄弟）在婴儿时期就去世了，这让她成为一个以捕鲸业为基础的庞大帝国的唯一继承人。也许她也有"幸存者的负罪感"。正是弟弟的死亡让姐姐成为这笔财富的继承人，当她的父亲去世时，她继承了一大笔钱，并且开始担心自己会因为财富而被人暗杀。作为一名心理治疗师，我很好奇，她年轻的时候是否觉得自己对弟弟的夭折负有一定的责任。她成年后把这些想法投射到其他人身上，在她看来，那些人可能为了钱而杀人。

但正如我们在前面章节（以沃伦·巴菲特为例）中看到的那样，早期的创伤、一个情绪孤僻的母亲、10岁时被送到寄宿学校的一段创伤经历和一个"性格暴躁"的父亲，这些因素结合在一起，可能造就了一个焦虑的人，在面对情感剥夺时，他会紧紧抓住每一分钱。海蒂的情况还融进了贵格会的教养（崇尚谦逊和平等），我们可以看到，多种因素共同促成了她节制花钱的极端行为。

为了强调我之前所说的观点：海蒂实际上是一位慈善家。她无法放纵的是她的个人乐趣。不花钱的纠结行为主要限于她自己和她的家庭，但这并没有影响她的慷慨。

继承来的财富也可能引发对金钱的负罪感。我们可能会觉得这笔钱不是"自己挣来的"，因此，与其享受这笔钱，不如让它静静地躺在银行账户里（希望这笔钱会消失，或者拥有这笔钱的负罪感会消失，或者至少能保护我们免受拥有这笔钱的负罪感）。在那些"白手起家"的父母努力工作、以奋斗和坚定的决心为荣，并因此取得成功的家庭中，孩子们可能会因为财富来得太容易而感到一种既内疚且不安的复杂情绪。除了觉得这是"不劳而获"的钱，他们没有像父母那样拥有建立信心的经历，因此不仅因为内疚而舍不得花钱，而且害怕管理这笔钱。他们会做出糟糕的选择吗？管理不善吗？如果他们做得不好，他们有能力和信心把那些钱再赚回来吗？他们充满了焦虑，有时选择不去碰这笔钱，既不投资做生意也不花钱享受生活。金钱成了他们能力不足的象征。

我们不愿付出，所以抠抠搜搜

害怕受到亲密关系的束缚

当吝啬与人际关系有关时，当你为了他人放弃某些东西时，你的内心世界会发生什么？这是值得你思考的问题。通常，你会有一种脆弱感，一种被"暴露"的感觉，甚至任由他人摆布的感觉。我们可能会害怕给予，因为这会让我们面临这样的可能性：对方还会回来索取，他们的需求和要求会让我们崩溃。我们甚至可能会担心别人会依赖或剥削我们，这取决于我们在过去关系中所经历的事情。

为了应对这些恐惧，我们可能会在情感上和金钱上加以保留，试图保持一种自主和独立的感觉。如果我们不给予，就可以避免潜在的"经济交往"，避免给予和接受的潜在动态。这可能反映了一种更普遍的倾向，即避免与他人亲密接触。

这些恐惧可能会在不同的意识层面上体现出来。一个人在经济上被前任抢劫或剥削，在进入新恋情的时候会非常清楚地意识到自己的恐惧。他们不愿给予、不愿分享，很可能是基于最近"被人坑惨了"的真实经历。

一些在富裕环境中长大的人在处理人际关系时会感到害怕，担心对方只对自己的钱感兴趣，并对对方的动机持怀疑态度。怀疑和不信任是他们与人在初次见面时采取的态度。精神分析师查尔斯·瓦尔（Charles Wahl）从一位富豪患者那里听到过这样的话："我一生中都习惯了别人把我看作是一种资源、一种象征，而不是一个人。我很早就学会了从别人眼中看出贪婪和怨恨。这总是与我对所有人的极度怀疑和愤世嫉俗有关。"

但我们并不总是那么清楚自己对剥削的恐惧，我们可能会用金钱来与他人保持距离，还有一些更模糊隐晦和更深层次的原因。回到依恋理论，"回避型依恋"的孩子（建立关系是为了寻求独立，不愿信任和依赖他人）往往是由于经历了情感忽视：父母要么不在身边，要么不给予情感支持。这可能包括那些在身体上和情感上都对孩子有所保留的父母，他们可能不会用言语或亲昵的举动和身体接触来表达他们对孩子的爱。一系列"打发孩子"的行为（我们很忙，没有时间和孩子玩耍和互动）可能让孩子感觉像是被拒绝了。家长的焦虑可能会导致频繁的失调体验。所有这些外部互动都会影响孩子与他人建立联系的能力，以及在人际关系中感到安全的能力。

但是，害怕受到亲密关系的束缚，也可能是因为有过"窒息"的感觉，即经历过让人感到幽闭恐怖且不知所措的早期亲密关系。过度保护型的教养方式可能会让孩子感到被束缚甚至被控制。我们长大后害怕未来的关系会像过去的关系一样，于是我们"保持距离"，确保自己有"足够的空间"，从而避免再次产生那种令人窒息的感觉。

那么，对于那些坚持财务独立的人来说，会怎样呢？他们不喜欢给伴侣送礼物，即使有这个经济实力，也不愿意"款待"对方。我们可能会怀疑，花钱抠搜是否被当作一道屏障，一种阻碍亲密关系的防御手段，将那种被对方压垮的潜在感觉拒之门外。钱是表达想要保持距离的有力工具。给予或赠予意味着降低人际关系的屏障，却会让我们感到隐私被暴露的尴尬。不合并银行账户的决心，可能是出于最理性且最合乎逻辑的原因，但也可能是为了避免亲密关系。不赠送礼物、不给予金钱、在财务上有所保留，这些都是建立屏障和拒绝参与的方式。

权力斗争

有时候，不给予不是出于亲密关系的威胁，而是一种怨恨的表达或权力斗争的表现。

如果有人不情愿在特定的人（比如伴侣）身上付出，那么，他们可能会通过金钱来表达自己对亲密关系中"给予和接受不平衡"的不满。我们可能会因为对方将我们不喜欢的东西强加给我们而对对方感到愤怒。这可能是因为我们突然被迫向父母支付房租，或者我们发现对方不忠而感觉被欺骗了；也可能是因为我们和伴侣没有性生活，所以我们的反应可能是在经济上减少对对方的付出。因此，拒绝对对方慷慨大方是我们表达抗议的方式，也是我们索要一些回报的方式。当"吝啬"只针对特定的某个人时，你得问问自己："对这个人大方一点就这么难吗？我们要通

过舍不得赠送礼品、拒绝分摊账单或要求对方付款来告诉对方什
么呢？"这些感受可能并不属于当下，而是"过去的心理阴影"
（可能是你过去的人际关系模式）。尽管你现在交往的人善良、
体贴、慷慨，你可能还是会不自觉地按照过去的模式行事，遵循
"不要给予太多，否则你最终可能会萌生被抢劫的感觉"的陈旧
法则。例如，如果你的家庭受到权力斗争的困扰，你可能会继承
一种不愿"放弃太多"的性格，因为在你看来，你实际上放弃的
是权力。这里的恐惧在于，你可能会因此感到脆弱和无能为力。
当心灵的天平向有利于你的一方倾斜时，你会感到安慰，仿佛唯
一能带给你感情安全感的方法就是接受多于付出。

　　花钱抠搜的行为在每个人的"内心世界"产生的结果是不同
的。有些人可能很少有向父母或权威人士表达感激之情的经历，
因此他们学会了这种吝啬行为；他们可能有虐待狂的父母，以剥
夺他们为乐，所以他们对别人重复这种行为，享受剥夺别人（或
成为剥削者）的乐趣；还有一些人的父母控制欲和剥削欲都很
强，总是专注于自己的利益，很少关心别人。但重点是，在他们
的过去关系中，给予的快乐并没有被人效仿。相反，父母（或权
威人士）建立了掠夺性的关系，或者其中一个人以牺牲另一个人
为代价来获取权力。

　　然而，有些人在给小费时可能会把自卑感"投射"到服务员
身上，试图建立或保持一种优越感（他们会在不知不觉中驱散这
些感觉，让别人代替自己去感受自卑情结）。你可能会在人际关
系中这样做，即让对方想念、等待和渴望，因为你得到了凌驾与

控制对方的保证。在我看来，那些把人际关系看作"零和游戏"的人，总是认为其中一方是赢家，另一方是输家，他们往往不太愿意付出。在他们看来，给予并不是一种相互提升的经历，而是"如果你得到，我就会失去"的零和游戏。最终，他们表达了对人际关系的一种深刻的矛盾心理：给予几乎得不到任何好处。"人不为己，天诛地灭"是他们心中不言而喻的信条。

　　我希望大家已经明白，在贪婪、自我克制或对他人抠门这三种心理状态之间存在着巨大的差异。如果你觉得自己是一个"花钱太少的人"，那么，第一步就是弄清楚你的困难是不是通常在"不愿放手花钱"（这很可能与贪婪和对缺钱的焦虑或恐惧有关）上。如果这些都没有引起共鸣，那么，请扪心自问，哪些东西、人或事件会让你更容易花钱，哪些会让你感到问题重重、充满负罪感。我已经给你提供了一个线索，让你了解自己是否在脑海中对各种开支进行了分类，以及这可能意味着什么。然后，想一想，当你克制自己不去做某些事情时，你的感受如何？是骄傲吗？是羞愧吗？值得探究的是，你是否在内心深处还是相信不花钱比花钱买好东西给自己更高尚。然后，探索一下你在生活中的其他方面是否也有类似的行为、想法和感受？你是否在各方面都过着最低开销的生活？你不允许自己拥有更多的食物、朋友、经历等。想象一下，如果你允许自己花更多的钱，你会萌生怎样的恐惧？

　　如果你觉得把钱花在别人身上是最有挑战性的事情，那么，试着想象一下剧院里的场景，以及当某些东西被扣下时（比如，情人节那天你没有给伴侣买任何东西。你知道他会带着一盒巧克力出现在你面前，但你仍然没有给他买任何东西），每个角色的内心都在想些什么？揭开你（作为吝啬的人）的内心想法，以及你想象对方因为你的行为而产生的感受和想法，可能会有所启发。我接下来要问的问题是：这种动态听起来熟悉吗？

第五章

自我破坏：我们为什么要挡自己的路

眼睁睁地看着我们眼中的聪明人把他们的财务状况弄得一团糟，真让人很难受。为什么他们不能停下来思考一下自己的财务现状，并制订一个可行的计划呢？为什么他们每次都无法取得成功呢？为什么他们仍然如此依赖别人的钱呢？为什么他们会负债呢？精神分析师卡尔·荣格说："人们会不惜一切代价，哪怕做荒谬的事情，也要避免面对自己的灵魂。"当我们看到人们在财务上自我破坏，或者眼睁睁地看着他们的财务状况恶化却坐以待毙，这看起来确实很"荒谬"。但正如荣格指出的，我们的怪异行为背后往往有着心理层面的解释。诸如愤怒、内疚和羞愧等我们难以面对的情绪在我们的潜意识中发酵，悄无声息地影响着我们的选择。

自我破坏的传统定义是指干扰我们成功和幸福的行为。有些定义使用了"行动"一词，但重要的是要强调，往往是"无所作为"才具有破坏性，这在考虑财务上的自我破坏时尤其重要。一个人希望自己的财务状况保持稳定或有所改善，而不是恶化，这是合乎情理的。如果我们的行为方式与之背道而驰，就会引发疑问：我们为什么要这样做？我们是怎么走到这一步的？

蒙受经济损失的人就是在进行自我破坏吗？未必（尽管反复的财务失败可能会引发一些调查行动）！要让一种行为被认定为自我破坏，那就需要有一个关于我们命运的能动性因素。尽管这看起来很令人费解，但人们往往会助长这种破坏行为。例如，拖延工作面试的准备工作；不愿申请应得的加薪；继续投资失败的项目；数月不查看银行对账单。这些显然都是我们可以改变的危险（危害）行为，但否认、恐惧和其他潜在的情绪会阻碍我们为自己的利益采取行动。我们的生意因为经济危机而失败，我们竭尽所能避免经济危机的影响，这显然不是自我破坏。因此，能动性因素是很重要的。

另一个需要考虑的重要因素是知识素养或财务素养。正如我在序言中提到的，有很多人在不了解基本财务概念的情况下就做出了财务决策。你可能会决定将所有的储蓄和退休金都投资于一只股票，因为你真的认为这是个好主意。你可能不知道投资多元化的好处（不要把所有的鸡蛋都放在一个篮子里），你可能不知道宏观经济（如英国脱欧）和市场因素如何影响你所持股票的价值（投资者对整个行业的情绪）。如果你在投资时缺乏这些金融知识，你可能会做出你认为是对你最有利的投资选择（因此你不会自我破坏）。

对风险持有不同的看法（"我感觉这是一个安全的赌注"）是可以的，而且我们每个人都可能会在投资时做出不同的选择。然而，当鲁莽的赌注成为一种模式，并且是由足够了解自己在做什么的人押注时，那就很有必要调查一下到底发生了什么。尤其是，当他们的投资反复赔本的时候。最后，当我们试图找出自我破坏行为时，有些模式是值得考虑的。只要一次忘记纳税，就可能造成巨大的错误。我们可能因其他承诺而感到压力，但是，当这种情况发生两三次的时候，那就很有必要思考一下，是什么在不知不觉中妨碍了我们牢记纳税期限？

当我们即将取得成功时，却故意干扰自己的成功，这就是一种自我破坏的行为。精神分析师戴维·克鲁格描述了这样的人："当成功或成就看似近在咫尺的时候，他会继续努力，但当目标越来越接近时，他却变得焦虑，并破坏成功实现目标的努力，或者在取得成功后，贬低这一成就的价值或从中获得的乐趣。"贬低从成就中获得的乐趣，可能是我们破坏成功的一种情感方式，即使财务（或其他）目标已经实现，这也可能损害我们的幸福感。

事情很少是非黑即白的，因此自我破坏的行为并不容易识别。你可能有一种感觉，觉得自己"自讨苦吃"，但不知道自己为什么要这样做，而且原因可能有很多。因此，如果一位受过教育的投资者顽固地盯着一只股票，没有任何备用计划，我们可能会怀疑：他一部分的内心正在急切地抓住某物不放吗？他害怕做出财务决策，只选择一只股票是为了避免做出更多的选择吗？他是不是出于某种特定原因将公司的老板理想化了（在他心中，老板代表了他渴望拥有的自信且无畏的上司/"父亲"）？还是说，他自寻失败，希望有人来拯救他？换句话说，他在决策过程中可能存在的情感干扰因素值得深入研究。

敞开心扉，接受自己可能没有在做最有利于自己的事情的可能性，并对为什么会这样抱有好奇心，只有这样才能揭开隐藏的真相。

自我破坏的行为

我认为很有必要考虑一下，"财务上的自我破坏"行为的覆盖面有多广？让我们从"行动"开始。过度消费是一种自我破坏的形式，比如，承担大量债务或风险、赌博、鲁莽投资、在没有做太多尽职调查的情况下匆忙做出财务选择。

为什么我将"过度消费"和"自我破坏"分在了不同的章节讲述？过度消费不就是另一种形式的自我破坏吗？过度消费可能会损害一个人的财务状况、心理健康和人际关系，但过度消费的心理目的未必是为了寻求伤害。这是为了满足一种需求，比如，赢得赞赏，以及感觉自己招人喜爱、令人向往或自给自足能力强。当背后的无意识动机具有破坏性时，过度消费就成了一种自我破坏的行为，而我们内心的一部分认为我们可以从失败中获益。

有时"无所作为"也会导致"财务上的自我破坏"。我们可能会避免查看自己的财务状况，任由债务积累、资金闲置，或者将财务事务全权委托给伴侣处理，而自己没有机会去建议和表达自己的愿望或目标。这些都是自我破坏的形式，会干扰我们的财务幸福感。

人们可能会因为害怕或自我破坏而避免采取行动。"不思进取、委托他人或回避现实，能带来什么好处呢？"如果我们用财务失败作为对抗自己情感的防御手段，那么，这就是自我破坏。比如，我们害怕独立自主，害怕接管家族企业，我们对继承了家产而不是自己挣来的钱感到羞愧。不管是有意还是无意，我们都希望"失败"能让我们得到想要的东西，或者让我们摆脱不想要的东西。

我在心理治疗中看到的很多人都在努力实现他们作为人类的全部潜能，但有些东西阻碍了他们。他们感觉被什么东西挡住了道路。他们知道需要做些什么来改善自己的财务状况（他们开始做预算，停止浪费金钱，不再玩冒险游戏），但他们就是不明白为什么无法下定决心去做。有些事情似乎难以解决或无法破译。"为什么这种事情总是发生在我身上？""为什么做自认为最好的

事情就这么难？""为什么我总是挡自己的道？"这些都是常见的
问题。

我发现，从广义上讲，有三种主要情绪会驱使自我破坏的
行为：

- 内疚和羞愧
- 愤怒和怨恨
- 恐惧

你可能会发现，在任何一种自我破坏行为的例子中，都可能
不止有一种因素在起作用。但是，分别审视这些因素可能有助于
揭开那些陷入有害且自我伤害的行为模式之中的人的内心世界，
因为这些行为模式会干扰他们的财务幸福感。

内疚和羞愧

追求金钱是肮脏的勾当

企业家多洛蒂·洛尔巴赫（Dorothée Loorbach）在一次
TEDx 演讲中讲述了自己失去所有财产的经历："我从小就被灌输
了金钱并不重要的思想。不知怎么的……我继承了这种信念，认
为有钱人都不是好人。所以，当我有钱的时候，我会尽快把它花
掉。"仿佛摆脱金钱是她应对内心信念（金钱让人堕落）的一种
方式。

有些人把追求金钱看作是肮脏的勾当（就连弗洛伊德也曾将
金钱称为"不义之财"）。他们可能很清楚自己的这些信念，并
且会大声表达出来。然而，另一些人可能在无意识中持有这些信

念，将其视为过去的遗迹，表现为与财务成功相关的负罪感。我们的感受并不总是容易解读，也未必明确，我们可能既想要又不想要某些东西；我们同时感受到两种相反的感觉。矛盾是人类常见的一种心态，但它可能会导致难以管理的内心冲突，让我们体验到焦虑和“被困住了”的感觉，我在与金钱有关的问题上经常看到这种情况。虽然我们中的一些人意识到自己需要金钱或渴望财富，但另一些人可能因为金钱和“富人”在我们脑海中所代表的东西而对此感到矛盾。我们越是意识到潜藏在表面之下的矛盾心理，就越能对自己的行为做出明智的选择，而不会无意识地策划一场破坏行动。

我曾听到有人将对金钱的渴望贬低为肤浅的、邪恶的、肮脏的欲望。我们知道，这些关联来自在家里学到的金钱教训，以及其他环境因素。

正如我们在第三章所探讨的，贪婪受到了许多宗教和政治运动的谴责。想象一个孩子，其家庭的核心价值观是谦逊、慷慨和在简朴的生活方式中寻找幸福，他会公然谴责人们对经济成功的追求。现在，22 岁的他正谋求在企业银行的职场阶梯上“爬坡”。从某种程度上说，他从未同意过家庭的观点。在无意识中，他渴望财富，嫉妒那些能享受金钱所能买到的乐趣的人，并希望自己也能拥有这些东西。从心理上讲，人们很难把这两种截然相反的观念都牢记于心。其中一部分人可能会享受金钱、感到自豪、捍卫自己的野心，而另一部分人则可能会对自己的野心所“透露”出的信息感到内疚甚至羞愧。他们是否变成了自己父亲过去经常批评的“让人瞧不起的贪婪的资本家”？我经常看到这种内心的挣扎。如果你还没有机会真正思考自己所面临的内心冲突，抛开家人的信念，建立起自己对“正当”的认识，那么，你可能会对自己的财务追求抱有矛盾态度，并采取各种无益的行为来应对这些感受。

人们可能会以各种方式解决冲突，有些人最终要么完全放弃父母的信念，要么全面支持父母的信念。那些放弃父母信念的人会阐述和接受自己对金钱和成功的不同观点，并选择继续追求自己的目标。

财务上的自我破坏是无意识地表达负罪感的一种方式。他们可能会在工作中犯下大错，或者漫不经心地投资自己努力的成果，他们的雄心可能会突然消失，而他们却不知道为什么。还有一些人可能是在宗教观念的熏陶下长大的，这些观念直接影响了他们心目中追求经济成功的方式。《圣经》中不乏对金钱的谴责。保罗写道（《提摩太前书》第 6 章第 10 节）："贪财是万恶之根。有人贪恋钱财，就被引诱离了真道，用许多愁苦把自己刺透了。""财主进天国，比骆驼穿过针眼还要难"（《马太福音》第 19 章第 21~26 节），暗示追求财富必然与罪恶行为有关。这些信息在多大程度上被人所理解，这些教义在多大程度上被家庭和社会所强化，因人而异。但这些教诲通常在孩子容易受到影响的年纪进行传授，如果它们与家庭中类似的教诲（比如，家人以贫困为荣，对富人吹毛求疵）产生共鸣，就会产生持久的影响。如果周围有人谴责金钱，赞美自我牺牲，那么，追求金钱必然是一件邪恶的事。

如果你的家庭文化鼓励你去批评和挑剔"比你富的人"，那么，总是拿"我们"和"他们"对比的叙事方式会对我们的财富体验产生影响。"看看他们花了多少钱度假，真是荒谬！""他们以为自己开着豪车就是大人物吗？""金钱只会让他们自以为是、粗鲁无礼。"当我们发现自己能够做出那些饱受批评的选择时，对财富的蔑视将留下难以撼动的印记。金钱在我们心中可能代表着一种破坏性的东西，让人变得缺乏伦理与道德。你可以想象加入"缺德俱乐部"所带来的羞愧感。当然，当父母说出这些话时，他们可能只是在为自己对他人所拥有的东西的嫉妒寻找借口，甚至在试图教给孩子一些重要的人生哲理，比如，如何在追求物质财富之外找到幸福生活。但孩子可能领悟到的是父母对财富的谴责。

不仅仅是童年经历会玷污我们对金钱的看法。有些职业传统上被视为一种"使命"，由于担心被视为贪婪或没有充分致力于该职位的更崇高目标，报酬一直是工作中一个不被重视的因素。我在心理诊所见过许多艺术家、雕塑家和作家，我可以告诉大家的是，对许多创意人士来说，金钱就像一枚两面硬币。一方面，它为有创造力的人提供了他们渴望的认可和信誉（他们终于可以称自己为职业艺术家或作家），并被他们在乎的人（无论是持怀疑态度的家人还是艺术世界的观众本身）认真对待。但金钱也可以被视为限制了创意人士的自由，甚至违背了"艺术应为艺术本身"的原则。

艺术家安迪·沃霍尔（Andy Warhol）可能是为数不多的例外之一。他在艺术界饱受争议，因为他爱钱，他还欣然同意将自己的艺术作为商业产品。他称自己的艺术为"商业艺术"，说他的工作室就是"工厂"。沃霍尔出身贫寒家庭，似乎很看重金钱的力量，因此他公开追求金钱，这激励了一些未来的艺术家，比如，达米恩·赫斯特（Damien Hirst）。后者说："安迪·沃霍尔是第一个让艺术家赚钱变得可以接受的艺术家。"

艺术家对金钱的矛盾态度的一个最好例证就是匿名街头艺术家班克斯。2018年，在苏富比拍卖会上，当拍卖师一锤定音时，

班克斯的著名画作《气球女孩》(*Girl with Balloon*)将以超过
100 万英镑的价格售出,这时,他启动了提前藏在画框中的碎纸
机,在目瞪口呆的观众面前粉碎⊖了这件艺术品。然后,买家们
面临着一个选择:这幅画已经被粉碎了一半,他们还能购买那剩
下的半幅画吗?结果还真有人买了,这半幅画被重新命名为《爱
在垃圾箱》(*Love is in the Bin*)。

这一事件引发了很多关于艺术是什么以及其价值究竟在哪里
的问题。这无疑是一种挑衅行为,但对我们来说,它引发了一个
问题:这是蓄意破坏还是江湖诡计?他毁坏了画作(并可能摧毁
其财务价值),以此来谴责艺术的商品化。也许对他来说(正如
重新命名的标题所暗示的那样),艺术等于爱,而金钱会影响这
一等式,一旦给艺术标上了金钱价格,就等于把任何对艺术的爱
扔进了垃圾桶。所以,也许金钱通过对艺术的毁灭定价,在某种
程度上抹杀了艺术的价值。别废话了,言归正传吧! 2021 年,
《爱在垃圾箱》被苏富比拍卖行以超过 1800 万英镑的价格售出。

卡尔·理查兹(Carl Richards)是一名理财规划师和素描艺
术家,他写过自己对靠艺术赚钱的矛盾心理。他只能通过把一个
项目的利润视为资助下一个项目的资金来应对这种五味杂陈的情
绪。当然,这种应对情绪的策略要优于"自我破坏",但它回避
了一个问题:认为自己的工作有价值且值得奖励有什么错?理查
兹说,一旦他找到了这种看待利润的新观念,"与会计开会和对
账等事务就不再像是必须由未受洗礼的异教徒来完成的肮脏杂务
了"。这凸显了一些艺术家有时很难将自己的作品与谋生的现实
协调起来,仿佛金钱在某种程度上玷污了他们的作品。

⊖ 班克斯发布了一段视频,宣称他的意图是粉碎整部画作,但由于机械装置
出现故障,只粉碎了一半。

如果我们在无意识中将追求金钱视为腐败、邪恶或肮脏的勾当，我们有多大的机会让自己变得有钱呢？

成功焦虑症和骗子综合征

有时候，即使通过努力赚来的钱也会与对财富的负面情绪纠缠在一起，这种情绪源于自己比朋友或家人拥有或曾经拥有的更多。人们会无意识地通过理财不善、花钱甚至赔钱来处理自己拥有和享受金钱所带来的情感不适。虽然我们中的许多人都想让父母为自己感到骄傲，并希望通过展示自己的成就来获得赞赏，让父母对他们的成功养育而感到宽慰，但还有些人则将此视为一种背叛。弗洛伊德本人已经表明，成功的概念可能无意识地存在一些问题，因为在我们的头脑中，成功可以被解读为孩子对父亲的象征性超越，因此会被内疚甚至害怕报复的感觉所包围。在弗洛伊德看来，破坏成功是避免父亲愤怒或惩罚的一种方式。他自己也曾在取得成就后与负罪感做过斗争，并疑惑地写道："这一定是一种负罪感，伴随着取得如此巨大成就之后的满足感。有些事情不对劲，但从一开始就被禁止了。"似乎成功的精髓就是超越父亲，而且似乎超越父亲还是某种被禁止的事情。

所有这些因素不仅会在我们获得意外之财时发挥作用，甚至在我们试图在财务上取得成功时，或者在我们即将成功却被成功焦虑症所困扰时也会发挥作用。成功焦虑症本质上是害怕别人对我们的成功有什么反应，而弗洛伊德将其归因于对父母会报复的恐惧。精神分析师安·露丝·特克尔引用了一个案例，说是一个男人"害怕成功，因为这会让他感到内疚和不配。一想到自己挣的钱比父亲多，他就感到特别内疚。他经常梦到自己是一个即将被更强壮高大的男人揭穿的冒牌货"。

除了恐惧，如果成功了，哪怕只是部分成功，也会伴随着负罪感和羞愧感。这始于对拥有"好东西"的负罪感，很快就会转化为一种羞愧感。"享受这些钱对我而言意味着什么？"但随后，人们甚至可能会对自己的感受感到内疚："为什么我不能为自己拥有这么多而感到快乐和感激呢？""为什么我不能仅仅因为拥有这些而感到开心呢？"他们对自己的内疚感而感到内疚。摆脱这种消极循环的关键是理解和管理自己最初产生负罪感和羞愧感的原因。这是否勾起了他们内心深处一直觉得自己不配拥有好东西的那部分情绪（我感到内疚，因为我不配得到这么好的东西）？它是否与他们内化的关于对"富有"人群所持有的记忆和特质挂钩（我感到羞愧，因为我现在有钱，这让我变成了自己鄙视的那种贪婪而自私的人）？

值得注意的是，特克尔的研究案例中的那位男士的父亲总是贬低"富人"，这在一定程度上影响了这位男士对自己成为"富人"之后的负罪感。但我想在这里强调的是，他有一种"冒牌货"的感觉，这在那些"我行我素者"身上并不罕见。

"骗子综合征"本质上是一种无法被成就所消除的自我怀疑。无论取得了什么成就，此类患者都无法"拥有"自己的成功，他们会对自己取得成功的方式产生非常丰富的想象，比如，"纯粹的运气""奖项评选过程中的错误"或"巧合"等除了他们自己的能力之外的任何事情。"骗子综合征"患者坚信别人夸大了自己的技能，害怕自己有一天被曝光。从某种意义上说，他们潜意识里害怕别人会要求他们做一些他们无法完成的事情。他们害怕被高估、被过度赞扬，害怕承诺得太多而无法兑现。

"骗子综合征"患者常常会贬低自己的成就。这是（至少在经济上）一种相对无害的应对策略。比如："我会让这项成就看起来微不足道，这样就不会招来别人的严格审视，那就没人发现我是个冒牌货了。"但是，当"骗子综合征"患者将自我破坏作为一种防御手段（"我会阻止自己取得成功，这样我就不必感觉自己是个冒牌货，也不会被曝光"）时，这便成为一种自我实现的预言，并带来了严重的后果。我们可能会错过真正能够为我们自身利益服务的机会，从而进一步巩固我们对自己所处世界的悲观看法。

"骗子综合征"可能有诸多成因，但常见于那些父母过度夸赞的孩子（尤其是当夸赞他们的成就时），这使孩子没有多少空间去接受自己的"缺点"。我们无法以一种平衡的心态看待自己，将自己看作拥有优点和缺点、拥有积极情绪和消极情绪的普通人。相反，我们从小便孜孜不倦地努力工作以维护父母眼中的"完美""了不起"的形象。然而，在某种程度上，我们意识到了自己的"另一面"，即我们的消极情绪和"缺点"。这些并非是我们自我形象的有机组成部分，也不是那些否认自己不完美或把不完美投射到别人身上的自恋者的替代品。因此，我们一生都感觉自己像个"冒牌货"。这是对这种不和谐的一种心理和解或回应。我们做不到世人眼中的"完美"和"了不起"，因为我们实际上"欺骗了所有人"，我们是"冒牌货"。

同样，过度挑剔的父母也可能产生类似的影响。戴维·克鲁格讲述了一个名叫杰克的患者的故事。他自己开了一家电脑销售公司，随着事业越来越成功，他却感到极度焦虑。在接受心理治疗时，杰克谈到他的父母非常严厉，他们因为他的"愚蠢"和无法达到他们要求的最好成绩而感到沮丧。这使他形成了自己无能且懒惰的自我形象。作为一名越来越成功的企业家，他开始觉得自己是个"冒牌货"，他认为他的事业成功与他的自我信念不匹配。

因此，在这里，"骗子综合征"再次成为我们（或他人）对自己的印象（杰克认为自己无用）与我们所取得的成就之间不一致的一种心理学解释，并且，这两种情况同时实现的唯一方法就是认为我们的成就完全是运气使然。当杰克在接受心理治疗时，他并没有通过自我破坏来证实自己"无用"的观点。在治疗中，他能够处理超越父亲的恐惧，并为他在心中构建的身份认同感到痛惜，以便发展出真正的自我意识。美国心理学家马蒂娜·霍纳（Matina Horner）在 1969 年提出了一种关于女性对成功的恐惧的替代性解释，这一解释后来被称为"霍纳效应"（Horner Effect）。她在实验中发现，对于女性来说，对成功的焦虑往往源于一种潜意识中的内心冲突。她们一方面想要并追求成功，但另一方面又害怕成功带来的后果。女性觉得表现出野心就会显得"没有女人味"。在她看来，违背社会对性别角色的期望会引发女性对遭遇批评和孤立的恐惧感。霍纳发现，这种信念不仅存在于女性中，也存在于男性中。当霍纳要求受访的法律系男生描述成功女性时，他们将成功的女性描述为"不吸引人、不受欢迎、没有女人味、只是一台'电脑'，并且咄咄逼人"。女性越有能力、越追求成就，她们对成功的恐惧就越大，因此她们的表现也就越差。霍纳认为，女性有时会因为害怕成功后必须放弃的东西而产生恐惧，这会阻碍和破坏她们的努力。

霍纳是在 20 世纪 60 年代投身于写作的。近年来，在西方社会中，性别刻板印象受到了挑战。但领导职位和薪酬方面的性别差距仍然存在。根据美国国家经济研究局 2022 年发表的一份研究报告，女性高管的收入比男性低 26%。在考虑了高管的特征（包括经验、教育和年龄）之后，薪酬差距降至 15%。根据英国国家统计局的数据，过去的 5 年间，男性和女性之间的平均薪酬差距为 8%~9%。从事金融工作的女性的平均收入比男性低 22%。

原因无疑是复杂的，但众多的潜在因素之一可能是我们无意识的刻板印象（通常是从我们的父母那一代遗传下来的），即男人和女人"应该"在社会中扮演什么样的角色。在这个世纪，如果你敢明目张胆地说出这样的话，似乎有些荒谬："在经济上比丈夫更成功的女人'没有女人味'。"但现实是，直到今天，我仍然听到男性承认因为妻子比自己赚得多而感到"无男子气概"，或者听到女性因为伴侣的经济能力欠缺而认为其缺乏男子气概、办事效力或权力。如果一个女人在某种程度上认为（或者想象别人也这么认为）"金钱 = 权力 = 男子气概"，那么，她可能很难真正接受自己的成就。当然，如果追求经济上的成功也意味着实际上牺牲了自己参与传统上的养育和照顾孩子的角色，这可能会加剧这种心理的矛盾性。换句话说，这种焦虑源于内心的冲突。我能够既有女人味（按照我和社会对女人味的理解），又是个好妈妈（按照我和社会对好妈妈的定义），还能追求（经济上的）成功吗？

如果认为成功和赚钱没有什么不舒服的，那就错了。对某些人来说，在某种程度上，成功和赚钱是他们想要的，但也是他们最害怕的。获得经济上的成功或富有的地位可能会让他们充满焦虑，并会唤起他们非理性的不安全感，在不知不觉中策划一种摆脱焦虑的方法，感觉像是一种心理安全计划和良好的防御机制。当然，我们的理性思维可以理解的是，直面我们的恐惧和焦虑可能是一种破坏性较小的解决方案。

受虐狂：我们感觉自己应该受罚

自我破坏可能会以反常的形式出现。当我开始研究人们与金钱的关系时，我惊讶地发现了"财奴"一词，它是"财务奴役"的通俗说法。"财务奴役"指的是自愿进入一种由金钱支配的关系，其中一方无能为力，另一方掌握着所有的权力。

在我开始治疗那些与财务奴役成瘾做斗争的患者之前，我阅读了无数的博客，试图弄清楚这个问题。常见的说法是"一想到有人把我当作钱奴来使唤，我就很兴奋"，或者"当她指使我付钱时，我就很兴奋"。

财务奴役最常见的形式是，支配者是女性，而顺从者（这里指经济上的顺从）是男性。但财务奴役也会出现在同性关系中。支配者通常以贬低和羞辱的方式要求对方给钱。顺从者唯命是从，甚至完全放弃对财务的控制权，并从这种动态中获得一种心理上的释放感。性交换并不一定是财务奴役动态的一部分。顺从者本质上购买的是一种被支配和无能为力的体验。"支配者"会在网上宣传自己，双方通常不会亲自见面，而是在网上视频见面。

财务奴役的有趣之处在于它让另一个人参与到破坏中来。这实际上是有一个"帮凶"的自我破坏。为什么我不称之为虐待呢？因为寻找财务奴役的人是自愿这样做的。但财务奴役者拥有的选择和控制权的成分是模糊的。

这可能是自我破坏的最极端形式，人们寻找并崇拜的是财务破坏。这是破坏性的，但会在被掠夺和被羞辱的痛苦中找到乐趣，这就是受虐狂的行为模式。《心理动力学诊断手册》（*Psychodynamic Diagnostic Manual*）解释说，"受虐狂"不是一个单一的概念。这个词被用来指一系列具有不同心理根源和服务于不同心理功能的现象，其共同点是对痛苦的明显（但无意识的）投入。从本质上讲，痛苦和快乐是密不可分的。金钱只是另一种媒介，我们通过它来实现各种无意识的欲望，包括那些把全部控制权和权力交给别人的欲望。

金钱在心理动力学中代表权力。有些人为什么要不情愿地放弃金钱呢？放弃"一切权力或金钱"在心理上有什么吸引力？这种形式的自我破坏行为完成了什么任务？在这种自我破坏的动力背后，是什么样的早期体验或幻想呢？

在一次采访中，一位财务女霸主说，有两类人喜欢充当受虐狂。一类是渴望被虐待的人。他们喜欢被嘲笑或被利用的感觉。有人拿走他们的钱会让他们感到羞辱，让他们痛苦和挣扎。另一类是大男子主义者，"在现实生活中占主导地位"的男人。他们因为做商业决策、经营企业以及一直担任负责人而倍感压力。他们真的很喜欢偶尔表现得脆弱一点，让别人来管事。这对他们来说就像度假。"财务奴役所关注的是两类人之间的区别。一类是将这些互动的控制权隔离起来，在日常生活中从更有权力的地方进行操作；另一种是把顺从的态度渗透到生活的方方面面。"尽管这"两类人"的表现可能有所不同，但最终他们都在被削权和被羞辱的动态中找到了乐趣。

精神分析学家伊曼纽尔·根特（Emmanuel Ghent）写道："受虐现象通常被追溯到早年遭受的剥夺、创伤和发育干扰。"创伤、忽视和虐待会让人充满愤怒，甚至仇恨。弗洛伊德谈到了内在的心理过程，我们可以通过这个心理过程，在头脑中"攻击"和抛弃"坏东西"（此处指"坏人"）。我们可能怀有报复的幻想，攻击那些让我们失望的人，并因此感到无法忍受的负罪感。我们能忍受我们的愤怒或攻击性想法的现实吗？还是我们在生活中不知不觉地认为我们应该受到惩罚呢？寻求痛苦的行为可以减轻我们背负的难以忍受的负罪感。财务奴役是寻求惩罚的一种方式，但正如我们在本章看到的那样，我们可能会通过几种方式自我破坏，因为，我们最终会认为痛苦和损失是我们应得的报应。

心理学家裘德·卡西迪（Jude Cassidy）在一项针对"紊乱型依恋"儿童的研究中发现，这些儿童由于受到创伤、虐待或忽视，在人际关系中感到不安全。他们既渴望与人交流，又害怕与人接触。他们更有可能将自己描述为"天生邪恶"。这在一定程度上是因为我们早期的关系建立在身份认同的基础之上，所以，与"坏人"建立人际关系会让我们自己也变成"坏人"。但罗纳德·费尔贝恩（Ronald Fairbairn）补充了另一种解释。他说，孩子们无法忍受和"坏东西"建立关系，从心理上讲，他们宁愿接受自己是"坏人"而对方是"好人"的现实。费尔贝恩解释说，就好像孩子似乎想要"清除对方（施虐者）的邪恶。而且，当他们成功地做到这一点时，他们会得到一种安全感的奖励，这种安全感是一个充满美好事物的环境所特有的"。他还告诉我们："在上帝统治的世界里做一个罪人，比生活在魔鬼统治的世界里要好。"这表明，当我们有痛苦的创伤经历时，责备自己是坏人和有罪的人是一种心理防御，可以保护我们免受生活在一个不安全的邪恶世界里的更可怕的前景的影响。我们寻求痛苦来证实和表达我们的自我厌恶。我们暂时减轻了自己的负罪感，因为我们"得到了自己应得的报应"。

苦难也许是我们所熟悉的情绪，作为人类，我们被熟悉的事物吸引，但从心理上讲，我们现在有了机会，我们不再觉得自己像那个无助的小男孩或小女孩，我们终于可以感觉到自己在掌控一切。有一种心理机制，弗洛伊德称之为"强迫性复现症"，主要症状是在不知情的情况下重现过去的创伤经历。

过去的经历虽然不是被有意识地记住的，但却会在当下重演。这是为什么呢？弗洛伊德是第一个提出这一观点的人（他的后继者们也同意），他认为，人们通过重复创伤，可以回溯性地掌控过去的行为，或者将被动的行为转变为主动的行为（你不是羞辱事件的受害者，你现在可以控制自己去想办法终结这种行为）。从本质上讲，我们是在以一种可控的方式放弃控制权（因为我们自愿参与其中）。在某种程度上，这可能会让人觉得我们正在战胜一段过去我们无法控制的痛苦经历。现在有一个"安全词"可以让我们摆脱困境，或者我们可以直接关闭聊天，结束痛苦和羞辱闹剧。

但是，这种解脱是短暂的，而且正如一位患者说的那样，负罪感会"以三倍的强度"卷土重来，因为过去体验过的负罪感与当前感受到的负罪感交织在一起，如今不计其数的金钱都拱手相让给了那个财务女霸主。

他们从梦境般的恍惚中醒来，同时在现实中播放幻想，他们为自己造成的伤害感到内疚和后悔："我到底做了什么？"财务上的窟窿越来越大，他们越来越难以自拔。事情很快就会陷入一种"毁灭、内疚、更多毁灭、更多内疚"的恶性循环。

愤怒和怨恨

愤怒常常隐藏在破坏性的财务选择背后。我见过一些人，他们为了刁难父母，真的把自己埋进了财务深坑。有时，他们财务状况的恶化与他们对父母的愤怒之间的联系需要时间来发现。这可能需要大量的内省（和心理治疗）才能将反抗父母、违背父母意愿和愿望的潜意识欲望显露出来。例如，我在孩子身上看到过这种情况，父母对工作的痴迷使他们无法陪伴孩子。孩子对父母的事业心怀怨恨，对自己被忽视的现实感到非常愤怒。这种愤怒变成了一种与父母对立的欲望（"我永远不会像他们一样""我不在乎钱"），也变成了一种心理报复（"我永远不会让他们如愿以偿"）。那些无法实现经济独立的孩子，频繁换工作，事业毫无起色，最终把可支配的收入都花光了，甚至借债来满足自己的需求，也许在某种程度上是在惩罚父母，他们辜负了父母的期待。

　　想象一下那些在父母如此专注于工作和积累财富的情况下长大的孩子，这对他们的家庭（可能导致父母离婚或夫妻矛盾）和他们自己的健康造成了有害的影响。这些孩子长大后决心过与父母不同的生活，也就不足为奇了。追求金钱的行为可能被视为家庭中诸多不幸的"根源"之一。虽然说，一方面，选择更健康的生活方式很重要，因此，这些经历可能会促使这些孩子产生一些非常有益和积极的想法，但重要的是，他们要意识到是什么在驱动他们的想法。他们想要比父母更健康、工作与生活更平衡的生活方式，这不同于把自己定义为父母的"反对者"，"拒绝追求财富"，以此来刁难父母。通过不那么专注于追求金钱的职业和活动来寻找生活的意义是可以的，但是，当这种态度开始变成一种对金钱过于傲慢的态度，并最终导致自我破坏的行为时，我们需要思考一下，我们的行为是否符合我们的最佳利益，或者我们只是在表达我们对"父母那代人"对待工作和金钱似乎比照顾我们更重要的愤恨。在给迦勒（一个快 30 岁的男人）进行的第一次心理治疗中，我很快就感觉到他有消费成瘾的苦恼。他花钱是强迫性的，每个月都要超过自己的预算，花钱没有规律，基本上是为了享受（无论是购买小玩意、衣服，还是外卖）。然而，他"过度消费"的金额是一致的。我经常让患者解释他们所说的"过度消费"是什么意思，大多数有消费成瘾问题的人很难回答这个问题。他们通常会对自己的消费习惯表示否认，并感到些许的羞愧，所以，答案通常是："呃……我不太确定……看情况而定……上个月的情况不同，因为……"然而，迦勒却立刻回答说："每个月大约 1000 美元。"尽管他说的是"大约"，但他的回答速度和自信程度还是引起了我的注意。

我问迦勒是否知道他为什么超支。"我父亲不擅长理财"，他透露说，在他只有 18 岁的时候，他的父亲就用他的名字借到了一笔商业贷款。当公司资不抵债时，迦勒带着一笔巨额债务开始了他的打工生涯。现在他快 30 岁了，还在按月偿还这笔债务。迦勒接受了这笔债务的现实，也同情父亲因为这件事而遭受的打击。我能感觉到迦勒并没有真正让自己去感受和处理他父亲的选择和失败可能带来的愤怒和反抗心理。

当我问迦勒这些年的月供是多少时，一切都变得更有意义了。他的回答是："大约 1000 美元。"啊哈！所以，迦勒每个月超支的金额几乎和他偿还的债务金额一模一样。他并没有意识到这一点，但这似乎并非巧合。更合理的解释是，这种消费几乎是一种补偿行为。如果我因为父亲而必须付出 1000 美元，我就会花 1000 美元来满足自己。虽然这是无意识的，但貌似一种争取正义、表达需求、表明立场的方式。当然，这是一种适得其反的做法。

如果他没有通过过度消费来"犒劳"自己，他就能意识到自己被父亲剥削和"掠夺"的感受，而这些感受是非常难以触及的，尤其是因为他现在继续为父亲的新公司卖力。

为什么我在"自我破坏"一章中引用这个例子？因为迦勒的行为中有一种破坏性的成分。迦勒似乎在无意识地把钱花掉，以此来发泄他对每月必须拿出 1000 美元来偿还债务的愤怒和怨恨。但他努力寻求补偿的做法并不奏效。这并没有给他带来什么满足感，反而增加了他的负罪感，而最初的愤怒却丝毫未减。一方面，迦勒想要解决"花钱问题"，但这意味着他要面对并处理引发这一问题的愤怒情绪，而这是迦勒不愿去做的事情，尤其是他与父亲目前的关系足够好，他的工作也依赖于父亲的提拔。他必须面对这样的问题："我真的享受我拥有的钱吗？还是我在挖一个财务深坑以弥补我被父亲剥夺了财务自由的感觉？""如果我不把钱花在自己身上，而我每个月最大的支出是偿还债务，那我还会有什么感觉呢？"迦勒决定不再接受心理治疗。

在一个家庭中，当债务以一种预期的方式被继承，财务现实被讨论和接受，父母已经表达了他们的感受（后悔、内疚），孩子已经能够谈论和表达他们自己与此相关的感受，那么，债务的继承人就不太可能通过抑制情感和完全避免谈论债务话题来抵御自己的悲愤情绪。在迦勒的例子中，债务是他父亲的经济失败的结果。

我曾帮助过一些患者，他们很长时间都在努力接受父母留给他们经济负担的现实，并解决了一些由此产生的愤恨情绪。当经济负担与情感负担挂钩时（感觉父母没有尽最大努力，没有足够的陪伴，没有足够的支持），债务不仅承载着与之相关的情感，而且还伴随着所有因此而产生的烦恼负荷。债务存在于他们的账户中，也滞留在他们的脑海中，像是在警示"想想你们对我的所作所为，看看你们给我留下的痛苦"。

　　这是把双刃剑。债务可能会作为父母赤字的证据而挥之不去，或者我们可以选择尽快偿还债务，好像这样可以帮助切断我们与"令人失望的家庭"之间的情感联系。当然，这也不能很好地抵御隐藏在行为背后的感情。偿还债务可能在财务上有帮助，但它无法消除与此相关的愤怒和痛苦。因此，当我们在选择忽视债务或提前偿还（承担提前还款罚息）时，我们需要思考：是什么驱使我们做出这样的选择？我们想通过偿还债务来摆脱什么？债务在我们心中代表了什么？围绕着债务形成了哪些情绪？我们非常有必要区分一下我们财务决策的现实因素与我们想通过债务实现的情感需求。这可以提高我们的财务情感意识，最终帮助我们做出更好的财务决策。

恐惧

分离的焦虑和对独立自主的畏惧

　　如果自我破坏导致我们在经济上仍然依赖他人，那该怎么办呢？对许多人来说，实现财务独立往往受到与分离问题相关的情感因素的阻碍。

　　实现与父母的心理分离是一个漫长而艰难的过程。这个过程从婴儿期就开始了，但一直在继续。孩子逐渐培养起一种信任感，即相信父母一直在观察自己，即使父母走到隔壁房间，也会想着孩子的事。蹒跚学步的孩子开始走路，离开父母四处游荡，最后离开家去学校，他们必须相信，晚上放学的时候会有人来接他们回家。在青春期，这依然是个挑战，因为孩子开始越来越多地在家庭之外创造生活，并准备搬进一个独立的家庭。

如果我们在分离的过程中忍受了创伤，分离就会变得更加困难。比如，父母的离世、在幼年时被送去寄宿学校，这些突发的干扰事件如果引发了被抛弃的失落感，那么，分离的伤痛就会造成情感上的不堪重负。

父母在与我们分离时的矛盾情绪也会使分离变得错综复杂，这可能会给分离过程中的情感挑战增添些许的恐惧感和负罪感。这可能会成为一种真正的情感压力，阻碍你想要经济独立的愿望（独立于父母或伴侣）。

最近，我听到了一个访谈节目，讲述的是一名沉迷于购物的年轻女性。从表面上看，这似乎是教科书式的购物成瘾：无法抗拒的冲动、债务、房间里没有空间做其他事情，她也没有时间去做其他事情。这位 30 岁出头的女子认为："没有购物的人生毫无意义。没有什么可期待的。"很明显，购物可以避免抑郁情绪，但我发现，令人震惊的是，尽管记者的问题刁钻，却没有激起她的情绪波动。只有当记者问她是否想过离开父母的家、步入婚姻殿堂、继续自己的生活时，她才会泪流满面。"我不敢想！我无法想象离开家的那一天。"购物是一种继续依赖父母经济支持的方式。如此，她就可以继续做那个被父母宠爱和溺爱的小女孩，而不是被迫长大，面对随之而来的责任。看一下她的家族史，我们发现那对父母在结婚六年后才生下这个小女孩。他们祈祷、期待，直到她呱呱落地，正如她的父亲所说，她一出生就被溺爱着："她想要什么我就给她什么。她就像个小公主。"因此，她不愿离开家，可能与她在家中的需求和愿望得到充分满足有关。但我们可能也会好奇，这是否也与她的父母不愿放手有关，毕竟，他们等了这么久，努力了这么久，终于有了一个孩子。

　　这是过度消费的问题还是自我破坏的问题呢？答案可能是两者都有，然而，过度消费是一种更深层次的情感驱动因素的结果，那是对独立自主的畏惧，也是对离开父母、离开家的恐惧。过度消费有助于实现这一目标，但无法解决其本身的核心问题。

　　与家人分离是一种成长的挑战。我们需要相信，我们有能力成为一个"正常的成年人"，不仅在实际层面（支付账单和税收，换灯泡，签订租赁合同），而且在情感层面（解决我们的情感需求，安慰自己，"应对困难局面"）。即使是健康的分离也会唤起一系列的情绪，比如，刚开始的失落和悲伤，后来的感恩和自强。但是，成功分离的能力（当然这个过程并不明确，有时会持续一生）取决于很多事情，比如，我们的父母传递一种他们可以放手的感觉，并在我们走出家庭的过渡期间成为支持我们的存在。反之，父母那种焦虑地不愿放手的态度会加剧分离的痛苦，我们会害怕没有了他们就无法生存下去。成长中的孩子可能很难忍受进入"现实世界"所带来的失望，尤其是，如果我们习惯了被"像公主一样对待"。

　　弗洛伊德在1926年写道，婴儿在母亲缺席的威胁下会产生焦虑和恐惧。这种恐惧是基于婴儿在没有照顾者的情况下可能感到的心理和身体上的无助。分离的焦虑可能表现为对生存的恐惧（或者梅兰妮·克莱因所描述的"对毁灭的恐惧"）。但它也可能使孩子的头脑充满破坏性的想法和幻想（攻击或虐待的念头），从而导致负罪感和羞愧感。20世纪90年代，心理治疗师们研究了紊乱型依恋的儿童（最有可能遭受过父母的忽视和虐待），他们发现许多人"倾向于将自己视为灾难性事件的无助受害者"。在表达他们的幻想时，很明显，他们对外部世界感到多么脆弱和无助，但也很明显，他们的幻想是多么具有破坏性和暴力倾向。

对与人分离的恐惧和对被人遗弃的无助状态的恐惧可能是非常强大的，因此是我们要防御的东西。

如果我们极度依赖他人，在人际关系中就会感到没有安全感。我们充满了被抛弃或被拒绝的焦虑，以一种破坏性的痛苦方式面对失去。如果是这样的话，我们就可以利用财务上的自我破坏来防止类似创伤性分离的事情发生。如果我们害怕离开父母的家是因为我们之间的亲子关系充满了焦虑，那么，经济上无法独立可能是为了保持一种实实在在的亲密感和一种被照顾的感觉，这可以缓解我们的焦虑。

精神病学家兼精神分析师戴维·克鲁格和安·露丝·特克尔都认为，避免承担财务责任，在经济上依赖他人，就是在表达自己无法面对这难以割舍的分离。克鲁格举了一个我也在心理诊所中遇到过的例子，即投资者未能对朋友提供的机会进行任何尽职调查。尽管在这背后有很多原因（比如，没有对某项投资是否明智进行亲自研究），但在很多情况下，人们都希望得到对方的照顾，在他们所谓的"更有经验者"的拥抱中放松下来，并说"请照顾我"。把这些欲望留在潜意识里，可能会成为理性财务行为的真正陷阱，并形成阻碍成年人及其现实决策过程的盲点。

反复出现的财务破坏行为和可能需要他人救援的意外财务危机，或许和你对独立自主以及与父母分离的恐惧有关。这种恐惧当然是心理上的，但它以一种具体且物质的方式表现了出来。我们一直在寻求别人会照顾我们的保证和慰藉。

害怕发现金钱的真相

自我破坏可以作为一种强大的防御手段来对抗那种金钱无法满足我们期望的恐惧感。还记得第三章讨论过的那个人吗？他把金钱理想化，并把所有神奇的力量都投射到金钱上（比如，治愈一个人的不幸，或者解决家庭冲突）。当他们开始积累更多的财富时，他们可能会发现并没有什么感觉不一样的东西，然而，他们如此努力地工作，就是希望金钱能给他们带来他们想要的东西。放弃这种希望是很难的，所以，自我破坏让你"退后三步"，保留了幻想，否认了金钱无法解决伤害的现实。

当你试图确定一种行为是否真的与自我破坏有关，还是财务失败仅仅是其他事情的后果时，你可以考虑以下几个问题。以过度消费者为例：

"说真的，钱能给你买什么？"答案可能是爱、安全、关注、认可或一些能持久的东西。**从心理学的角度来说，我们是在努力通过消费来获得某种东西。**

"你通过行动或消费避免了哪些想法或感受？"答案可能是无聊、孤独、抑郁或自我厌恶。**我们把消费作为一种帮助我们躲避难受感觉的行为。**

"（由过度消费引起的）财务失败会给你带来什么？"答案可能是，经济上的失败首先会解决有钱的负罪感或羞愧感，或者让我们产生报复欲望，或者让我们得到父母的关心和关注。**帮助我们得到我们想要的东西的东西，不是我们购买的东西，而是我们失去的东西。这就是自我破坏。**

我们常常没有意识到我们正在进行自我破坏。我们需要深入挖掘才能理解我们行为背后的动机、感受和无意识的幻想。灯泡一亮，它就充满了能量。当我们看到我们想象的通过自我破坏可以获得的东西时，我们获得了一个选择，要么继续为这种心理胜利付出代价，要么找到一种不同的方式来管理这些情绪。

自我破坏的驱动因素多种多样。我们看到，对一些人来说，害怕独立有一个明确的解决办法，即回避。让我们自己处于经济需求之中，就可以避免我们最害怕的事情。我们还看到，感觉自己没有资格获得财富（因为它是不劳而获的，或者因为更深层的原因，比如普遍存在的负罪感或羞愧感）且觉得自己应该受到惩罚的人，都可以通过财务上的自我破坏（有时极端到财务奴役）找到解决方案。我们也看到了愤怒和怨恨是如何让我们以自我破坏的形式表达出来，或者引导我们在不知不觉中建立一个更微妙的机制，通过自我破坏行为来避免愤怒情绪。我们自己变成了"问题"，把愤怒转向自己，而不是把愤怒指向正确的接受者（在迦勒的例子中，这个人是他的父亲）我们需要认清自己的自我破坏行为，并思考它的目的是什么。

也许我们不需要为继承了遗产而感到内疚，并认识到我们无意识地引发的财务破坏会给我们留下更多的负罪感，比我们一开始想要摆脱的负罪感还要多。也许我们不需要通过挖掘更深的财务深坑来表达我们对继承债务的愤怒，因为这也只会让事情变得更糟。也许有一种方法可以控制愤怒，甚至可以表达愤怒，让愤怒失去力量，如此，我们最终会抵达一个比我们当前状态更健康的心理境界。直面我们对独立和成长的恐惧，也许会让我们感到自由和充满力量。直面依赖他人的负面影响，也许会帮助我们从财务破坏的模式中走出来，依赖性可以带给我们一种"安全感"。

我们可能需要付出相当高的经济代价来避免面对和处理那些令人痛苦的情绪。这样做真的值得吗？

第六章

慷慨：从匮乏到掌控——
探索我们给予的背后动机

1999 年，我和两个最好的朋友在结束了一天的大学课程后坐在费城的"咖啡馆情缘"酒吧里闲聊。我们聊了好几个小时，笑声不断，还分享了一瓶酒和一些小吃。我们是店里最后一批顾客，结账时服务员告诉我们："有个先前来过这里的人已经替你们结了账，并祝你们一切顺利。"我从不知道那位好心的陌生人是谁，鉴于他从未向我们透露自己的身份，显然他并不期望得到任何回报。然而，这让我很好奇，他为什么要替我们结账呢？他在我们身上看到了什么，以至于要这样做？这是他分享我们的快乐的方式吗？他是在表达渴望与一群朋友在一起的心情吗？他是在"传递爱心"，因为他自己也曾接受过随机的恩惠吗？我的脑海中浮现出各种各样的可能性。

虽然慷慨是涉及双方的双向奔赴，但给予的行为既可以用来表达对人际关系的感受（我感激你，我爱你），也可以用来表达对自己的感受（我缺乏自信，我自视甚高，我拥有的比我应得的更多）。人类是如此复杂且各不相同，因此，我们不能假设每次的慷慨行为都具有相同的意义。慷慨行为所传递的信息会因为接收者或我们的心态而有所不同。

在探究慷慨行为背后潜在的情感驱动因素之前，我想解释一下我说的"慷慨"是什么意思。美国心理学协会编纂的《心理学词典》（*Dictionary of Psychology*）将"慷慨"定义为"自愿向需要帮助的人提供支持或资源的行为"。我并不完全同意这一定义，因为慷慨并不总是指向需要帮助的人提供帮助。我还对"自愿"这个词有异议，我只能假设这个词是为了表明"给予"并非出于请求，但鉴于我见过一些人因无法控制的慷慨冲动而感到困惑的例子，"自愿"似乎是一个不够准确的词。下面引出一个更开放、更准确的定义，即"慷慨是指在对方没有提出请求的情况下主动提供支持或资源的行为"。《剑桥词典》（*Cambridge Dictionary*）补充说，"尤其是指超出通常或预期的程度"。这个补充旨在捕捉慷慨之举往往超出人们预期的事实，这可能是出于慷慨行为的频率或数量。

慷慨行为

我们可以通过很多方式表达慷慨。我们可以慷慨地付出时间、情感支持、财务资源，甚至可以捐献血液和器官。即使在与心理治疗师的关系中，人们也可能以显而易见或更为隐蔽的方式表达他们的慷慨。有些患者可能会送来圣诞贺卡或礼物，还有些患者则通过讲述有趣的轶事或赞美来表达同样的意图，从而给治疗师带来愉悦，希望被喜欢，或者为了弥补他们担心自己在某些方面"不够好"或"令人失望"而带来的不足。

我们可能会在某些时刻突然产生慷慨之举。比如，在有人请求帮助时，不假思索地把钱递给他，或者在没有任何特殊场合的情况下送给朋友一份礼物。我们也可能会定期地慷慨给予（比如，向慈善事业捐款，或者定期给家人转账）。我们可能会不情愿地给予，也可能会发自内心地慷慨相助；我们可能会适度地给予，也可能会过度地付出。有些人反复地过度付出，他们付出的比别人预期的更多（而且更频繁），更重要的是，他们给予的比他们愿意给予的多。

回到财务幸福感的定义，重要的是感觉自己可以控制自己的选择。如果你付出的比你愿意付出的多，或者你给予的比对方乐意接受的多，那么，你应该问自己一些问题，以便更好地理解和剖析你的捐赠行为。比如，你想通过你的慷慨实现什么？我们可以将这种行为追溯到什么样的无意识感觉？是否有更好的处理方式？金钱或礼物代表着什么？

在接下来的几页中，我将解释和讨论慷慨捐赠行为背后的情感驱动因素，请记住这些问题，并对可能影响你慷慨捐赠欲望的过往经历保持好奇心。

"病理性慷慨"或"强迫性给予"是一种以不可控的给予欲望为特征的状态。给予成为一种强迫行为，并以各种形式出现。这种过度的给予甚至可能产生严重的财务后果和社会影响，而试图停止给予的行为会引发无法控制的内疚和焦虑。它与一些精神疾病有关，如强迫症、躁狂发作、脑损伤以及影响大脑功能的疾病。

然而，病理性慷慨是罕见的，这是一种更微妙的倾向，即我们给予的超出了我们愿意给予的，或者更常见的是，我们没有真正理解是什么驱使我们选择如此慷慨之举。例如："我总是在礼物上花太多钱，我不知道为什么会这样做。我知道这出乎意料，但这是我无能为力的事。"这话表明，你可能是受到一种内在心理需求的驱使，抑制了你选择在礼物上花多少钱的控制感。

在大多数情况下，当慷慨以一种真诚且适度的方式表达时，它会让给予者和接受者都感到舒适和快乐。然而，从一个患有强迫症的慷慨者那里接受东西，可能会让你有完全不同的感觉：不舒服、被困住甚至被侵犯。这通常不是强迫症给予者的本意，只是其行为的后果。

慷慨给予的方式多种多样，在不知不觉中，可能有不同的目的，而不仅仅是为了对方的快乐和幸福。慷慨给予的行为往往不会像纯粹为了寻求积极感受而赠送礼物那样带来相同的喜悦体验。有些人送礼是为了表达他们对交换条件的期望，或者让我们觉得自己欠他们一个人情，这可能会让我们感到约束或受到控制。有些"礼物"包裹着负面情绪。我们有意无意地通过"礼物"传达了我们的负面情绪，让收礼者感觉很受伤。例如，我们可能有一个心不在焉的朋友，他会忘记我们的生日，从不询问我们的新工作，总是急于向我们讲述他自己的生活，却几乎从不询问我们的情况。我们送给他一份不贴心的礼物，让他感到自己"被忽视了"，就像我们最近的感觉一样。我们可能试图通过礼物向他传达某种情感。当我们想到"慷慨"时，我们想到的是其更温和的形式，而在某种程度上，由于这些给予方式带有恶意，它们更适合被定义为"虚假的慷慨"。

但是，这些界限变得模糊了。引导我们去给予的情感元素可能是不明确的，甚至是无意识的。想象一下，一位母亲一直在努力克制自己对女儿暴露的着装发表评论，后来，她送给女儿一件相当保守的衬衫作为生日礼物。女儿打开礼物，顿时感到十分沮丧，并且问："这完全不是我的风格。你为什么要给我选这样的衬衫呢？"说完她就怒气冲冲地走开了。"我以为它穿在你身上会很漂亮。"这位母亲事后辩解道（她真这么认为的）。我们可能会疑惑她是否在试图将自己的意愿强加给她的女儿，尽管她（在某种程度上）知道这是为了实现自己对女儿的期望而购买的礼物。或者，她是否只是挑选了一件她希望女儿会喜欢的礼物？尽管母亲的意图不太可能是让女儿感到受伤和被误解，但我们把取悦他人的欲望与慷慨联系在一起，这可能会受到质疑。

　　我们在给予的方式、时间和对象上都是不同的，我认为这不是随机的，而是我们做出这些选择时背后有着某种意义。为什么我们不得不给孩子们送上一堆礼物，但在生活的其他方面却未必如此慷慨呢？为什么有那么一群朋友，总是让我们心甘情愿地慷慨解囊呢？为什么我们对前妻如此吝啬，却对新伴侣如此慷慨大方？

　　在精神分析学上，慷慨行为并没有成为很多研究的焦点，但像社会生物学这样的领域已经对利他主义（包括更广泛的自我牺牲行为）和慷慨行为进行了大量研究。许多不同的研究证实，人类天生就有利他主义倾向，而且慷慨会让我们更快乐。

　　这是一种超越文化的现象。对全球 136 个国家的 20 多万人进行的一项调查发现，大多数地方的人们在为别人花钱后会感到更快乐。话虽如此，我必须指出，当我写关于慷慨的章节时，我的素材取自于我自己的经验和我的患者倾诉的故事。尽管我的患者是一个非常多样化的人群，但他们大多来自西方社会。在不同的社会文化中，给小费、送礼物和其他形式的经济援助在不同文化中并不相同。例如，人们对小费的期望和送礼的习俗各不相同。根据环境的不同，在某些文化中，礼物可能被高度重视，而在其他文化中则被视为不合适；在某些文化中，拒绝礼物被认为是理所当然的，而在其他文化中则是粗鲁的表现；在一些国家，在餐馆里给小费是应该的，而在其他一些国家，给小费只是一种欢迎的方式。我不会试图从跨文化的角度来解释这个问题，因为就我们讨论的目的而言，这不是最重要的。无论你来自哪种文化，以及慷慨的界限和规范是什么，我都想请你问问自己："你为什么要超越'常规'的给予惯例？或者，为什么你最终付出的比你愿意付出的多？你通过赠予想要向他人传达什么信息？"

毫无疑问，慷慨被视为一种美德，宗教教义也赞扬善举和慷慨的行为。在基督教中，《圣经》教导说"施比受更有福"（《使徒行传》第 20 章第 35 节）。在佛教中，"布施"的意思是慷慨或给予，是与道德和冥想并列的三大核心实践之一。"天课"是伊斯兰教徒每年一次的税收缴纳。对于那些财富超过一定数量的人来说，"天课"是伊斯兰教五功之一，被视为净化个人财富的一种方式，也是帮助需要帮助之人的一种途径。

我们在不同的传统中都嵌入了慷慨的观念。生日、圣诞节、情人节和婚礼都是送礼的节日。还有一些社会规范要求我们向不认识的人捐赠，给小费就是一个很好的例子。哲学家、社会心理学家、进化心理学家和神经科学家都对人类为何看重慷慨并从中获益提出了不同的观点。人们一直在争论是否存在"纯粹的慷慨"，或者我们是否总是从中得到一些东西（因此它始终与自我利益有关，比如声誉提升或自我保护）。人们对利他主义的解释多种多样，比如，利他主义具有进化优势（要么因为它基于回报，要么因为它促进亲属的福利）。又如，利他主义是试图平衡我们的自私和贪婪的一种社会期望。

从神经学角度来说，研究人员发现，当我们捐款时，大脑中的奖励中心会被激活。所谓的"助人的快感"是一种与慷慨行为相关的良好感觉，现在已被证明是有生理学依据的，经济学家称之为"温暖的光芒"，指的是给予行为带来的情感上的好处。几项研究表明，利他行为"对行为者当前和未来身心健康产生了深远的积极影响"，包括寿命更长。即使把给予行为与利己行为进行比较，给予也更占优势：一些研究表明，"把钱花在别人身上比花在自己身上更能提升自己的幸福感"。

慷慨的愿望从人类很小的时候就存在，这表明这是一种天生的行为，而不是后天习得的技能。事实上，孩子们在赠送礼物时比收到礼物时表现出更积极的情绪。举个例子，当一个学步儿童满怀期待地等待你打开他为你画的画，而画中有他最引以为傲的涂鸦时，他的脸上就会绽放出兴奋的笑容。

我们不仅在给予时感觉良好，反过来也是如此。当我们感到快乐时，我们会更加慷慨。这就是心理学家所说的"我行善，我快乐"现象。慷慨可能源于一种内心的"善良"和"富足"的感觉。

但是，正如我之前所说的，这本书没有细谈大多数人给予或不给予、花钱或不花钱的原因。我想请你思考一下自己的内在情感驱动因素。在某种场合，你可能会通过一件礼物、为约会买单或留下一大笔小费来表达什么样的感受、恐惧或欲望？如果你的慷慨涉及的范围更广，那么，你内心世界是怎样的呢？既然你这么慷慨大方，你的内心世界是如何构建的呢？

没有母亲（或主要照顾者）的慷慨，我们都无法熬过生命的最初几个月。正如精神分析学家萨尔曼·艾克塔所写的那样："是母亲的照顾让婴儿走上了成为人类的道路"，并且"对他人的慷慨和从他人那里得到的慷慨，是心理成长和精神稳定的终身伴侣"。慷慨是一个人成长中的里程碑。我们从一个需要父母照顾和养育的婴儿，变成了一个心理上独立的个体，能够在两个人的互动中提供一些东西，比如，给父母一个微笑，希望得到良好的回应，也希望父母因此开心。

精神分析师梅兰妮·克莱因描述了我们是如何内化一种内心的富足感，这种富足感来自于积极养育方式，也来自于我们的需求得到满足的经历。我们实际上"吸收"了母亲慷慨无私的经验，这种内心世界的富足感让我们觉得自己有很多东西可以给予。梅兰妮继续解释说："对于那些内心的富足感和力量感尚未充分建立起来的人来说，慷慨的行为往往伴随着对欣赏和感激的夸大需求，进而会导致被害妄想症，担心自己被弄得一贫如洗或被洗劫一空。"换句话说，要能够以慷慨而有意义的方式给予，我们既需要感受到内心的富足，也需要相信自己的付出会得到良好的回应（无须对方安慰）。因此，当我们试图分析和理解慷慨行为时，特别是如果慷慨是我们性格中普遍存在的一个方面时，我们需要超越社会规范、神经机制或学习行为等层面，深入到我们试图通过慷慨行为所表达的情感和心理需求、恐惧和渴望中。理解我们的慷慨行为的意义是值得的，因为，如果慷慨行为被解密，它就可以揭示我们可能没有意识到的感受和情绪，或者是不愿承认或不敢大声说出来的感觉和情绪。

给予就是表达快乐、爱、感激或请求原谅

通常来说，慷慨是为了唤起他人的积极回应，并象征性地表达我们内心的积极影响，通常是爱或感激。金钱和物品只是我们通过给予行为表达这些情感的众多方式之一。但愿礼物能与其他多种表达我们对他人爱的形式相辅相成。不幸的是，事实并非总是如此。在一些家庭中，礼物是爱的语言，因为爱没有其他表达方式。有些家庭不拥抱、不亲吻，也不说"我爱你"，但爱可能就在那里，只是爱在身体上的表达是极其含蓄的。因此，礼物可能是一种更安全的表达爱的方式，或者是一个人所知道的如何表达爱的唯一方式。

如果我们觉得自己未能以预期的方式给予情感上的支持，这可能是一种很难用语言表达的忏悔。我们可能甚至没有完全意识到这一点，但有一种模糊的感觉，觉得自己做得不够，于是试图用物质而不是情感的方式来弥补。我们可以用礼物来为过去的疏忽甚至错误道歉或赎罪。例如，我们有时会看到离婚的父母在送孩子礼物时变得更加慷慨，试图弥补他们觉得可能会给孩子造成的痛苦，或者努力填补父母不在身边的空白。另一个例子是，在争吵后给伴侣送花，作为另一种表达"对不起"的方式，因为言语似乎不足以表达歉意，甚至过错方可能无法说出口。

找个"快乐代理人"

通过金钱或礼物象征性地给予是一种向他人传达情感的有力方式。我们给予是为了诱导积极的情绪或修复消极的情感，但我们也可以找个"快乐代理人"来帮我们体验幸福。精神分析师贝丝·西里格（Beth Seelig）和莉萨·罗索夫（Lisa Rosof）写道："我们都有一些愿望，但由于天赋、机会或生活选择等原因无法实现。如果我们可以找个'代理人'来满足这些愿望，如此，我们的生活就会充实。"看着你的孩子或其他人因为你的礼物感到幸福是一种让自己感到快乐的方式。这可能是基于当前的一种渴望（你现在就想通过他们去体验快乐），也可能是来自过去的一种残留的情感渴望。也许你一直渴望父母给你一个畅游迪士尼乐园的惊喜之旅，但现在，至少你可以带着你的孩子去畅游迪士尼乐园，他们就是你的快乐代理人，看着他们兴奋的样子，你也会倍感幸福。

安娜·弗洛伊德（Anna Freud）是一位精神分析师，是西格蒙德·弗洛伊德的女儿。她曾写过关于"慷慨"的文章，这种慷慨看似利他主义，但实际上是一种心理防御机制，她称之为"移情利他"。我们不是承认自己的欲望（因为我们觉得自己不配表达或实现这些欲望），而是变得慷慨，帮助他人实现他们的愿望。你不是通过他人获得快乐，而是允许他人（不是你自己）快乐，因为你放弃了自己想要的东西的想法。她举了一个例子，一个病人对结婚"良心不安"，于是她"尽其所能地鼓励妹妹订婚"；或者，一个员工不敢为自己要求加薪，却为同事争取加薪。这种无意识的想法可能是这样的："我被迫放弃拥有它的想法，但我会帮助别人得到它。"我们促进别人的幸福，并不是因为我们对他们的快乐有特别的投入，而是因为我们放弃了为自己想要的东西而奋斗。也许是因为我们觉得自己没有达到目标所需的条件，或者我们觉得自己生活在一个得不到自己想要的东西的世界里。

慷慨可以驱走我们的痛苦或恐惧

美国女明星兼喜剧演员艾米·舒默（Amy Schumer）曾被问及是什么促使她给服务员和调酒师如此慷慨的小费（据说她给的小费是账单金额的1000%）。她回答说，在她事业取得突破之前，她做了很多年的餐馆服务员。当我们能与某些人或他们的困境产生共鸣时，通常会更有动力去帮助他们。我们可能会真的"体会到他们的痛苦"，或许是因为我们自己也曾有过这样的经历，也可能是因为这代表了我们自己最害怕的一件事情。舒默在她慷慨对待的调酒师和服务员身上看到了"她年轻时的自己"。一位母亲可能会被一位苦苦挣扎的母亲的呼吁所感动，而一个经历过无家可归的人可能更愿意向一位无家可归的人捐款。

我们的慷慨可能源于亲身经历和同理心："因为我也曾经历过，所以我知道那种感觉。"我们的慷慨也可能是在表达一种恐惧："我希望这种事永远不要发生在我身上。"我们的慷慨还可能是对回报的期望："如果这种事真的发生在我身上，我希望有人能像我一样给予帮助。"当慷慨源于我们自己的经历时，它往往会充满感情色彩。如果我们在成长过程中没有庆祝过自己的生日，我们可能会给自己的孩子举办盛大的派对，并赠送昂贵的礼物。我们想给他们提供一种与我们童年不同的体验，因为我们能真切地感受到自己的生日被人遗忘的沮丧。或者，我们可能会被每一个来自脆弱无助之人的请求打动，因为它与我们感到无助和脆弱的那部分内心产生了共鸣。

给予符合我们的价值观，或抵御我们的依赖性

对某些人来说，给予是一种原则问题。有些人可能会给予，因为他们觉得钱就是用来分享的。他们为自己的哲学理念感到骄傲，尤其是因为他们觉得这与他们周围充满贪婪和竞争的世界格格不入。他们喜欢给予他人，分享自己所拥有的东西。他们通常会形容自己为非物质主义者，表示自己从给予他人中得到的快乐远胜于自己给自己买不必要的东西。对他们来说，给予表达了他们对利他主义的真正信仰，并渴望生活在一个利己主义不再是每

个人心中第一要务的世界里。

在我的经验中，人们往往会有一些根深蒂固的、深刻的情感经历，这些经历塑造了他们对人性（或自己）过分贪婪的看法，因此，成为"慷慨的人"就变得尤为重要。我并不是说，拥有这些信念有什么错，但与其宣称"这是我认为正确的（道德的、符合伦理的）事"，"是什么塑造了这种道德准则"更值得思考。

难道是我们在试图摆脱自己需要帮助的那部分信念？对某些人来说，这些信念会以一种非常僵化的形式出现。他们的生活方式是正确的生活方式，是比其他人选择的更好的生活方式，而不是仅仅不同的生活方式。当它以这种更加顽固的形式出现时，它就会成为精神分析师安德烈·格林（Andre Green）所说的"道德自恋"，一种渴望成为"追求纯洁，超越普通人类需求"的愿望。从本质上讲，坚持这种更高的道德准则会让我们对自己的优越感感到自豪，但同时也掩盖了我们对自己需要帮助的羞愧感。弗洛伊德本人最初曾建议，慷慨也可能是一种名为"反向作用"的防御机制，用来否认自己的贪婪。从本质上讲，你太渴望否认自己的贪婪了，于是你采取了完全相反的态度："看我多么慷慨！"

以托德为例，他的父母似乎只对追求事业感兴趣。他们工作到很晚，经常出差，把托德交给一群轮流照看他的保姆。当父母在场时，保姆们经常招待客人，要么忽视托德，要么表扬他是个成绩优异的好孩子。当托德确实需要关注或恳求父母周末待在家里，或者只是在父母工作时坐在他们身边时，他们就会把托德交给保姆，让他为自己捣乱或太黏人而感到内疚。托德没有感受到被忽视的痛苦和父母留给他的无尽等待，而是学会了降低自己需求的优先级（甚至否认自己的需求），把注意力放在别人的需求上。他会给他的母亲带来源源不断的绘画和创作，这是少有的情况，她会停下手头的工作来赞美他的作品。长大后的他表现出了独立和异常慷慨的一面，这种防御机制让他可以否认自己黏人和看似不可接受的一面。他可以骄傲地告诉自己和整个世界："我不贪婪，恰恰相反，我乐于付出，并且慷慨大方。"

但我们也可以用慷慨来抵消自己的贪婪，而不是否认自己的贪婪。正如我们之前看到的，有些人在某种程度上对财务成功存在负面联想（有钱 = 贪婪 = 邪恶），于是他们会通过自我破坏来应对这些负面情绪。嗯，还有一种处理内心冲突的方法，就是"一手拿，一手给"，就像俗话说的那样。这里的内心冲突指的是，有时候渴望金钱，有时候感觉这种欲望让人消极。我们的给予是一种平衡行为，它有助于我们消除对财富的负罪感。艾米·舒默在接受霍华德·斯特恩（Howard Stern）采访时谈到了自己的慷慨行为，斯特恩问她是否有"富人的负罪感"，她回答说："我对有钱这件事感觉挺好的……我照顾我的家人和朋友。如果我不把钱给别人，我可能会感到内疚。"当我读到这段话时，我仿佛听到她说，把钱给家人和朋友是她避免产生"富人的负罪感"的一种方式。

弥补我们的不足

在前面的章节中，我曾谈到那些自我价值感低、权力意识弱、觉得自己不配的人。任何形式的礼物或金钱馈赠都可能是我们自身"匮乏"的象征，这源自于我们内心的羞愧感。这与"内疚"不同，它不是为了弥补过去的错误，因为它指向的是一种内在的"欠缺感"。我们可能会无意识地觉得，如果我们只带"我本人"去参加书友会，我们会让人失望，因为我们不像其他人那么聪明，我们的见解可能在某些方面有所欠缺，于是，我们带着水果和糕点去参加书友会。给予行为成为我们对这些感觉的一种补偿性反应。

礼物可以缓解我们的不适感，因为它让我们相信"我本人 + 我的礼物 = 足够好"。虽然我们通常会意识到，对方（朋友、家人或同事）不太可能真的认为我们不够好，但只带"我本人"去参加书友会，还是感觉风险太大。这让人感觉这有伤风化，因为我们对自己感到不舒服，对自己为一次相聚所能提供的东西也感到不自在。这种慷慨源于我们自我贬低的那部分内心，即那个不够重视自己、怀着自我价值感低的想法的批判性自我。

我曾治疗过一位女士，她不断从自己的积蓄中注入资金，从而挽救她与其他四个朋友一起创办的一家濒临倒闭的餐饮企业。她是五个兄弟姐妹中最小的一个，在家里一直被当作"小不点儿"对待，从来没有被重视过。在她的成长过程中，她也觉得自己在哥哥姐姐的成就面前相形见绌。在心理治疗过程中，她开始意识到，她在经济上慷慨地拯救餐饮企业，既是因为她希望被认真对待，也是因为她对自己没有"像别人一样"为企业做出贡献感到不安。在她看来，这些商业伙伴被看作是更有技能的哥哥姐姐，因此，金钱代表着她觉得自己所缺乏的东西。

精神分析师希尔德·莱温斯基（Hilde Lewinsky）曾谈到一位出生在父母期望生男孩的家庭中的女性。她"每次去拜访朋友时都会给他们带些礼物。她觉得如果不这样做，就不会受欢迎，就像她自己在父母那里不受欢迎一样"。莱温斯基称这是"讨好型送礼"。这种给予行为旨在弥补她的不足，但正如莱温斯基所说，这也是一种向自己证明自己实际上很优秀（慷慨＝优秀）的方式，尽管她不是父母想要的男孩子。

在本书中，我会一直引导大家去思考"我为什么要这样做"。对于慷慨这种积极有益的行为，我的目标不是让你不再慷慨，而是帮助你更好地理解自己的选择，从而更深入地了解自己的情感，以便在决定是否购买礼物、花多少钱买礼物以及为什么一定要买礼物等问题时做出更明智的抉择。是因为你认为这是应该的吗？你是在通过慷慨之举来表达见到他们时的喜悦和兴奋，还是出于补偿或害怕被拒绝的心理（我不够好，因此我带来了一些可能会缓冲任何潜在失望的东西）？我们要在心中探究这个问题，这样才会让我们有选择的余地。我们可能会决定无论如何都要送花以缓解自己"不够好"的焦虑。或者，我们可能会尝试在内心深处解决自己的欠缺感，还有可能会发现，实际上，参加聚会时只带"我本人"就足够了。

受虐狂的一种形式

正如我们在前几章中所探讨的那样，当我们觉得自己不配得到某些东西时，我们可能会克制自己不去购买这些东西，或者更进一步，通过自我克制来惩罚自己。慷慨也可能变成一种自我克制的形式。这种给予是受虐狂式的，这意味着给予本身并没有多少乐趣，而"乐趣"在于我们的自我克制和自我牺牲。慷慨的受虐狂会不断地给予，直到他们能感受到自己被剥夺的痛苦，而这种影响有其心理上的目的。痛苦的感觉符合我们的习惯，也与我们认为自己值得的心态完美契合，我们甚至可能会抱着一种幻觉，认为受苦的经历会带来某些美好的结果。要判断一种慷慨行为是否源于受虐狂式的心态并不容易，但请思考一下金妮的两个闺蜜的区别：

> **安　娜**："我真希望我的朋友金妮能穿上我妈妈送我的婚纱。我暂时用不着，看着金妮穿上婚纱，至少意味着我没有浪费妈妈的一片心意！而且，金妮是我最好的闺蜜，如果她愿意穿上我的婚纱，我会在她当新娘的大日子里更亲近她。"
>
> **埃丝特**："我永远不会结婚，没有人愿意和我在一起，所以我干脆把妈妈送我的婚纱送给金妮吧。我的意思是，我留着这件婚纱也没什么用。"

　　安娜的话中可能透出一种痛苦的感觉，那就是结婚对她来说还遥不可及，但她听起来并不完全绝望，她肯定不会用这种慷慨的行为来折磨自己，让自己感到厌恶。安娜很高兴能把这份礼物送给好闺蜜，但埃丝特更关注的是她自己没有的东西。这种慷慨的行为属于"伪利他主义"，因为它的焦点不在于给予或让金妮拥有快乐，而是一种自虐的行为，就像是在说："我剥夺自己拥有这件婚纱的权利，以此提醒自己的现状是多么绝望。"

　　物质上的慷慨可能只是人们自我牺牲的一种方式。他们可能会在生活中扮演照顾者的角色，比如照顾其他人、自愿承担英雄般的任务，而众所周知的是，这样的人不善于照顾自己，也不允许自己拥有"好东西"。最终，他们认为慷慨是他们为感受被爱所付出的代价，只有当他们付出的比得到的多，他们才能感觉自己有机会去感受爱，并被视为"足够好"。

为了平息我们被遗弃的恐惧

我们已经讨论了慷慨的一些情感驱动因素，它们在很大程度上根植于我们的自我认知。接下来，我将继续探索慷慨的一些更相关的方面。尽管之前的例子都是关于我们对自己感觉如何的表达，但还有一种慷慨形式受到了我们与他人建立关系方式的影响。

给予行为可以加强人际关系，这是一种连接他人、与他人建立纽带的象征性方式。在一段安全的关系中体验交换是一件美妙的事情，在那里，我们相信爱比恨多，我们知道自己会从对方的付出和接受中感到快乐。

但是，这并不是多数人体验情感的方式。有些人在情感上缺乏安全感，害怕别人会让他们失望甚至离开他们。那些矛盾型依恋的人没有经历过重要的人的可靠陪伴。有了这些情感印记，他们就会全神贯注地吸引对方靠近自己，因为他们害怕被遗弃或被抛弃。慷慨行为可能会成为一种心理上"有用"的方式，让人们体验到送礼物带来的令人安心的情感联系，同时也可以从对方那里得到令人安心的积极回应。人们或许暗自希望得到回报，希望对方会因为自己所给予的一切而心怀感激，永远不会离开自己。精神分析师南希·麦克威廉姆斯（Nancy McWilliams）解释说，这是一种"关系型受虐狂"的表现形式，指的是为了维持与他人的情感联系而进行的自我牺牲行为。

训练有素的心理治疗师可以帮助患者理解他们行为的意义，因此会考虑和解读他们与治疗费相关的金钱行为。提前付款的想法是有意义的，一位患者半开玩笑地说："我就知道你会为钱出场。"因此，我在得知他7岁时就被送去寄宿学校，也就不感到惊讶了。

精神分析师雪莉·奥格尔（Shelley Orgel）和莱纳德·尚戈尔德（Leonard Shengold）描述了A的故事。A的母亲"总是通过持续不断的、有时是不请自来的母爱和礼物，将女儿与自己绑在一起"。据描述，这位母亲渴望与女儿建立一种共生的关系，并通过赠予奢华且体贴的礼物、提供食物和衣物等方式来维系这种关系，即使女儿搬出家后也是如此。在心理治疗中，A成功地减少了对母亲的依赖，并第一次为自己买了一件外套。母亲看到这一幕，很难过，沉默不语。作为回应，她给女儿寄去了一件更贵的新外套。这件外套是出于慷慨之举吗？还是说，这是她因为害怕分离而试图让女儿留在自己身边的绝望之举？奥格尔和尚戈尔德写道："真正的礼物应该包含放弃与他人永久融合的愿望。"这是一个很好的例子，说明了一个自恋的母亲如何将自己的情感需求凌驾于女儿之上。这样的母亲会情不自禁地把女儿当作自己世界的中心，仿佛是自己的延伸。她不想放手，她不想让女儿离开，她害怕被抛弃的感觉，于是她用金钱和礼物来挽留女儿的心。

慷慨是一种控制武器

在上面的例子中，母亲是为了抵御被女儿抛弃的恐惧，焦急地紧紧抓住女儿不放手，这些物质上的奉献几乎就像母女之间的物质纽带。这也是我们如何以控制的方式使用礼物的一个例子。母亲另买一件外套送给女儿，也可以被视为一种胁迫行为："我给你什么，你就穿什么。"

控制可能是父母如何彼此相处或如何与我们相处的一个重要特征。在一段关系中控制对方的方式有很多，经济上的给予可能是其中之一。如果我们一致认为慷慨就是给予一些东西，我们希望能唤起对方的快乐，那么，带着控制他人的目的去安排自己的日程，这就是一种"伪慷慨"。是的，"伪慷慨"包括给予，有时给予相当慷慨，但会伴随着能够对他人施加权力的期望。换句话说，接受者要么给我们想要的回报，要么照我们说的去做。以这种方式慷慨的人把钱当作控制他人的武器。

正如我们之前讨论过的那样，"希望互惠"可能是慷慨捐赠的特征之一。但捐给赈灾慈善机构或无家可归者是一回事，因为我们下意识地希望，如果我们发现自己处于同样的境地，有人会为我们做同样的事情。"指望互惠"是完全不同的。如果我们指望自己的慷慨可以影响对方的行为，这就是控制，与贿赂没有什么不同。

我们可能想邀请我们的成年子女共度一个奢华的假期。如果我们与他们的关系不和谐，我们可能会通过为他们买单来引诱他们。但这是控制型慷慨吗？我想，区别还是在于"希望"和"指望"的不同。我们可能"希望"他们会受到诱惑而来，尽管关系不太好，但住在一家不错的酒店里会弥补一些在相处中遇到的困境。这不同于"我为你买单，所以我指望你和我们一起度过假期的每一天"的态度。

控制型慷慨比我们想象的要普遍得多。想想那些愿意支付子女婚礼费用，却要求参与婚礼决策过程的父母。或者，那些愿意支付子女大学学费，但前提是孩子上医学院的父母。还有那些岳母和婆母们，她们送的礼物太奢侈，似乎给了她全权命令孙子应该或不应该做什么的权力。这些是慷慨赠礼还是胁迫行为呢？

控制型慷慨并不总是指不择手段。有时候，控制欲可能是完全无意识的行为。我们可能会告诉自己，我们在用女儿的备用钥匙为自己开门以给她的植物浇水，或者路过她家时给她送点千层面，但在某种程度上，我们可能也在努力让她在没有监督的情况下拥有自己的空间。还有些时候，我们更有意识地试图把自己的文化认同强加给另一个人。妻子总是给她穿 T 恤的丈夫买有领子的衬衫，母亲总是为来访的儿子做砂锅猪肉，而她的儿子几年前就宣布自己是素食主义者了。

控制欲可能是内化且可以重复的情感动态，也可能是偶然且不重要的情绪。以继承为例。比如，尽管我们可能希望我们的孩子成为我们财产的继承人，但是，放弃我们辛勤劳动的成果、放弃我们对财富的掌控可能很难。他们会重视"我们的钱"并小心地花，还是盲目地挥霍？我们不必一直都是控制型家长才会有这种感觉。在英国进行的一项调查发现，近 2/3 的父母和祖父母"希望以某种形式控制子女和孙辈使用金融礼品和遗产的方式"。我们希望对遗产如何使用加以限制，可能源于孩子们对自己的钱财不负责任的现实，或者源于希望在我们去世后继续"养育"子女。

渴望永生或害怕死亡

如果说死亡的恐惧困扰着我们，那么，让我们的遗产永垂不朽的捐赠可能会解决（尽管是部分地解决）我们对生命意义的疑问。正如第三章所讨论的，对"不朽"的追求可能是驱动我们金钱行为的强大力量。积累财富，让后代继承，可能是一种试图在死后建立"生命延续"的方式，比如，把钱花在慷慨的慈善捐赠上。这些都解决了我们通过自己的行为"继续活着"的幻想。就好像我们的一部分将通过维姬·雷诺图书馆（或维姬·雷诺长椅，或维姬·雷诺牌匾）"继续活着"，或者我们因给予和慷慨大方而被世人铭记。

表达愤怒或划定界限

我开始探究我们为何会慷慨，并介绍了一些我们可能通过礼物和给予（爱、感激、幸福）表达的积极情感。但是，正如我们在本章中看到的，给予也可以用来表达负面情绪。赠送礼物可以是恶意的选择，也可以是一种消极对抗的行为。这种赠礼行为可能有意未能满足期望，使之成为一种"伪慷慨"。

我的一个朋友（她是三个孩子的母亲）告诉我，母亲节那天，她丈夫给她买了一本名为《贤妻指南》(*The Good Wife Guide*)的书。他传达的信息很明确。在他看来，她为了当母亲而忽视了妻子的角色。礼物可以传递强大的信息，但并不总是积极的信息。

如果我们进一步探究，有时候，我们并没有传达我们的消极情绪，而是无意识地试图摆脱消极情绪，旨在给对方一种体验。如果我们觉得自己被另一半忽视了，我们可能会在他生日时送他一份没有人情味的礼物，也让他品尝一下自己被忽视的感觉。

金钱也可以作为一种障碍，让人们保持一定的距离，并向对方传达我们无意加深关系的信息。我的患者丽莎是这样描述她的一名追求者的："当他好心地为我设计网站时，他告诉我不必付钱给他，我坚持要付钱给他。我只是不想给他留下错误的印象。"我问她那是什么意思，她说："嗯，老实说，我不想让他认为我想和他约会，甚至不想让他觉得我欠他一份友谊……我只是希望这是一种业务关系。"丽莎坚持要付钱（慷慨得超出了预期），这是一种划定界限的方式。

当你对自己（有时或总是）过度给予的可能原因进行自我探索时，问问自己，你是否对某些人（孩子、特定的朋友、兄弟姐妹、团体）特别慷慨呢？你的送礼行为在多大程度上是你真正喜欢做的事情，而在多大程度上它变成了一种你渴望摆脱的难以抗拒的冲动？你能用语言表达你的捐赠行为所传达的意思吗？这些问题可以帮助我们调查我们给予态度的真正本质是什么，并可能理解它来自你内心的哪个地方。

在接触了那些貌似慷慨大方、实则残酷无情的人之后，我发现，他们渴望取悦他人和给予他人的原因从来并非只有一个。然而，更多地意识到是什么幻想、恐惧和欲望驱动着我们付出，无疑会帮助我们感觉少一些禁锢。改变我们多年来根深蒂固的思维方式需要时间（通常还需要心理治疗）。

如果你的慷慨是根植于自我批评的一部分，你需要克制和丢弃你的需求，你可能不得不承认和改变你对自己的看法，试着进行更积极的内心对话，对自己更加感同身受。随着时间的推移，你可能会冒一点小风险，带着小一点的礼物去参加晚宴，或者抵制住再次为所有人买单的诱惑。你可能会给自己一个机会去发现"你本人"到场就足够了，或者你的给予并不能阻止人们对你产生负面情绪。

第七章
偷窃：寻找慰藉、赎罪或反抗

2012 年，60 岁的英国名厨安东尼·沃拉尔·汤普森（Antony Worrall Thompson）在一家超市被抓到五次偷窃包括洋葱、黄油和打折凉拌卷心菜在内的食品杂货。作为一名成功的厨师，他并不缺少洋葱，却从超市偷东西。在一次采访中，他透露，他和别人一样对入店行窃的原因感到困惑，但他相信，一系列童年创伤可能是他偷窃行为背后的原因。

我已经探索了我们可以对金钱采取的各种不同的行动：花掉金钱，囤积金钱，赠送金钱，挥霍金钱，现在我转向了"拿走"金钱的想法，即使金钱不是我们想拿就可以拿走的。为什么有些人觉得有必要拿走不属于他们的金钱或物品？为什么一个能买得起食物的厨师要从超市偷食品呢？

对某些人来说，偷窃是一种表达权力意识的方式，比如，"我值得拥有更多"。对另一些人来说，这是一种反抗权威的方式，比如"我不会服从别人对我的期望"。然而，还有一些人认为，偷窃可能是一种发泄负罪感和寻求惩罚的方式，比如，那些偷东西的人是希望被人抓住的。这些只是偷窃背后的许多动机中的一部分，通常是无意识的，还有一些值得一一拆解，即使有时偷窃者的头脑中可能有多种原因并存。

偷窃的定义和偷窃行为

就我们的目的而言，我们可以简单地将"偷窃"定义为"拿走不属于自己的东西"。这可能表现为一次性事件或一种反复行窃的强迫症倾向。某人可能只在特定的场合（比如从雇主、伴侣或父母那里）偷窃，也可能发现自己只要有机会就会偷窃，而不管是从谁那里拿走或偷窃什么东西。

与其他金钱行为一样，这种行为也有极端的表现形式。这种极端情况的偷窃被称为"偷窃癖"（kleptomania），源自希腊单词"kleptes"和"mania"的组合，前者意为"小偷、骗子"，后者意为"疯狂、狂热"。在《精神障碍诊断与统计手册》第五版中，"偷窃癖"被归类为"冲动控制障碍"，描述了无法抵抗偷窃冲动的情况。和其他冲动障碍一样，有一种典型的由焦虑引发的冲动行为，人们在行为发生期间和之后的短时间内会感到"兴奋"，但随后就会产生内疚和后悔的感觉。因此，偷窃癖作为一种无法控制冲动（如强迫性赌博和强迫性消费）的行为，可能更多地与无法抵抗冲动有关，而不是一种无意识地表达感觉或欲望的方式，或是出于筹钱满足成瘾需求等实际原因。一些人之所以会偷窃，是因为他们无法抵制这种行为的冲动。这样的偷窃癖并不常见，根据美国精神病学协会的统计数据，在美国，有0.3%~0.6%的人患有偷窃癖。根据《精神障碍诊断与统计手册》第五版，在被确认的商店扒手中，患有偷窃癖的占4%~24%。

值得一提的是，在某些情况下，反复盗窃行为可能是"反社会人格障碍"的一种症状。患有这种障碍的人似乎不在乎什么是对、什么是错，也不会为自己的行为感到内疚或后悔。与患有偷窃癖或出于无意识情感而盗窃的许多人不同，他们并不关心如何阻止自己的盗窃行为。说谎、偷窃和行为冲动是反社会人格障碍患者的典型特征。在大多数情况下，反社会行为在该类患者年轻时就已显露。

根据我的经验，无论是成年前还是成年后偷过东西的人，都会怀着极大的羞愧来保守这个秘密。无论你是只偷过一次还是几次，你都可能会经历这样的不适感。你可能会感到内疚和羞愧，同时对自己的行为感到困惑，比如："像我这样一个'好人'怎么会做这种事呢？"你可能会试图为自己的偷窃行为找理由（"我经济上有困难"），或者进行狡辩（"我的朋友让我这么做的"），但你从未真正理解过自己为什么会这样做。在本章中，我将帮助大家反思一些潜意识的驱动因素，这些因素有时可以解释我们为何会这样做。在与承认偷窃的患者交谈之后，我开始解读并探究他们盗窃行为背后的原因，这时，一条"加密"的情感信息浮现出来。这可能是他们表达自己的一种方式，比如，表达自己的委屈："我被冤枉了！"又如，表达自己的欲望："我想要这个世界充满正义！"或者，表达自己对他人的感受："我羡慕你比我拥有的更多。"不管你是把自己的手伸进别人的钱包里，还是偷税漏税，抑或是入店行窃，这些都是你本质上在做同一件事（将别人的东西据为己有）的不同方式。根据 2020 年英国舆观调查网（YouGov）的一项研究，每 20 个成年人中就有 1 个人有过偷窃行为。尽管就偷窃的发生率而言，似乎没有性别差异，但研究表明，男性更倾向于为了"乐趣和刺激"而偷窃，而女性则更常以"买不起这件东西"为主要借口。

由于这是一本关于金钱的书，我将尽量专注于偷钱的行为，但我给出的一些例子可能也涉及偷窃财物，因为我认为驱动这些偷窃行为的深层原因往往会相互适用（互相重叠）。通常，被偷的东西是什么并不重要，重要的是偷窃的行为，这就是意义所在。

"汝等不可偷盗"

在现代社会中，偷窃都会受到谴责和惩罚，法律专门禁止这种行为。它既被视为一种不诚实的行为，也被视为一种侵犯财产权的行为。从历史上看，如果盗窃行为是为了解决财富或权力的不平衡问题，或者作为一种生存手段，那么，从"敌人"或自己群体内部的其他人那里偷东西，可能是可以允许的，但通常不被看作是积极的或可取的行为。即使在今天，我们对偷窃的谴责也需要注意几点：在英国舆观调查网的一项研究中，虽然大多数人（73%）表示偷窃在任何情况下都是不可接受的，但仍有1/5的人表示，在饥饿或贫困的情况下偷窃可能是可以接受的。18~24岁的受访者对从商店偷窃的态度更为宽容。相比之下，在55岁及以上的人中，只有12%的人认为这是可以接受的。总体而言，人们认为从大公司偷东西（16%）比从小商店或独立商店偷东西（1%）更容易接受。

通常情况下，腐败程度越高的国家，偷窃和财产盗窃的发生率也越高，但我们不能断定这就是高层政府树立的"坏榜样"的结果，因为具体情况相当复杂。腐败程度较高的国家往往还存在经济不平等、贫困和执法不力等问题，这些因素都会影响偷窃行为的普遍程度。同样强大的影响因素还包括国家的经济发展水平、教育水平和就业机会等。

即使我们认为我们生活的这个日益物质化和以消费为中心的世界培养了一种"钱永远不够用"的文化，我们也不会随意把不属于自己的东西塞进自己的口袋。但有些人确实这样做了。这种行为可能是直截了当的（从朋友的家里捡起散落在地上的硬币），也可能是老谋深算的（诈骗钱财）。所以，我请大家思考一下，这种挪用或侵吞行为在你心中代表着什么？你到底在偷谁的东西？偷窃是为了达到什么心理目的？

偷窃的原因

我们先从显而易见的原因开始：许多人盗窃是因为经济困难或筹钱满足成瘾需求。虽然关于人们为何会在商店行窃的研究并未证明经济困难与商店行窃之间存在关联，但不可否认的是，在某些情况下，人们偷窃是因为他们没有其他选择来获得基本的商品。华盛顿大学的研究人员采访了商店扒手，发现经济困难是他们人生故事中的核心部分。从自认盗窃的受访者那里，我们听到了无数关于没钱给婴儿买奶粉的故事，以及面临着要么挨饿要么偷窃的选择的故事。他们都得出了同样的结论：他们别无选择。即使在英国这样的发达国家，仍有约 20% 的人生活在贫困中，我们不能忽视因现实需求而产生的焦虑，我们应该将其作为偷窃的一个原因。缺钱唤起了我们对生存的一种近乎原始的恐惧，我们会想尽一切办法来抵御这种恐惧。那么，那些有钱且无成瘾问题的人为什么还会选择偷窃呢？我将探讨偷窃如何成为我们用来应对难受感觉和消极情绪的一种防御手段。我们用偷窃来逃避自己的难受感觉和应对内疚、无助、愤怒等消极情绪。

偷窃的另一个常见原因是寻求刺激。美国作家维多利亚·伊丽莎白·施瓦布（Victoria Elizabeth Schwab）曾写道："有些人偷窃是为了活着，有些人偷窃是为了感觉自己还活着。"有些人偷窃是为了应对内心的"死亡感"。这种刺激可能来自于做一些违背规则的事情，也可能来自于侥幸逃脱一些惩罚。荷兰精神分析师曼弗雷德·F.R.凯茨·德·弗里斯（Manfred F. R. Kets de Vries）在讨论欺诈背后的动机时表示："一般来说，自我控制能力受损的高管以及寻求即时满足和惊险刺激的人更有可能采取冒险或鲁莽的行为，并参与白领犯罪活动。"这对于渴望向自己（以及他人）证明自己聪明又精明的人来说，可能是一种心理上的奖励。智取他人和欺骗他人可能会让他们感到胜利的喜悦。想象一下，你一生都被父母贬低，那么，"智取他们"在心理上有多重要。"你偷别人钱包里的东西，貌似可以证明被偷的人有错，甚至表明你战胜了那个人。你可能会为自己能够愚弄别人并侥幸逃脱惩罚而感到骄傲。"

如果你曾经难以理解自己的行为，那就从收集生活细节开始吧！比如：你从谁那里偷东西？你偷了什么？你最可能在什么时候偷东西？你在采取偷窃行动之前的感觉如何？

这些都是非常重要的线索，可以帮助你解读并理解自己的行为。那些经常从父母或兄弟姐妹那里偷东西，但不从别人那里偷东西的人，可能需要更深入地审视这些亲缘关系。当我们感到被排斥或无能为力时，偷窃行为也可能揭示出我们这样做的深层原因。

情绪调节

就像购物或花钱一样，我们可能会用某种行为来应对那些难以言表且难以处理的感觉。我们偷窃是因为我们内心充满了难以言喻甚至难以理解的情感，我们不知道如何处理这些情感，于是我们"采取行动"。这只能带来暂时的表面缓解。它让我们对某件事有一种短暂的掌控感，但实际上，问题在于我们不知道如何去应对困扰我们的负面情绪。

事实上，在患有偷窃癖的人的家族史上，我们发现情绪障碍和酒精成瘾的比例很高，这表明那些觉得自己是被迫偷窃的人可能是因为他们还没有开发出成功应对负面情绪的心理资源。

战胜创伤

在遇到一个让我们想起过去那种无助感受的情境时，找到一种让自己拥有能动性和控制力的方法，可以让我们得到极大的心理缓解。本书的其他章节也有介绍说，我们现在的行为可能是为了应对当前那些让我们想起或引发与过去经历相关的痛苦情感的防御机制。这一次，我们不再因为无法控制而感到束手无策，而是尝试做一些不同的事情。我们在寻找一种战胜过去创伤的方法。

在英国一档名为《家裂》（The Split）的电视节目中，其中一个角色妮娜·笛福（Nina Defoe）是一位成功的律师。妮娜是三个姐妹中的老二，她的两个姐妹和她的母亲都在一家律师事务所工作。妮娜的父亲在她很小的时候就离开了她们的母亲，从 8 岁起，妮娜就再也没见过父亲，直到现在，她已经三十多岁了。随着剧情的展开，我们了解到妮娜对父亲抛弃她的感受并没有得到妥善处理，这可能是她目前人际关系出现问题的原因。

扮演妮娜·笛福的女演员安娜贝尔·肖利（Annabel Scholey）在接受 BBC 采访时表示："这姐妹仨从小就被她们的母亲灌输了不需要男人的思想。对妮娜来说，放下戒备心去接近一个男人，而那个男人以后可能会抛弃她，是她一生中最大的恐惧。"这种早年遭遇抛弃的经历可能也是其他不正常的行为背后的原因。比如，尽管妮娜事业很成功，但她一直饱受酗酒和偷窃的困扰。在剧中，有人看到她从咖啡馆偷食物，还有人发现她的袋子里塞满了偷来的衣服（上面还挂着标签呢）。在一幕场景中，妮娜向男友解释了她在商店行窃时的感受。"我偷东西是因为我有这个本事。因为有那么一刻，我在等着有人来阻止我，但这样的人从未出现过。然后我就走出了商店的大门，这些东西就属于我了，没有人能从我这里把它们夺走。"这是一段简洁而坦诚的自白。她等待的人没有来，她只好"成功撤退"了，此时向她袭来的是一种沉重而悲伤的感觉。

这让我不禁怀疑，对这个角色来说，入店行窃是否代表着一种战胜失望的胜利。就好像她在说："我希望有人注意到我，但没有人注意到我，没有人发现我偷窃。再不济我也能带着一些'偷窃成果'离开商店。"从情感上来说，她似乎从"感到没有人注意到她"，转变为"她拥有了一件她可以紧紧抓住且谁也夺不走的东西"。妮娜可能把失去父亲的痛苦和无人陪伴（母亲可能因为自己的悲伤而无法对女儿们付出感情）的孤独感转化为一种行动（偷窃），让她觉得自己可以带着东西走出商店。她至少可以通过偷窃拥有一件她可以紧紧抓住（明显具有象征意义）的东西，从而战胜心理创伤。

有时，负面的情感经历并不一定会导致创伤，只会让我们充满恐惧。比如，害怕悲剧再次发生，害怕恐怖历史重演。我见过这样的情况发生在那些家庭遭受了重大经济损失的人身上，这些损失改变了他们的生活质量，他们从此生活在恐惧之中，担心眼前的一切可能会再次崩塌。他们过于专注于建立稳固的经济地位

（或许也因为自己"被人拿走"的东西感到有些愤恨），以至于
他们会不惜一切代价防止历史重演。

其中一个例子就是臭名昭著的"华尔街巨骗"伯尼·麦道夫
（Bernie Madoff），他策划了历史上最大的庞氏骗局，价值超过
640亿美元。当有人问他为什么要这样做时，他首先提到了他在
十几岁时目睹父亲破产的经历，以及这对他的家庭生活的影响。
后来，麦道夫娶了一个父亲很成功的女人，麦道夫非常想给她
留下好印象。他决心要成功（不能重蹈父亲的覆辙），并立志给
岳父这样的成功男人留下好印象。他渴望成为华尔街精英男"圈
子"中的一员。用他的话说："我眼睁睁地看着我父亲破产。我
很有干劲。但我总是置身于一个圈子之外，这个圈子就是纽约证
券交易所和白鞋律师事务所。他们一路上都在打压我。"他设法
合法地建立了成功的业务，但当他突然遭遇财务损失时，他面临
着一个选择：要么承认破产，要么东诓西骗。对于麦道夫来说，
家庭财务危机所带来的情感创伤以及他不愿被证实自己会落得父
亲一样下场的决心，让他毅然选择了东诓西骗而不是承认破产。
尽管他的合法生意蒸蒸日上，但他还是选择了继续行骗。当被问
及此事时，他说："虚荣心在作怪。请站在我的角度想一想。你
的整个职业生涯都在这个圈子之外，但突然之间，德意志银行和
瑞士信贷等所有大银行的董事长都来敲你的门，问你要不要去帮
他们搞投资，你不兴奋吗？"虽然麦道夫可能患有反社会人格障
碍，并且正如许多人所描述的那样，他是一个缺乏同理心或充满
恨意的"金融变态者"，但我认为，我们不能忽视这些情感经历
作为重要心理因素对他做出选择的影响。我当然不是在为他的行
为找借口，而是在思考他的选择动机：对他来说，与其面对失败
的恐惧，倒不如去偷窃。

寻求慰藉："世界欠我的"

被人忽视和情感剥夺的经历会让我们充满愤怒，觉得自己的某些东西被人抢走了。偷窃可以表达这种不满；表达我们所遭受的不公，并且（在幻想中）为我们提供了一种找回失去之物的方式。你偷窃是因为你觉得全世界都欠你的。

研究表明，当人们感到自己受到了冤屈，哪怕只是在很小的方面受了委屈，他们也会感到自己"有权放肆"，并以自私的方式行事。例如，在一项实验中，参与者玩了一款电脑游戏。游戏结束后，他们有机会领取一部分共享奖品。那些因为程序中的一个小故障（理由不合理）而输掉游戏的人，自私地要求自己分得的奖品比那些因为合理的理由而输掉游戏的人更多："受到冤屈"会滋生一种权力意识，进而导致自私的行为。想象一下，我们在一个脆弱的年龄，以一种影响深远的方式感到委屈，不是输掉了游戏，而是因为死亡或疾病而失去了父母。与父母的分离剥夺了我们的童年，这意味着我们不得不"挺身而出"，承担起照顾兄弟姐妹的责任。

精神分析学家唐纳德·温尼科特研究过少年犯。特别是在第二次世界大战期间，他帮助过那些为躲避空袭而与父母分离的孩子们。他毫不怀疑，这种过早的分离造成的情感剥夺阴影与他们的盗窃行为之间存在联系。事实上，对他来说：特别重要的是"失去"事实。他强调，这并不是"匮乏"（从未获得过心理上重要的东西），而是"剥夺"，这意味着这些孩子原本拥有一些非常宝贵的东西，但后来被人夺走了。用他的话来说："当存在反社会倾向时，就存在真正的剥夺，而不是简单的匮乏。也就是说，在某个特定的阶段，孩子拥有一些积极美好的事物，但后来失去了。这些事物被'撤回'了。这种'撤回'状态持续了很长一段时间，超过了孩子能够记住这段经历的时间。"在温尼科特看来，在早期阶段，环境能够帮助孩子在个人成长上取得良好的开端，但随后会出现某种"环境上的失误"，成为孩子成长过程中的绊脚石。

因此，偷窃变成了一种无意识的欲望表达，他们想要"索回"自己觉得被抢走的东西。在当前，偷窃可能会让他们产生一种错觉，认为自己有能力重新拥有在童年时期失去的东西，而不是感觉自己是无助的且无能为力的"剥夺事件"的受害者。他们甚至会觉得自己是在通过偷来的东西"填补"剥夺经历留下的"心灵缺口"。我认为，这为理解许多孩子在父母去世后开始偷窃的案例提供了背景。一些至关重要的东西已经失去了，他们内心的一部分试图通过象征性的方式把它们找回来。如果他们没有处理和解决与早期创伤相关的痛苦，他们就无法阻止自己的偷窃行为。如果偷窃行为深深地植根于一种悼念失去之物的过程之中，那么，只有通过接受并处理这种失去之物所带来的负面情绪，他们才能缓解通过偷窃来发泄这种情绪的冲动。

赎罪：渴望被抓住、受到惩罚，并摆脱罪恶感

弗洛伊德是第一个注意到罪犯在犯罪之前会萌生负罪感的人，可能正是这种负罪感驱使着他们，使他们无意识地寻求惩罚。他

写道："我们惊讶地发现，这种无意识的负罪感飙升的结果就是把人变成了罪犯。但这无疑是一个事实。在许多罪犯尤其是年轻罪犯身上，可以察觉一种非常强烈的负罪感，这种负罪感在犯罪之前就存在了，因此不是犯罪的结果，而是犯罪的动机。如果能把这种无意识的负罪感和某种真实而直接的东西联系起来，似乎也是一种解脱。"弗洛伊德提到了犯下罪行所带来的"精神解脱"，因为这种心理宽慰能使犯罪者从"压抑的负罪感"中解脱出来。

当我们面对损失时，自责和负罪感往往会泛滥。我们内疚于我们本可以做些什么来阻止损失，内疚于我们被抛弃时产生的愤怒想法和感觉，内疚于我们对他们采取的每一个消极的想法和行动。这些负罪感可能会充斥我们的脑海，如果我们不知道如何处理这些感受，可能会寻求一种方式来获得我们觉得自己应该为这些感受承担的惩罚。如果我们被逮住了，受到了惩罚，被关了起来，或者只是被训斥了一顿，我们会想象（或者真正感觉）自己的负罪感得到了缓解。

精神分析师黛博拉·辛德尔（Deborah Hindle）描述了两个来自不同家庭的青少年（一男一女）的案例，男孩叫克里斯，女孩叫凯茜，他俩都在 14 岁时失去了父母中的一位：男孩的父亲自杀身亡，女孩的母亲因病去世。这两个青少年都参与了犯罪活动，并因此被判入狱。黛博拉在对这两个孩子进行心理治疗时，发现这两人都有一种强烈的负罪感。凯茜为没有和妈妈告别而感到内疚，也为没有做更多的事情去拯救妈妈而感到内疚。她经常做噩梦，梦见妈妈"回来把她抓走了"，因为她做了那么多坏事。克里斯的负罪感更多是潜意识的，但他在心理治疗中透露，他感到有罪是因为他可能没有抓住救活爸爸的机会，他是爸爸自杀前最后一个跟爸爸说话的人。黛博拉把他们的反复犯罪的行为看作是寻求惩罚和消除负罪感的一种方式。

克里斯和他的父亲关系很紧张。黛博拉接着解释说，克里斯的父亲酗酒成性，对妻子施暴，还虐待克里斯。事实上，父亲是在一场争吵之后在家里结束了自己的生命。因此，克里斯对父亲的去世感到追悔莫及，还因为自己在遭受虐待后产生了攻击父亲的幻想而内疚不已。正如黛博拉所写："在两种情况下，入狱都提供了一些慰藉——它是对实际犯罪和幻想犯罪的惩罚"，这意味着，入狱既是对克里斯的盗窃行为的惩罚，也是对他幻想对父亲施加攻击行为的惩罚。

这个案例研究生动地描述了孩子与虐待型父母之间矛盾关系所产生的影响。除了愤怒和内疚（可能是克里斯多次犯罪的动机），克里斯可能也认同他的父亲。在某种程度上，他可能相信自己像他的父亲一样，因此不配得到好东西，而应该受到惩罚。克里斯的自尊心极低，他自轻自贱的表现是觉得自己没什么价值，不配享受任何东西。因此，犯罪既是一种像他的父亲一样进行破坏的方式，也是一种获得他和父亲都应得的惩罚的方式。因此，犯罪针对的是存在于他内心各个层面的负罪感，既与失去父亲直接相关，也源自于他认同一个应该受到惩罚的父亲。

凯茜的母亲也有一种自我破坏的因素，凯茜可能对此产生了认同感，并通过自己的不良行为表现出来。她的母亲因严重肥胖去世，因此，黛博拉·辛德尔解释说，这两个年轻孩子都目睹了父母的自我破坏行为，可能在某种程度上在重复这种行为。凯茜的偷窃行为不仅是为了解决她内心的负罪感，也是她在自己母亲身上看到的自我破坏行为的重演。

反抗：反对权威，恢复正义 / 平衡感

看着别人拥有我们想要的东西（正如我们之前所见，可能只是感觉"不公正"），可能会让人感到不舒服。在某些情况下，如果我们无法控制和管理这种内在情绪，我们可能会采取一些在某种程度上可以帮我们解决这个问题的行动。从我们嫉妒或羡慕的人那里偷东西是一种耗尽他们的方式，以此来缓解我们内心对他们比我们拥有更多的不适感。

我们可能嫉妒他们的物质财富（比如钱财），但也可能嫉妒他们的非物质财富（如更多的爱、更好的人际关系、更有魅力）。当然，偷窃只是一种象征性的行为，并不是说我们要从他们那里拿走什么钱或物。在我们的脑海中，唯一重要的是我们从他们那里拿走了某样东西，我们正在减少他们的象征性财富。

嫉妒是人类的一种情绪，分为渴望型嫉妒和吃醋型嫉妒。每个人都会在某个时候产生嫉妒情绪。对某些人来说，这种情绪更难控制。精神分析师将嫉妒情绪追溯到孩童时代的经历。我们嫉妒母亲，因为她有能力满足我们的需求，如果她成功且持续地满足了我们的需求，我们就能将嫉妒情绪与我们对爱的体验和感激之情结合起来。然而，如果我们在成长过程中体验的母爱是零星破碎的，那么，我们的嫉妒情绪就会与我们的贪婪情绪交织在一起。正如精神分析师汉娜·西格尔（Hanna Segal）解释的那样，这会导致一种想要剥夺他人"美德的欲望，同时有目的地耗尽对方，使其不再拥有任何令人羡慕的东西"。

如果渴望型嫉妒可以被概括为"我想要你拥有的东西"，那么，吃醋型嫉妒就可以被概括为"我想和你分享的东西"。渴望

型嫉妒需要两个参与者，而吃醋型嫉妒则需要三个参与者，也就是说，其中两个参与者是在争夺第三个参与者。我们从我们认为的"争夺者"那里偷东西，目的是渴望吸引我们心仪对象的注意力，这是应对无法控制的嫉妒心理的一种方式。例如，看到老师的"宠儿"包揽了所有的表扬和关注，有些学生的嫉妒心就会沸腾起来，他们可能会从其他学生那里偷东西，这是表达醋意的一种方式。

当兄弟姐妹（他们经常这样做）抱怨某事不公平时，他们实际上是在表达他们对其他兄弟姐妹（后者似乎享有某种特权）的嫉妒，并要求解决他们感知到的"不平衡"。因此，"扯平"和"持平"的愿望源于这样一种思想，也就是弗洛伊德所说的："如果一个人自己不能成为宠儿，那么无论如何也不要让别人成为宠儿。"我们可能会要求权威人士制定公平的规则，但如果不公正的现象得不到解决，我们就可能会亲自动手"重新分配"资源。我们可能会通过偷窃来寻求内心的平静，因为我们已经耗尽了那个我们认为不公平地拥有比我们更多资源的人。

我听说过一些兄弟姐妹之间的故事，其中偷窃财物是表达嫉妒的一种方式。原本出于善意的共同创业项目，可能会以兄弟姐妹之间表现出深层次的嫉妒情绪而告终。多年来，我们努力管理着自己对父母给予某个兄弟更多爱和关注的（通常是无意识的）感受，最终却忍不住去欺骗他，甚至偷他的东西。我也在伴侣关系中见过这种情况。比如，其中一方对另一方的"资源"（在某些情况下，这些资源与经济无关，比如心理力量、自信，甚至是"更正常的原生家庭"）极度嫉妒，以至于他们用金钱来表达这些情绪，比如卷走伴侣的钱或者留下一大笔债务让对方独自偿还。他们对伴侣慷慨大方的体验可能是基于现实的，也可能是因为过去有兄弟姐妹或父母比他们拥有"更多"的经历而使这种感觉被放大了。由于我们心中的情感伤疤，我们可能对嫉妒情绪极度敏感，经常将我们拥有的东西与他人拥有的东西进行比较，并发现任何不平衡都会触发我们的嫉妒情绪。

美国一项针对 153 名少年犯的研究还调查了这些孩子的兄弟姐妹，以便进行比较。他们发现，"犯罪的孩子往往是那些感到沮丧、觉得自己得不到关爱的孩子，而在同一环境中，守法的孩子则会与父母或合适的父母替代者建立起积极的、充满爱的关系"。

心理学家和育儿专家卡尔·皮克哈特（Carl Pickhardt）解释说，大多数孩子在三四岁时就能区分"我的"和"你的"，未经同意，这一界限是不能逾越的。"到了青春期，也就是 9~13 岁，大多数少男少女已经牢固地建立了这种'个人所有权'的概念。然而，随着人们对打破界限以获得更多自由和独立的渴望的觉醒，孩子们对测试旧规则和约束产生了兴趣，他们想看看童年时期的禁忌是否仍然有效。……出于这种动机，偷窃行为可能会发生，一开始可能很随意。"

偷窃可能是测试"极限"的一种方式。唐纳德·温尼科特解释说，在某种程度上，"界限测试"是人类成长过程中的自然组成部分。这是让孩子知道父母是否"能搞定"他们的一种方式，也是内化某种稳定情绪的一种方式。这能让孩子们产生一种感觉，即他们可以预测自己的行为后果，并且在某种程度上能够控制自己的命运。如果这些成长需求不能在家里得到满足，那么，孩子可能会努力在社会上测试界限（通过偷窃等犯罪行为来测试界限）。因此，这样做的孩子"只是看得更长远一些，他不再仅仅依赖自己的家庭或学校来提供他所需要的稳定，而是把目光投向了社会，以便顺利度过自己情感成长初期的至关重要的阶段"。

在之前引用的英国舆观调查网的调研中，23% 的人承认自己在孩提时代曾有过进店偷窃的行为（这一比例远高于成年人），我想，这也不是什么稀罕事儿。不太成熟的道德规范、界限测试和同龄人压力共同为成年前的偷窃行为创造了条件。尤其是青春期，这是人生中一个复杂的时期，除了界限测试，我们还在"尝试"不同的身份认同，试图决定我们对父母认同的哪些部分要抛弃，哪些部分要继承。正如克里斯和凯茜的例子所示，偷窃可以是我们表达认同的一种方式，比如，一个不尊重界限的父亲（如克里斯的例子）或者因饮食失调而自我破坏的母亲（如凯茜的例子）。

青少年时期也是我们非常在乎别人对我们看法的时期。前面提到的名厨安东尼·沃拉尔·汤普森在他的自传中写道："闯祸总是可以提升你在其他男孩中的地位。"所以，恶作剧可能会很有吸引力，因为它让我们加入了"酷小子"的行列，并帮助我们赢得了我们渴望加入的群体的钦佩。

把偷窃当作恶作剧来玩，也是吸引父母注意的一种方式。对于那些在家庭中感受不到重视的人来说，这是一项非常重要且有效的策略。界限测试可能是让父母"注意到我们"的唯一途径，在某些情况下，负面关注可能比完全不关注的感觉好多了。

但是，偶尔反抗一下的界限测试和宣布对权威的全面反抗不是一回事。在这些情况下，你偷窃不仅仅是为了看看权威是否会注意并惩罚你，或者重新确立边界感，而是在传达一种更基本的不满情绪，并采取一种挑战的姿态："我不会遵守你的规则。"

我正在听一个名为《匿名扶手椅》（*Armchair Anonymous*）的播客，其中一个年轻人承认，他从雇用他的快餐连锁店的收银机里偷了越来越多的钱。他的理由是什么？他生气是因为有一条规定，即 18 岁以下的人（像他一样）的时薪低于年长的员工，尽管他努力工作并被提拔到管理职位，但他的收入仍然低于他培训的和向他汇报的一些年长的新员工。他说，正是他对这种荒谬安排的愤怒驱使他去偷东西。他承认自己甚至在心里计算过一份合理的薪水应该是多少，而且他的偷窃行为往往会达到这个数额，这样他就可以为自己的偷窃行为找借口了。你要知道，愤怒是一种普通的甚至健康的情绪，它表明了一定程度的自尊，我们要知道自己应该得到什么。不幸的是，当我们找不到健康的方式来缓解自己的沮丧情绪时，我们就会奋起反抗和采取行动。而这最终只能暂时让我们松一口气，但却具有破坏性，而且往往代价高昂。

因此，在一个层面上，我们可能会认为我们正在做的事情是为了恢复公平感，但往往在另一个层面上，我们意识到我们的行为是不道德的，并且经常在行动之后感到内疚和后悔。有时我们会意识到自己的嫉妒情绪和不公平感，但在其他情况下，我们可能会有一种被人亏待的感觉，所以，偷来的东西（即使不是针对那些我们嫉妒的人）仍然需要"数量相当"。我想到了那些偶尔偷窃的患者，他们是私立学校的"助学金孩子"（周围都是富家子弟，拥有多得多的物质财富），或者是传统双亲家庭的同学中"唯一的单亲孩子"。在某种程度上，在这种情境下偷东西，感觉就像恢复了一种公平感，即每个人都拥有相同的东西。

2001 年，当女演员薇诺娜·赖德（Winona Ryder）的入店行窃事件登上新闻头条时，我很想了解一下这位女明星的过去。我觉得很有趣的是，薇诺娜的家族在大屠杀中失去了许多亲人，她在恐惧中长大，担心同样的事情也会发生在她身上。她会睡在父母房间外的地板上，因为害怕被坏人抓走。这表明她在应对跨代创伤方面的努力确非易事，还暗示了一种脆弱心理，即她的家人可能再次遭受不公平的暴行。她的恐惧因为她在学校被欺凌的经历而加剧，这些经历以她被赶出学校而告终（而那些一直欺负她的人并没有被学校开除）。她从 20 多岁开始就饱受抑郁症和焦虑症的折磨。我想，在一个可能存在不公平迫害的世界里长大，可能会让她觉得世界不公平，并无意识地想要为自己伸张正义。当然，我是在猜测，如果她怀着一种跨代的不公平感，再加上她自己的遭遇，可能会让她渴望通过象征性地夺回原本属于她和她的家人的东西来"恢复平衡"。这些例子的共同点是这些人经历的不公平感，这有助于解释他们的行为是"恢复公平"的一种方式。

因此，由于过去被冤枉的经历而产生的愤怒可能是通过偷窃表达或表现出来的主要情绪。有时候偷窃不仅仅是愤怒的一种表达，还是摆脱愤怒的一种尝试，我们把愤怒"投射"到别人身上，让他们体验到我们的感受。我心怀不满，并且不再忍气吞声，而是采取了一个不可避免地让别人感到愤怒的行动，并给了我某种形式的暂时解脱。下面继续分析薇诺娜·赖德的例子，也许偷窃是一个无意识的过程，让她把"被冤枉"的感觉投射到那个被偷东西的人身上，让对方陷入一场精心策划的阴谋，后者将不得不承受前者无法承受的难受感觉。心理治疗师苏珊·戴克（Susan Dyke）在谈到温尼科特研究过的孩子时写道："这样的孩子……正在把他们的愤怒、羞辱和痛苦转移到周围的人身上，在他们自己和各种人际关系之间建立起了越来越大的障碍，这些障碍会重新激活脆弱和受伤的感觉，而他们又必须无情地否认这些感觉。"我们把愤怒放在对方身上，并将此作为一种保护屏障，确保我们自己不再轻易被痛苦靠近和伤害。

"投射"通常是一种无意识的心理过程，但"报复"不是无意识的。偷窃可能只是一种自愿对那些给我们带来痛苦的人施加痛苦、焦虑或悲伤的方式。我们可能已经决定，我们不想听父母的话，不想做个好孩子，不想让父母得到他们想从我们身上得到的东西，而在我们的脑海中，犯罪可能就是"报复他们"的一种自我破坏方式。

追求权力和使用权力

由于我在本章中提到了"欺诈"，这本质上是偷窃的一种形式，因此，现在有必要补充一个适用于白领犯罪而非偶尔偷窃的解释，即与权力相关的欺诈动机。

在《欺诈心理学》（*The Psychology of Fraud*）期刊文章中，格蕾丝·达菲尔德（Grace Duffield，澳大利亚安全情报组织的心理学家）和彼得·格拉博斯基（Peter Grabosky，澳大利亚犯罪学研究所副所长）写道："雄心勃勃的企业家往往非常有野心……沉迷于增强权力和控制欲。"高级管理人员通常自我感觉极好，但有时，自我印象与事实相悖。这种优越感，无论是因为他们在登顶过程中取得的成功所养成的，还是登顶所必需的先决条件，有些人会产生一种近乎自恋的优越感。凯茨·德·弗里斯等研究人员对此进行了补充，认为自恋型人格特征（比如，幻想自己无所不能，渴望维护自己的宏伟形象，以及通常伴随着优越感）使他们很可能从事欺诈活动。由于欺诈通常涉及大量的欺骗行为，试图"智取"或"愚弄"他人的欲望可能是他们欺诈行为的一个主要因素和心理奖励机制。

权力意识加上一种不受谴责影响的感觉，可能是一些来自有钱有势家庭的青少年会从事盗窃的原因：这不仅仅是一种刺激的快感，也许还是一种更广泛的"凌驾于法律之上"的感觉，而这种感觉可能是他们从原生家庭的态度或社会环境的线索中获得的。

看来，偷窃在各种形式下都可以用多种不同的心理动机来解释，而我在本章中只讨论了其中的一些心理因素。偷窃可能只是我们自我破坏的另一种方式，因此，对于想要自我破坏的欲望的某些解释，可能有助于我们理解某些人的偷窃行为。偷窃也可能只是我们寻求刺激或惩罚的一种方式，因为我们认为那是我们自己应得的。

正如之前讨论的那样，应对恐惧感的一种方法就是试图向自己和世界证明自己是多么无所畏惧（偷窃就是实现这一目标的一种方式）。如果你正在为自己依赖他人而挣扎，那么，应对这些感受的一种方法就是尝试建立自己的独立性，而偷窃再次可以成为对抗自己不愿承认的依赖性的一种方式。

心理治疗和培养更强的情感意识的一部分工作就是理解你试图通过偷窃表达的是什么。但你也要承认，偷窃并不能让你更强大、更聪明，而只会损害你的自由。如果你想控制自己的行为，你只有直面那些驱使你把手伸向别人财产的渴望和恐惧，才有机会做到这一点。与其从妈妈的钱包里偷钱，继续恶性循环，不如尝试用倾诉的方式表达自己的愤怒："因为你没有在我身边，我感到很生气。"与其从雇主的收银机里偷钱，不如谈谈如何让奖励分配"变得更公平"，这样可能会更有帮助。

我看到过一些人，在他们的眼中，这个世界充斥着贪婪和狡猾的人，他们居然把这样的个人世界观应用于商业交易。如果每个人都想欺骗你、忽悠你，如果你认为这个世界并不是一个公平且公正的地方，那么，难道你会认为自己有机会遇到那种像"好家长"一样的"政府"，那种以对你有益的方式公平地使用你的钱的"好政府"吗？难道你欣然缴税而不是刻意逃税吗？如果你的经历是父母偏爱其他兄弟姐妹，或者老师不公正地指控你作弊，那么，服从权威的要求对你来说可能是一个充满情绪的挑战。

现在回头说说安东尼·沃拉尔·汤普森的故事。这位 60 岁的厨师在圣诞节期间偷一些洋葱的行为，可能与他的过去有何关联呢？如果我们查看他的个人历史（你可以阅读他的自传，该书出版于他偷窃被抓之前），我们可以看到很多与本章主题相关的内容。

安东尼的父母是 20 世纪 50 年代的演员。在安东尼出生后的头 18 个月里，他的母亲在英国巡回演出，担任一部戏剧的女主角："妈妈硬撑着带着我东奔西跑，全国各地的房东们都扮演着保姆阿姨的角色。"安东尼 3 岁时，父母离婚，他的父亲切断了一切联系，直到安东尼 25 岁。离婚后的母亲把安东尼送去了寄宿学校（是的，那年他才 3 岁）。所以，在一年内发生了两次创伤性事件，安东尼在书中写道："我最深的印象就是觉得自己完全不被人需要。"他写道，自己痛苦地渴望和等待着母亲在星期天来接他，结果却只能一次次地被留下来继续等待，因为母亲经常会迟到好几个小时。当其他孩子迎接父母的时候，安东尼的母亲却经常缺席他们母子相处的珍稀时光，直到他 4 岁时决定自己走回家，希望能有更多时间和妈妈在一起。即使在一起的时候，他们的关系也很不和谐。关于安东尼感到自己对母亲的不幸负有责任的说法比比皆是。"我常常觉得自己是导致母亲孤独、不幸和不受关爱的原因。"

仿佛这些创伤还不够折磨人，安东尼还经历了不止一次来自本应照顾他的成年人的性虐待。第一次是母亲的一个伴侣，也是他从 8 岁开始就读的学校的一名工作人员，后来是一名保育员，甚至还有一名教师。此外，学校的校长对他的恶作剧施加的暴力和非人的惩罚加剧了他愤怒和无助的感觉，而这种感觉常常盘踞在他的心头。所以，先是失去，然后是创伤。当谈到愤怒时，他终其一生都在苦苦挣扎。事实上，即使在接受厨师培训后，他的工作也常常以"他暴力攻击老板，然后甩手不干"而告终。

难怪安东尼反抗权威，因为他的边界感遭到了侵犯，施加给他的惩罚与他的"实际罪行"极不相称，在某种程度上，他的反抗也许是战胜他整个童年脆弱心理的唯一方式。这可能是对他所遭受的所有不公正待遇的一种抗议，也可能是他在无意识中试图解决自己因生活中的成年人（首先是他的母亲）而产生的负罪感的一种努力。他意识到自己需要父亲的管教，但他从未得到过。也许正如温尼科特所说，他在家庭之外的环境中通过不断的界限测试和挑衅找到了获得这种管教的方法。他写道："我没有父亲，完全没有教养。"

我不知道是什么促使他在 60 岁时在超市里偷一些基本食品。圣诞节似乎是偷窃行为开始的一个有意义的时刻：那个季节的什么事情可能会触发他的偷窃行为？安东尼说，在为慈善晚宴买了价值数百英镑的香槟后，他偷了价值 4 英镑的东西。当他内心的一部分感觉被人掠夺了一辈子的时候，这是一种关于"给予"的内心冲突吗？当然，这只是我的猜测。但关键是，我们的行为是有意义的，即使是看似无法解释的行为，也是有意义的。有时候，在某些帮助下，这种意义可能会变得显而易见，如此，我们可能会理解影响我们行为的心理动机。

第八章

控制：是为了追求权力
还是维持亲密关系

父母应该为孩子的基本需求提供保障（至少包括食物、住所、衣物、教育和医疗保健），但关于"给予"的具体程度并没有明确的规定。同样，许多选择共同生活的夫妻往往从一个不言而喻的约定开始，即"我的就是你的，你的也是我的"。无论他们双方是否都有收入，他们都信任彼此能够达成关于如何管理财务的协议，以使双方都能感受到一定的财务自由和自主权。一些夫妇选择非正式地达成协议，而另一些夫妇则签署婚前协议，明确各自的财务责任。理想情况下，父母会足够慷慨，配偶之间也能以足够好的方式分享。

然而，也有例外。现实中也存在一些以操纵和控制的方式使用金钱的夫妻相处模式的例子。这种方式可能很微妙，还可以长期保持下去。这些控制行为还可以慢慢蔓延，然后升级为强制性的、虐待性的控制行为。在这本书中，我们已经接触到了许多渗透到生活各个方面的金钱行为（我们总是很难划定界限，因此我们也难以在预算范围内行事。或者，我们在生活中总是有所克制，因此我们在金钱和其他事情上也都有所保留）。至于控制，我们可能会发现这是一种嵌入在我们如何建立人际关系中的行为。控制欲也可能受到环境的影响，比如，我们对一些人有控制欲，而对另一些人则没有控制欲。

我清楚地记得一个案例，一个男人用金钱控制他的第一任妻子，而他的妻子情绪压抑，不愿与人交往。但在下一段婚姻中，他却没有用金钱控制他的新伴侣。金钱是他第一段婚姻中引发争吵的重要原因。尽管他很有钱，但他会小心翼翼地控制给妻子的钱数，以及这些钱要花在什么地方。他经常会问她去了哪里，把钱花在了什么地方。他经常查看她的银行对账单，对她为某个朋友买生日礼物花了多少钱表示不满。后来发现，他一直对妻子感到愤怒和怨恨，因为她不接受他的示好，也不愿与他腻歪。作为回应，他不愿意给她钱，而钱是他表达"不愿对她慷慨"的一种方式，因为他觉得她剥夺了他的亲密权利。他对金钱的控制行为也是对这段关系缺乏信任的一种表现。"她把钱花到哪里去了"往往是一种隐晦的质疑方式，实则询问"她去了哪里，和谁在一起"。当他觉得自己被剥夺了她应该给予的爱和关注时，为什么其他人（比如她那位朋友）却从她那里得到了慷慨的回报？在他看来，金钱在某种程度上成了监控妻子的一种工具（你不把钱花在我身上，你想花在谁身上呢）。同时，鉴于未表达出来的愤怒，钱也是一种报复的工具（我不给你钱，是因为你没有给我爱）。

　　然而，他对第二任妻子的态度却截然不同。在这段夫妻关系中，他感觉更亲密、联系更紧密、相互依赖性更强，他更愿意分享自己的财富。他和妻子一起度假，慷慨地赠送礼物，也不觉得有必要监控她在共同账户上的每一笔支出。他对金钱的放纵和控制欲低的行为反映了他在这段关系中的感受，即他更期望相互的爱和关怀。当我们对某个特定的人表现出不寻常的行为时，就会引发这样的问题：是什么样的关系动态引发了这种反应的需求？

　　人们可以用很多不同的方式控制金钱。想象一下这样一个家庭：丈夫有工作，而妻子为了照顾年幼的孩子放弃了工作。夫妻双方同意丈夫每月将钱转入妻子的账户。从原则上讲，这种安排没有什么问题。然而，如果丈夫只转一笔仅能满足最基本需求的钱，而妻子的任何其他支出都会受到审视、批评或克扣，那么，妻子可能会感到几乎没有财务自由和自主权。

　　与许多金钱行为一样，这一切都与情境、频率和规模有关。我们不应该仅仅因为一个孤立的言论就警觉，而是要关注这种行为模式，以及对方日益增强的受限的感觉。情境很重要，因为，想象一下，如果妻子很难做到理性消费，我们可以将丈夫不愿慷慨解囊的行为看作是他害怕她再次"过度消费"的表达，或者是他保护妻子免于重蹈旧习的手段，而不是恶意地想要控制她。尽管控制她并不是帮助她恢复健康消费习惯的最佳方式，但这种情境为夫妇双方提供了一个对话的基础。妻子可能会说："你对消费控制得太严格了，这让我感觉很不爽。"丈夫则可以表达自己担心妻子重蹈覆辙的恐惧感，直到他们能找到对双方都有利的解决方案。

继续分析这个例子，如果妻子开始觉得她对夫妻的重大财务决策没有太多发言权，怎么办呢？丈夫可能（有意识地或无意识地）觉得自己在决策中应该拥有更多的权力，因为他是"赚钱养家的那个人"。但这公平吗？或者说，鉴于这对夫妇曾经共同决定让妻子为了家庭牺牲自己的收入，如今他是不是在剥夺她本应拥有的权力呢？

本章的开场案例讲述的是一个控制欲强的丈夫，其目的是表达愤怒和不信任（也可能是一种报复工具），刚刚讨论的这个案例展示的是夫妻双方都有控制欲，这源于权力（和收入）的不平衡，但有无数的方式和原因可以解释为什么财务控制的动态可以在一段关系中表现出来。财务控制中经常存在情绪操纵的问题。任何旨在让对方感到被支配或依赖的行为（轻视、威胁、羞辱或孤立对方）都可能是导致财务控制甚至财务虐待的前兆或策略。想想下面这些例子：

- 让你的女朋友因为没有满足自己所有的财务愿望或欲望而感到内疚。

- 禁止你19岁的孩子找工作，让他（她）在经济上依赖你。
- 含蓄地威胁你的伴侣，如果他（她）不照你说的做，就切断他（她）的经济来源。
- 要求亲属在遗嘱上写上你的名字，从而换取你的探视或支持。
- 当你的妻子花钱时，你会生气或咄咄逼人。
- 贬低你的伴侣，让你在财务问题上拥有决策权。

所有这些表现都是试图控制和剥夺某人财务自主权的例子。然而，重要的是不要把"警惕"与"控制"混为一谈，两者是非常不同的。说一个人"花钱小气"和"控制欲强"是不一样的。当夫妻双方对"应该"如何花钱有不同的看法时，他们的任务就是找到处理这些分歧的方法，而不让任何一方采取专制手段。在一段浪漫的关系中，双方都应该有一定的财务自由和自主权。下面举个例子，"我丈夫经常不知道我们的银行账户里有多少钱，他经常出差，在晚餐和饮料上花一大笔钱，却让我在杂货账单上精打细算。如果我检查我们的账户余额，并在他的支出超出预算时警告他一下，我会变成一个霸道老婆吗？"听起来，这个女人感觉自己的伴侣花钱过度，她有理由提出警告、检查账户，并试图和伴侣谈谈预算问题。这些都是明智的举措，似乎是合理的担忧。

财务虐待或经济虐待

虽然"财务虐待"和"经济虐待"这两个术语可以互换使用，但准确来讲，"财务虐待"是"经济虐待"的一个子类。财务虐待指的是限制个人获取、使用和维持金融资源的能力。施虐者可能会限制受害者登录银行账户、偷窃对方的钱财、以对方的名义积累债务（损害其信用评级）、挥霍对方的储蓄，甚至强迫对方改变遗嘱。具体来说，被控制的是一个人的财务资源。

"经济虐待"是一个更广泛的术语，包括限制受害者整体经济状况和任何改善经济机会的行为。经济虐待超越了财务控制，因为受到限制的不仅仅是金钱，还有获得基本商品或服务的自由。在夫妻关系中，施虐者可能会限制受害者获得食物、衣服、卫生用品等必需品，甚至控制对方使用交通工具（拿走他的驾驶执照或护照）和对方与外界联系的技术产品（移动电话）。例如，受害者可能被剥夺了通过教育、培训或就业来改善其财务状况的机会。

在财务虐待和经济虐待中，施虐者的行为往往具有强制性和欺骗性，再加上蛮横无理的控制，最终限制了对方的自主权。

英国反家庭虐待慈善机构"合作银行和避难所"在 2020 年进行的一项研究发现，16% 的成年人认为自己在一段关系中经历过经济虐待。然而，只有 1/3 的成年人听说过经济虐待。有证据表明，在新冠疫情期间，遭受经济虐待或财务虐待的人数增加，在此期间首次遭受经济虐待的人数达到惊人的 160 万（约占英国人口的 3%）。英国反家庭暴力慈善机构"妇女援助中心"在 2020 年进行的一项研究发现，在接受调查的 202 名受害者中，有一半以上的人在疫情期间开始遭受经济虐待，或者在此期间遭受的经济虐待进一步恶化。疫情封锁限制政策使施虐者有机会对受害者施加更大的控制（例如，施虐者搬回去与受害者同住，或在封锁期间加强对受害者活动的监督）。由于裁员和降薪，许多家庭的收入减少，新冠疫情的经济影响造成了额外的压力，加剧了财务虐待。

这些类型的虐待几乎总是伴随着其他形式的虐待，如心理虐待、身体虐待和性虐待。亚当斯等人的研究发现，99%的家暴幸存者在这段关系中也经历过某种形式的经济虐待。妇女援助中心的研究证实，经济虐待可能是其他形式虐待的前兆。控制行为可能从限制对方使用银行账户开始，然后升级为更暴力或更普遍的控制形式。这只是施虐者试图限制对方的自由和独立的一种方式。金钱往往是妇女离开施虐者和控制型伴侣的主要障碍，因为受害者可能会觉得她们面临着贫穷和受虐之间的选择。妇女援助中心在研究中发现，52%的虐待受害者无法离开施虐者，因为她们没有钱。她们补充说："对金钱和其他经济资源的操纵是控制的突出形式之一，它切断了女性独立、反抗和逃离所需的物质供应。"

当涉及金钱时，夫妻之间的某种权力失衡是很常见的现象。可能有一方赚取了夫妻收入的大部分，并且在家庭财务决策方面往往有更强的发言权。但在经济虐待或财务虐待的情况下，权力平衡关系遭到了严重的扭曲。一个人拥有大部分的控制权，而另一个人几乎毫无控制权。我们不要忘记，权力（作为一种影响力的形式）与控制（努力控制他人和限制其自由的行为）是有区别的。经济虐待限制了自由，因此通常是滥用权力的结果。

最常用于对某人施加心理控制的一些策略包括：最小化或否认虐待行为，试图把责任推给受害者，利用隔离来防止任何外部影响，控制对方生活的各个方面（他与谁交谈，他要去哪里），情感虐待（贬低、羞辱和批评），或者使用恐吓、威胁和胁迫手段。

任何形式的虐待都会让受害者感到完全无助和无能为力。受害者往往会被迫相信自己是自己处境的罪魁祸首（这通常是施虐者编的故事的一部分），因此他们会感到极度羞愧和内疚。在健康的关系中，对话是双向的，并且是尊重对方的。而讽刺、侮辱和贬损性的评论是关系不健康的标志。受害者不仅无法自主地获取资源，而且他们提出的任何要求都会被拒绝，这会让他们忐忑不安，感觉自己受到了攻击和指责，甚至吓得魂不附体。施虐的伴侣则以冷漠、缺乏同理心或极具攻击性的方式回应。谎言和操纵行为通常被用来加剧受害者的负罪感。"如果不是因为你，我们就不会落到这种境地。"

财务虐待之所以会导致恶性循环，是因为它将受害者困住，限制其离开虐待"泥潭"的能力。没有资源，他们就无法取得多大的进展。关于金钱与生存之间的联系，他们感触颇深。即使他们找到了可行的出路，也可能因为脑海中存在的众多威胁而感到害怕，从而被困在心理监狱中，这种心理监狱的束缚程度与他们试图逃离的监狱般的物理境况一样难以摆脱。有1/3的遭受经济虐待的人从未向他人透露过自己的经历。这就是为什么，在通常情况下，受害者的唯一可行的出路是得到能够在情感上和物质上提供支持的人的帮助，以便从虐待关系中脱离出来。这也是一种虐待形式，即使受害者成功地从施虐者那里逃脱，也不一定能够立即解决与经济虐待相关的法律纠纷，或者理清双方共同持有的资产。

控制欲的产生原因

我曾接触过一些患者，他们在人际关系中表现得控制欲非常强，他们在接受心理治疗的过程中以微妙且不易察觉的方式表现出这种无意识的行为。他们可能会控制空间（在诊疗室里移动椅子，或者几乎不给我的干预留空间）；他们可能会通过频繁改变我们的会面时间或提前结束治疗来控制疗程（这样他们就可以控制何时结束治疗）；当然，他们也可能试图在金钱方面控制对方（提醒我他们支付了多少治疗费，以此来显示优越感或提出要求）。

人们很容易把控制欲太强的人妖魔化和刻板印象化。这么干的并不总是男人，男人的意图也并不总是恶意的。一个人可能在无意识的情况下以控制他人的方式行事。他们可能没有意识到自己的行为是控制性的，或者没有意识到其操纵性的一面。他们可能会认为自己的行为是谨慎的，是在保护他人，或是在为每个人做"最好的事"。因此，在涉及控制欲的问题时，不要轻易对别人的意图妄自猜测：这可能并非削弱他人力量的一场阴谋，而是应对自身恐惧的一种心理防御措施。

控制可以防止被拒绝甚至被抛弃

虽然成为控制关系中的受害者是可怕的，但控制者可能出于自己的情感挫折才产生这种行为。一段情感需求得不到满足的历史会让我们感到害怕再次被抛弃，这可能会导致我们采取一种防御策略，通过控制他人来使再次受伤的风险最小化。大喊"如果你离开我，我就自杀"是情感勒索的一种形式，而这种威胁可能不仅包含了控制他人的恶意企图，还有一想到再次被抛弃就会萌生的极度恐惧感。

因此，我们控制我们的伴侣，在经济上压倒他们，限制他们的自主权，可能会缓解我们对对方会离开我们的恐惧。我们可能没有意识到自己的操纵欲有多么强大，也可能没有意识到我们的控制性防御的有害甚至适得其反的方面，但这种行为源于一个绝望之地，在那里，对再次感到孤独和害怕的恐惧会压倒我们对良好的沟通是什么、在一段关系中什么是"对的"（或"错的"）的理性认识。

控制是一种避免无力感的权力游戏

对于遭受过虐待的人来说，这种恐惧是不同的。如果我们感到被压制、被利用或被背叛，那么建立一段关系，确保我们处于"上风"，可能会在心理上缓解我们再次感到无助和绝望的恐惧。这就是为什么施虐者（无论是哪种类型的施虐者）通常也是受害者的原因：在遭受过强势施虐者的折磨后，他们会对施虐者产生认同感，努力控制情感上的痛苦，并感觉到某种形式的控制感。他们在未来的关系中扮演施虐者的角色，从而确保自己不再被支配。这是精神分析师安娜·弗洛伊德所说的"认同施暴者"的现象。在经济上控制伴侣，剥夺他们的权力，在我们的头脑中创造了一种安全感，即这一次我们无法被夺走属于我们的东西，因为我们现在是掌权者。

然而，情况也可能相反。无法从过去的遭遇中走出来的受害者可能会在无意识中发现自己被迫重复这些经历，希望这一次能有不同的结果。被虐待的受害者可能会无意识地陷入一个又一个的虐待关系，重复那些熟悉的童年。我已经解释过这是一种心理防御，弗洛伊德称之为"重复强迫症"，但也被称为"创伤重演"。在我的经验中，人们往往倾向于选择熟悉的事物而不是未知的事物，因此，当他们找到一个体贴且尊重他们边界感和自主权的伴侣时，他们会开始感到不安，开始想："这太美好了，不可能是真的。""感觉怪怪的。""不会持续下去的。"如果我们被对待的方式与我们所习惯和所期望的相反，这会让我们迷失方向且焦虑不安，因此，不幸的是，期待虐待往往会通过自我实现的预言变成现实。

控制是一种报复性的吝啬

我们在序言中看到了这方面的例子。面对伴侣可能带给我们的愤怒、悲伤和挫败感（因为我们觉得伴侣没有倾听、关心和重视我们），我们不是直接面对这种情绪，而是通过对伴侣进行财务控制表现出来。我们一开始可能会对伴侣的消费行为发表苛刻的评论，然后限制对方用于娱乐活动的公共资金（夫妻共同账户），情况可能会升级，金钱变成了我们用来抗议对方对我们更吝啬（吝啬于爱情、性爱、情感分享）的一种工具。

受控者的心理

很难理解为什么有些人会陷入（或经常陷入）对他们来说极具破坏性的关系中。正如我之前所说，过去的情感经历经常会重复发生，他们或许是在从中寻求拯救，希望这一次会有不同的结果。

精神分析师伯恩哈德·柏林纳（Bernhard Berliner）描述了孩子如何认同排斥自己的可恶父母，并将这种情绪投射到自己身上的过程，这意味着他们内心的一部分变得刻薄，并且惩罚他们受虐的那一部分。因此，受苦成为人们必须付出的代价，以换取被爱的感觉。父母的攻击性或情感虐待经历可能在孩子心中形成了一种信念，即爱和受苦不可避免地相互关联。如果我们在脑海中将爱与苦难融合在一起，那么，受苦可能是我们保留爱的一种方式。当然，我们不会有意识地受苦，我们也不会刻意地去寻找苦难，但最终却陷入其中，部分原因是苦痛的感觉是熟悉的，部分原因是我们觉得自己不配得到更好的，部分原因是我们希望这次可能会有更好的结果。我们的伴侣把亲密关系中所有的错误都归咎于我们，这勾起了我们心中早已形成的模板：这是一段自我责备、罪有应得、不值一提的故事。我们已经接受了这样的想法：我们付出的比得到的更多。控制或财务虐待是很难质疑和挑战的，对于一些受害者来说，这种关系是如此熟悉，以至于他们很难意识到自己所处的关系有何不妥之处。

正如《心理动力学诊断手册》（小册子）所写的那样，有些人可能会"将自己的需求委身于他人的需求之下，似乎将受苦视为维持情感依恋关系的先决条件。这种情感依恋关系可能被极度需要；对失去情感依恋的恐惧会压倒患者对自身安全和福祉的担忧"。换句话说，在某些人的脑海中，一段受虐待的关系可能比没有关系更有安全感。正如精神分析师莱昂·沃姆塞尔（Léon Wurmser）所说："折磨我，但不要抛弃我。"因此，施虐者和受虐者可能都渴望被依恋和被爱，但一方通过控制他所爱的人来满足这种渴望，而另一方则通过放弃自己的需求并顺从对方来抵御这种渴望。

案例研究

我的患者约拿是一名兼职教师，他正在吃力地履行自己的经济义务（比如支付账单和房租）。他告诉我："我宁愿被房东赶出去，也不愿向父亲要钱。"约拿和父亲的关系很复杂。显然，这段父子关系充满了失望和愤怒。约拿觉得他的父亲很自私，对母亲没有同情心，而母亲多年来一直在与产后抑郁症做斗争。约拿拒绝他父亲的钱（父亲经常给他钱）的主要原因不是愤怒或骄傲，而是他的父亲总是使用金钱来操纵和控制他。父亲试图通过大量的礼物来引诱约拿花更多的时间和他在一起，约拿觉得这就是控制。约拿解释说："如果我接受了他的礼物或金钱，我就会感觉他是在拿钱砸我的脸。他会无数次地重复他是多么的善良和慷慨，希望我同意他的看法并感谢他。他肯定会要求一些东西作为回报，比如和他一起出去。"这从来都不像是一种慷慨的行为，而是一种间接的交换要求。约拿解释说，父亲每次见面都在谈论他自己，强加他自己的观点或需求，或者炫耀他自己的成就，却没表达他对儿子的兴趣，当然也不理解儿子。对约拿来说，金钱上的捐赠是一个痛苦的提醒，让他想起了自己被剥夺的一切，想起了自己从未得到满足的情感需求。他多么渴望有一个对他感兴趣的父亲啊！因此，他拒绝或怨恨父亲送他礼物。他会说："这不是我想从他那里得到的。我需要他的爱。我想让他关心我的生活。我不要他的钱！"约拿觉得钱对他父亲来说是控制他的一种武器，也是他所渴望的"情感给予"的替代品。

我们很难知道是什么驱使约拿的父亲如此喜欢用金钱控制孩子。这可能是无意识地迫使他的孩子做出令人满意的反应（感激、欣赏）的一种方式，从而让他确信自己是一个好父亲。他可能是在努力与孩子建立联系，而没有意识到他寻求孩子的注意力的方式是多么具有操纵性。这也可能是他重复自己的父母从孩子那里得到积极关注的一种行为。似乎很明显的是，约拿的父亲并不相信约拿想要和他建立关系，除非约拿被他勒索或操纵了。也许，他的控制行为是为了防御被拒绝或被剥夺重要的东西。如果他先给钱，然后再要求感激、见面或安慰，他就会把被拒绝的可能性降到最低。

因此，财务控制的动态并不是浪漫关系所独有的。财务控制可以是微妙的，比如，偶尔的无理要求（一个朋友坚持大家平均分摊账单，几乎没有给你选择的余地）。财务控制也可以是不那么微妙的，比如约拿的例子。财务控制还可以事关经济虐待的问题，比如我接下来要展示的例子。

2022年，我参加了一个名为Grano（Grano是意大利俚语，意思是钱）的播客，主持人是米娅·塞兰（Mia Ceran）。在这期关于经济虐待的节目中，一位名叫波拉的观众自愿分享了她小时候被虐待的故事。在本章的开头，当我们讨论控制和虐待的定义时，我谈到了权力失衡问题，这里有一个明显的问题：当父母和孩子之间的财务关系严重失衡时，我们如何定义经济虐待？孩子在经济上依赖父母，所以他们不像在夫妻关系中那样期望在亲子关系中拥有平等的权力。但正如我所解释的那样，这不仅仅是一种失衡，而且还涉及权力的使用方式及其对另一方的影响。

不可否认，这是一个虐待的例子，它生动地展示了这种控制形式的心理影响，在这个例子中，控制来自于波拉的父母。

波拉告诉我们：

> 我20岁出头就有了第一份工作，开始独立购物了。在那之前，钱对我来说遥不可及。我需要的东西和我父母的钱包

绑在一起。他们不允许我参加音乐会、聚会，也不允许我和朋友一起度假。我不能使用公共交通工具，不能独立购买鞋子和衣服。我想抹点香体露，都被父母视为过分的要求。他们告诉我，如果我身上有气味，我就应该洗澡。他们只允许我使用普通的卫生巾。使用薄款卫生巾也是过分的要求。

我受到父母的严格控制。高中毕业后，父母想让我上一所著名的私立大学（因为这样可以提升家庭的声望），但尽管我很想去上那所大学，我还是拒收了该校的录取通知书。同意上那所大学的决定会把我和这个家庭绑在一起，形成一种进一步依赖的关系，我可以上学，但要按照他们的条件，在他们严格的财务控制下……我有义务取得高分。我面临着回避、言语和身体上的攻击，以及过普通生活的障碍。我转而申请了一门能保证我毕业后找到工作的课程，尽管我做好了落选的准备，但我还是因为优异的成绩被录取了。然后，我面临着往返于会场之间的挑战。我不相信自己有能力乘坐公共交通工具。我什么也做不了，至少我觉得自己是一个无能的人。每件事都让我害怕，我认为每一个障碍都是不可逾越的。

最后，我的父母勉强同意给我一笔很小的津贴。这些钱只够满足基本需求，仅此而已。我管理每一笔开销，终于攒够了一张电影票的钱。多年来，我的男朋友一直坚持要为我支付电影票的钱，但我不想依靠别人来获得财务自由。我以前总是对他说："哪天我也有钱买票，我就和你一起去看电影。"

得到第一份工作后，我决定开一个私人银行账户。结果我被骂了个狗血喷头：我是一个坏女儿！一个忘恩负义且自私自利的人！我怎么能做这种事？我的家人需要那笔钱，而我却放任自己把它当作自己的私房钱？我无法与他们对抗，

> 因为我觉得自己不占理。我甘拜下风，我确信自己错了。我确实把自己和别人比较过（记住，这是在互联网出现之前），但我不认为自己是经济暴力的受害者。当然，我意识到我和其他人不一样。我没有同样的机会，但我一直认为，这就是一个不富裕家庭的生活该有的样子。

波拉无法得到基础产品。她的合理要求遭到轻视和拒绝。她与父母的沟通让她感到自己被攻击、被批评、毫无价值。父母的行为使她感到无能为力和内疚。他们没有帮助孩子成长为一个自主自信的人，而是让她觉得自己是一个"无能的人"，并陷入困境。

这些经历让波拉开始害怕成人关系中的依赖性，因此她不让男友给她买电影票。对波拉来说，男友的无辜提议引起了她的恐惧，她担心自己会陷入一种可怕的受控状态，而她决心不惜一切代价避免这种关系状况。她的脑海里突然出现了一个警示旗（不要再回到那个"控制监狱"），保护她不再受到伤害。当现在的恋情唤起她对过去的恐惧时，进行现实检验并非容易的事。接受一张电影票并不会让她的生活陷入受控状态，但似乎也太冒险了……不过，渐渐地，一些人接受心理治疗，一些人强化积极的经历和关系，一些人设法在关系中重新建立信心以降低自己的防御倾向，让自己在未来的关系中获得更健康、更充实的体验。

成年后，波拉对金钱的恐惧给她在经济上独立带来了障碍。在稍后的播客中，她谈到了自己多么不愿意"大手大脚"地花钱。当然，这在一定程度上是由于她所面临的实际经济困难。但不止于此。像波拉这样在自恋型父母的陪伴下长大的孩子，被剥夺了健康的"心理分离"和"心理成长"这两个基本要素，被剥夺了以足够好的方式表达和满足自己需求和欲望的空间，也被剥夺了真正的同理心。自恋型父母把一切都简化为自己的需求和感受。这让孩子觉得自己不配得到任何东西。波拉在家里被强化的信息是"你的要求很荒谬，你不配"。毫无疑问，这在她的成长过程中引发了矛盾心理。一方面，作为成年人的她知道，这是她的钱、她的选择，她可以给自己更多；但另一方面，作为孩子的她，仍然认为她不配拥有这些，她的欲望"太离谱了"。正如她所说："因为，归根到底，你还是觉自己不占理。"

摆脱控制关系，走出受虐困境

走出一段虐待关系并不是容易的事。波拉对防止过去的历史重演的坚定承诺，以及她鼓起勇气和力量实现这一点的能力，着实令人钦佩。许多受虐者都觉得自己的余生都被困住了，无法改变自己的处境。他们很难让自己相信未来会与过去不同，但相信这种信念是改变的关键。即使过去是你的"常态"，但也未必非要那样。波拉告诉我们，在成长过程中，当她意识到别人被抚养的经历与她的成长历程完全不同时，她感到多么困惑。她认为"常态"的东西根本就不常见。她反问说："你想知道真相在哪里？正确的生活方式是什么？开启人际关系的正确模式是什么？"波拉必须找到一种方法来重新定义什么是"常态"。

要摆脱这种重复的循环，首先需要接受正在发生的事情的现实，这并不容易。一名受虐者说："当你处于这种受虐状态时，你只会淡化受虐遭遇，你只是想'哦，没有那么糟糕'。我想我已经接受了。我只是想'就是这样了。这就是我的生活，我看不出情况还会如何好转'。"这里有否认，还有可以助长否认的缓慢渐进的升级事件。

要摆脱这种重复的循环，其次要鼓起勇气寻求帮助（朋友、家人、专业人士甚至求助热线）。在受害者完全失去经济独立、无法从物质上离开的情况下，这些帮助尤为重要。通常财务虐待的关系中也有心理虐待，包括将受害者与亲密的人隔离（促使他们产生遥不可及的感觉）。每种情况都不同，但通常来说，无力感（既包括心理上的，也包括经济上的）往往非常严重，只有在亲近的人的支持下，你才能摆脱这种困境。

在某些情况下，为了摆脱这种虐待关系，偷偷存一些钱是可能的（当然，这是一个利大于弊的金钱秘密）。

一旦走出困境，就像我们在波拉身上看到的那样，我们不仅要处理创伤经历，还要确保我们有足够的心理稳健性，以便在未来拥有一段健康的关系：既不要完全避免这种关系，也不要再次陷入类似的关系动态。

本章展示了我们如何将金钱作为控制的武器，虽然财务虐待的案例是极端的（但比我们想象的要普遍），但我们可以通过金钱采取许多微妙的方式来操控他人的行为。如果你在本章中辨认出了真实的自己，我希望你问的问题是：是什么驱使你想要控制他人？你的欲望是否根植于金钱被用作获得预期反应的杠杆的记忆和经历？或者，你是在回应你当前关系中引发的情感，而你找不到其他方式来处理这些情感吗？控制你的伴侣是保护你免受被抛弃、被拒绝或被否定的恐惧的一种方式吗？最重要的是，你能让自己认识到控制关系的有害影响，并想出一种不一样的方法来解决你正在努力应对的恐惧和欲望吗？

第九章
金钱的秘密

保罗·图尼尔（Paul Tournier）因其在牧师咨询方面的工作而闻名（这是一种将精神或信仰与心理治疗相结合的咨询方法），他曾写道："没有什么比自己的秘密更让人感到孤独的了。"我完全同意。尽管秘密比我们任何人预料的（或愿意承认的）都要普遍得多，但它们对我们的心理健康是有害的。金钱方面的秘密也不例外，无论是它出现的频率，还是它可能带给你的孤独感指数，抑或是它对你的人际关系造成伤害的程度。

人们会保守各种各样的金钱秘密。比如，隐瞒购买行为和癖好，未经同意就放款，隐瞒收入来源、债务来源、往来账目。你可以想象财务出轨和性出轨之间的联系。关于金钱秘密的研究并不多，但已经有了一些调研和民意调查，让我们对人们保守的金钱秘密的频率和类型有了大致的了解。根据美国金融教育基金会（NEFE）的一项调查，在曾经合并财务的成年受访者中，约有2/5（43%）的人存在某种形式的财务欺诈行为，其中大多数人向伴侣隐瞒了某些事情（通常是现金或购物情况）或在财务问题上撒了谎（无论是债务、收入还是其他方面）。英国的情况也是如此，根据英杰化集团（Aviva)2023年的研究，有2/5的情侣承认，他们存在财务出轨行为。

根据2021年英国的一项调查，常见的秘密分别涉及隐藏的信用卡（37%）、个人贷款（23%）和秘密储蓄账户（21%）。英杰化集团的调查发现，38%的受访者承认自己有存款（平均约为1600英镑），但会对自己的伴侣保密。美国金融教育基金会研究发现，常见的谎言是隐瞒购买行为和谎报购买物品的价格。

尽管这些数字很大，但我们似乎不愿承认金钱秘密的普遍性。一项调查询问人们是否保守金钱秘密，以及他们是否怀疑配偶也对他们保守金钱秘密。虽然 45% 的受访者承认，他们目前对伴侣隐瞒了某种金融产品，但只有 23% 的受访者怀疑自己的伴侣也在做同样的事情。

我有一个患者，名叫艾莉，她正在考虑对她的丈夫隐瞒一笔财务。艾莉和利亚姆在一起已经超过 15 年了。他们的感情非常牢固，充满了爱、同情和理解。然而，随着时间的推移，他们努力沟通的意愿逐渐减弱，再加上外部挑战（各自的事业和三个孩子的养育）的压力，他们的关系出现了问题。

利亚姆频繁出差使他远离了家庭生活和责任。因此，艾莉开始觉得丈夫很自私。她越来越怨恨他的缺席，以及他心照不宣的假设，他居然认为妻子应该是为孩子做出职业牺牲的那一方。她对家庭责任分配的不平等也感到不满。小争小吵逐渐演变成大吵大闹，以至于他们一连几天不说话。就在这段关系的危险阶段，艾莉（在此之前她做什么都对利亚姆百分之百坦诚）开始思考：

- "也许他不是我想象中的那个人。"（失望）
- "也许他不值得我无条件地信任。他会自私到什么程度？"（猜忌、恐惧）
- "他以为我会这么卑微，无论事情有多不公平，我都会一直陪在他身边吗？"（愤怒）
- "为什么他看不出我有多不开心？"（悲伤）

这种负面情绪的旋涡很难控制。这对夫妇不再进行建设性的沟通，这让艾莉感到孤独、愤怒，却无处倾诉。她对他的看法发生了变化。在她看来，他已经有能力做出更自私的行为，她怀疑他是不是对她不忠。

正是在这种心态下，艾莉开始思考财务出轨的问题："我把姨妈的遗产存进了一个新账户。以备不时之需……我没有告诉利亚姆这件事，我是说，如果他能偶尔在家陪我的话，我可能会提一下……但同时，我也不知道他在干什么……而且我永远不知道他在干什么……"于是，艾莉藏下了一个秘密。

我们从她的盘算中看到了她的困惑。她不让他知道这笔钱是出于报复心理（他不再是唯一一个在这段关系中有所保留和"自私"的人）。这就像是"下雨天"的安全毯（这是在担心他们会分开吗）。这个秘密（和这笔钱）也让她在一种她曾感到不受赏识和不被重视的关系中感到更有力量。

我也曾见证过人们对婚姻关系中财务披露的程度和速度的持久辩论。是马上把全部事实告诉他比较好，还是应该采取一种"零敲碎打"的披露策略，等到不得不透露自己财务状况中更令人羞愧的一面时再开口道出实情呢？财务披露可能会让我们感到恐惧和不安。如果我告诉她我欠债，她会离开我吗？如果我承认自己辞职了，我的父母会认为我是个失败者吗？如果我告诉她我又去赌博了，我们会再吵一架吗？如果我告诉她我有多富有，他只会对我的钱感兴趣吗？

当我们探讨为什么我们会在金钱问题上撒谎时，我们会发现一些非常私人的原因，这些原因与我们自己过去的经历或自我判断有关，还有一些与我们构建婚姻关系的方式，特别是与我们带入婚姻的情感包袱有关（我也将在第十章中谈到这一点）。这可能是出于我们对透露对方不赞成的金钱行为的不安，但更广泛地说，这也可能是我们面对深化关系或失去自主权等非财务方面的恐惧的一种应对策略。

在深入探讨这些话题之前，我有必要定义一下什么是"金钱秘密"。牛津英语词典将"秘密"定义为"被刻意隐瞒或不让他人知晓或看到的事情"。根据这一定义，任何与我们的财务状况有关的信息，只要我们有意不让他人知晓（通过撒谎或隐瞒的方式），就可以算作"秘密"。这里的关键词是"有意"。这意味着，首先，我们知道这件事；其次，我们有权决定是否披露，但选择不去披露。

这个定义唯一的问题是它无法帮助我们区分隐私和秘密。有趣的是，同样是牛津英语词典，却将"隐私"定义为"某人对个人事务和人际关系保密的权利"。因此，当我们定义"金钱秘密"时，不能将所有的秘密都加以谴责，因为其中一些属于我们的隐私范畴。

在美国金融教育基金会于 2021 年对 2000 多名成年人进行的一项民意调查中，38% 的受访者认为某些金融领域需要保持隐私。我并不是建议夫妻们要将他们所花费的每一分钱都透明化，或者要求经济独立的成年子女一定要向父母透露他们的财务状况。这都是关于期望的问题：在两人之间（无论是夫妻关系还是亲子关系）是否已经就什么事要保密、什么事要公开的问题进行过沟通？例如，我们是否与伴侣达成协议，规定每月划出多少钱来分一分以供我们各自享受，而不必报告每一笔花费？在隐私方面设定界限有助于双方区分各自的情况，从而避免彼此萌生被欺骗或背叛的感觉。

"财务出轨"这一术语也有其局限性。"财务出轨"被定义为"从事任何预料会被恋人反对的财务行为，却故意不向对方披露"。正如艾米丽·卡宾斯基（Emily Garbinsky）等人解释的那样，它既涉及一种行为，也涉及对假定会被反对的行为的故意隐瞒。虽然这种区分方法有帮助，但它忽略了由于其他原因而保留的秘密（不仅是预料中会被反对的行为）：艾莉就是一个典型的例子。虽然她选择向丈夫隐瞒信息（故意为之），但这并不是因为她认为他会反对她接受遗产。相反，是愤怒、怨恨和不信任的情绪交织在一起，让她无法坦诚相告。

当然，我之所以更广泛地谈论金钱秘密，是因为许多金钱秘密都是对除恋人之外的人保密的。例如，我们不告诉仍在资助我们上大学的父母，我们在一个赌博应用程序上输掉了他们给我们的 3000 英镑，这显然是一个预料会遭到反对的财务秘密，所以要刻意地守口如瓶。

下面是一个关于金钱秘密的例子，不是因为预料对方会反对而对其保密。最近有个人（我叫她罗斯）问我："我没有告诉我最好的朋友，我和未婚夫之所以能买得起新公寓，是因为我父母给我们付了首付，我是不是在撒谎呢？"她正在考虑保守秘密，打破这些闺蜜之间看似透明的期望。罗斯确实有意隐瞒了信息（她不是忘了告诉闺蜜，而是故意隐瞒这些信息），但她并不是害怕闺蜜会反对自己"啃老"。罗斯认为闺蜜不会反对她得到父母的慷慨资助。那么，为什么她得到父母资助的事实就这么让她难以坦白呢？她想隐瞒什么呢？如果以后这个信息被曝出来，这段友谊的代价是什么？

其中一个保守秘密的原因是，她想在不全盘托出的情况下，向朋友炫耀自己买了一套公寓的成就。这可能会让她觉得自己像个"骗子"，因为她要维持"炫耀"的现实。或者，她隐瞒了这个信息可能是因为她的闺蜜已经连续几个月向她抱怨，该闺蜜向父母借钱进行房屋翻新时没有得到父母的经济援助。隐瞒信息可能是为了保护闺蜜的自尊，不让闺蜜面对双方父母对比的尴尬，因为她的父母慷慨解囊，而闺蜜的父母似乎一毛不拔。也许这也是为了避免朋友的嫉妒。无论是渴望得到赞赏和赞扬，还是为了保护朋友，这都不是为了避免别人的反对。

我们可能会有非常合理的理由来解释我们的隐瞒和谎言，但我们不是在法庭上，也不需要说服自己或他人，我们有理由撒谎或不想坦诚相待。更重要的是，我们要识别出哪些情绪可能在驱使人们对保密的渴望，这样我们就能更好地评估是否保守秘密才是处理这些问题的最佳方式。对保密带来的影响有了现实的认识，或许有助于我们评估是否应该为了维护关系而倾向于选择诚实相待。

社会背景

诚实是一种美德，不诚实是一种恶习。在大多数文化和社会中，不诚实的行为会受到谴责，并且（根据谎言的性质）甚至会受到法律的惩罚。大多数宗教也谴责谎言、欺骗和缺乏透明度。

社会谴责保密、不诚实和欺骗行为。那些被认为是行事隐秘的人可能会面临社会排斥或声誉受损。国家设有法律法规来保证信息的透明度和披露水平。尽管社会谴责秘密，但秘密无处不在。具体到财务秘密的问题，有几个社会趋势可能会导致我们要隐藏自己的财务状况。

其中一个趋势可能是从实体货币交易转向电子交易。我们不再需要在家里收到来自银行的信件，从而冒着被伴侣发现我们隐瞒的账户的风险。一个为我们提供额外收入的秘密股票交易账户，可以直接在手机上进行管理。当大多数交易都可以在网上完成时，我们就没理由去银行了。亲子关系也是如此，新一代青少年往往比他们的父母更懂科技，因此有很多秘密的金融活动可以逃避父母的监督。

社交媒体可能会误导我们对财务问题普遍性的看法。如果我们过于看重那些用于展示职业成就的平台（可以理解的是，在这些平台上有更多人炫耀自己的最新晋升，而不是谈论自己被解雇或难以管理债务的经历），我们可能会觉得自己是唯一一个在经济上不成功的人。如果我们对财务问题普遍性的看法遭到扭曲，那么我们就更加不愿意向伴侣或朋友透露任何财务问题了。

秘密诞生的原因

秘密（以及随之而来的谎言）会破坏任何关系中最基本的要素，即信任。那么，人们为什么要保守秘密呢？

一些研究将财务出轨视为一种规范性冲突，即我们的财务偏好、目标和欲望与他人的不一致。这导致我们面临两种选择，要么按照他人的偏好行事，要么按照自己的心愿行事。如果我们选择后者，那么，我们要么坦白，要么撒谎。我很难对财务出轨采取如此理性的看法，因为在我的经验中，人们并不总是清楚自己伴侣的想法。我们会做很多假设，并"投射"到伴侣身上。比如，我们会想象自己的伴侣非常挑剔，因为我们对自己的行为就非常挑剔。此外，"隐瞒"并不总是作为有意识的选择而发生，有时我们会出于恐惧心理而推迟有意识的"坦白"。

我并不是说，在说谎或隐瞒真相方面，我们没有自主权，但金钱秘密往往受到更多非理性和情绪化的心理过程的驱动。有些金钱秘密是为了掩盖我们自己的恐惧心理和不安全感。或许是因为害怕被对方抛弃，而不是预想对方会反对，我们才藏匿了一笔应急基金，选择不披露。或许是因为嫉妒伴侣在工作中的成功，让我们在感觉自己与成功的另一半相比微不足道，我们才选择过度消费并通过购买漂亮的物品来让自己变得"富足"。或者，像上面的例子中艾莉那样，是因为复杂的情感混合所致。例如，涉及帮助他人的金钱秘密（如暗中资助孩子或向近亲放款）可能不会公开，因为我们羞于向伴侣暴露我们是多么容易被人说服，以及我们是多么不善于对别人说"不"。这是我们在生活各方面都努力克服的自我缺陷，可能曾经被伴侣有针对性地批评过。

对许多人来说，保守秘密是他们的习惯。这或许是家庭生活的一种常态。比如，孩子知道父母的私事，但不会拿出来谈论或讨论。在某些家庭里，太多的谈话都是关起门来进行的，这让孩子们觉得几乎没有什么事情是可以公开谈论的。在一个习惯隐瞒事情的家庭中，保守秘密甚至可能被认为是"不伤害对方"的好方法，隐藏真相自然会成为应对痛苦的一种可行选择。

艾玛由患有躁狂抑郁症的母亲抚养长大，她的母亲酗酒成瘾，在丈夫离开她（当时艾玛只有 11 岁）后陷入了一系列的浪漫恋情。艾玛从小就觉得，父亲把她抛弃给了这位失控的母亲，而父亲移居国外并切断了与她的联系，这又加剧了这种"被人厌弃"的感觉。艾玛上的学校在富裕的郊区，到处都是"良好而正常的家庭"，艾玛的母亲却经常让艾玛感到尴尬。这位母亲会在躁狂的状态下接女儿放学，在女儿的朋友面前发酒疯。这个充满波折的童年让艾玛渴望更多，让她觉得她应该得到比现在更多的东西，同时也让她对自己的家庭历史感到深深的羞愧，并害怕自己也会疯掉。她从上学时就开始撒谎，她经常为父亲的缺席找借口："他出差了。"当朋友们问她父亲为什么从不带她不去看戏剧和演奏会时，她会如此回答。谎言很快成为她避免触碰自己内心悲伤、失望和愤怒的一种应对方式，也是她避免遭遇评判和由此引发的羞愧感的一种工具。这种羞愧感已经日渐明显，艾玛一直觉得自己不够好，经常怀疑父亲离开她是因为她不是他想要的孩子，他一直想要一个男孩，至少她听祖父是这么说的。所有这些复杂而根深蒂固的感受为理解和揭开为什么如今 35 岁的她会冲动消费并对伴侣隐瞒大量信用卡债务打下了基础。新婚不久的艾玛开始接受心理治疗，想弄清楚为什么她要保守一个如此重大的秘密来破坏自己的婚姻。

当然，没有一种解释可以说明所有的事情，但就像剥洋葱一样，层层叠叠的情绪阻碍着我们做到坦诚相待。当她是个小孩子的时候，撒谎是一种有用的防御手段。但是，撒谎对她现在的婚姻关系有帮助吗？如果他发现了，她真正害怕的是什么？她试图向伴侣隐瞒什么？正是她的羞愧感，她不完美的过去、不完美的家庭、令人尴尬的母亲和她自己可能有一天醒来发现自己也有精神健康问题。这些恐惧才是真正的秘密，但只要它以隐藏债务的形式出现，就可以被掩盖起来，让她觉得自己能够控制曝光的内容和保留的秘密。

过度消费（主要是化妆品、衣服和配饰）可能是为了缓解她因为母亲有瘾癖而留给她的空虚感。但这也与她渴望的转变有关，如果她看起来像个"正常人"，她就会觉得自己很合群。当时她渴望融入学校，现在也渴望融入丈夫及其社交伙伴的圈子。只要她"打扮得当"，她就可以把那种觉得自己"格格不入"的感觉藏起来。随着心理治疗的进展，艾玛努力消除这种羞愧感，直到她能够停止过度消费，并养成更健康的消费习惯。虽然她没有"坦白",但她慢慢地偿还了债务,不再有需要隐瞒的秘密了。她的消费习惯和保密行为(她的防御机制)失去了心理上的力量,因为不再有强烈的羞愧感需要去防御了。

艾玛的故事汇集了我已经讨论过的许多主题,并告诉我们,如果我们试图找到一个答案或一段经历去解释所有的事情,那是多么无益!艾玛的故事还说明了过去的经历和感受如何影响我们当下的金钱选择。

抵御内疚、羞愧和被批判的恐惧

我们都会犯错误,可能有坏习惯或沉溺于恶习,并产生我们并不引以为傲的行为。我们有一些方面和行为,是我们希望可以隐藏在世人面前的。在金钱行为方面,我们有时会选择这样做:把第 N 个购物袋藏起来,不让挑理的母亲看到;把信用卡账单撕碎,不让伴侣知道自己的奢侈行为;编造一个关于自己在哪里的故事,而不是承认自己又在赌博。秘密可能是对抗我们内心负罪感的一种防御手段,部分原因是我们不必"公开承认自己的罪行",部分原因是我们的谎言、隐瞒行为可能是我们否认事实的一种方式。就像我的一位患者说的:"如果我大声说出来,就会让事情显得更加真实。"嗯,这样真的很好,即使隐藏证据只能暂时且部分地帮助我们假装某事不存在,那也是不错的。

羞愧感比负罪感更难控制(正如我所解释的,羞愧感对我们的心理健康更有害)。我们可能为自己是成瘾患者而感到羞愧,可能为自己是"说谎者"而感到羞愧,担心不诚实会暴露出自己的一部分性格。我们可能因为"失败"而感到羞愧,因此,即使我们的第一份工作被炒鱿鱼了，我们还是会穿上西装，假装去上班，因为我们不好意思告诉父母自己被解雇的事实。对于麦道夫来说，他的不诚实行为始于一次财务损失。他无法面对失败的羞愧感，于是他通过撒谎来维持成功的假象。

一位名叫罗伯特的患者来找我治疗，第一次见面，他看起来非常忧虑："我有一个价值 200 万英镑的问题。"我以为这个看起来如此忧心忡忡的男人遇到了巨额债务问题。是过度消费吗？是糟糕的投资吗？我听着他讲述自己的故事。罗伯特出身于中等收入家庭，有一份稳定的工作，在一家软件公司担任工程师，他已经在那里工作了 12 年，他与妻子在大学时相识，有两个青春期的孩子。罗伯特是个循规蹈矩的人，他一生都住在同一个城镇，从大学起每周四都和同一群朋友打牌，坚持"50/30/20"生活法则（把税后收入的 50% 用于满足基本需求，30% 用于满足个人欲望，20% 用于储蓄）。去年，他 48 岁时，一家大型跨国公司收购了一家小公司，而他在这家小公司持有少数股权 20 多年了。他突然发现自己变得非常富有。这 200 万英镑不是债务，而是公司出售所得的收益。他发现自己突然有了 200 万英镑，这让他感到极度不安。现在，你可能会想："这不是什么坏事儿。"当然，这比我想象的要好。然而，我的职责是帮罗伯特弄明白什么让他如此烦恼。

"除了我的家人，我没有把这件事告诉任何人，而且越来越难掩饰了。我的妻子一直在催促我搬进更大的房子……我不想事情发生改变。我不想我的朋友们对我的行为有不同的态度。我们决定带孩子们去纽约过圣诞节（我们从未去过美国）……但回来后，我只是无法面对人们问起假期的情况……我不想听起来像是在炫耀。我的意思是，我知道我的朋友们都在当地度假，我们一直都是这样。他们会不会觉得我现在成了'大款'，不再愿意和他们一起去露营？我知道这会使我们之间产生隔阂……我也担心孩子们会发生什么变化。我不想让他们被宠坏。"

罗伯特的例子告诉我们，拥有金钱可能会引发非常难以应对的情绪和焦虑。对他来说，金钱扰乱了他原本满意的生活，还带来了很多风险：引发朋友们的嫉妒，被朋友们疏远，与妻子在如何花钱上发生冲突，担心这笔钱会"宠坏"孩子。在接下来的几次治疗中，罗伯特透露，他的父亲是一个白手起家的人，给孩子们灌输了努力工作和为自己的工作成果感到自豪的思想。这笔意外之财来得如此容易，这让他觉得自己不配拥有它。他该如何摆脱这种羞愧感？他又该如何应对自己对金钱可能"毁掉"自己的生活和人际关系的恐惧和担忧呢？

这场心理治疗将着重于首先处理他的情感问题，这样他就能不把这笔财富看作"发生在他身上的意外"，而是他可以控制和改变的东西。虽然他无法控制别人的嫉妒，但他可以控制自己谈论假期的方式。尽管他可能不想一直向所有人隐瞒自己新的财务状况，但他可以设法向孩子们展示这个事实，并考虑采取措施，帮助他们不被这笔巨额财富"宠坏"。他需要正视自己的感受，改变把金钱看作"坏事"和"麻烦"的看法，转而关注金钱带来的机遇。他的妻子要求住进更大的房子，但罗伯特坚决拒绝了，他内心充满了恐惧，但随着时间的推移，他克服了享受新获得的财务自由带来的恐惧，如此，夫妻俩就可能做出关于如何平衡花钱享受生活、存钱储蓄和凑钱投资的共同决定。无论是从情感上还是从理性上讲，隐瞒财富都不是最佳解决方案。

正如我们所见，财富羞耻感可以通过多种心理防御机制来应对：有些人可能会在不知不觉中破坏自己的成功；有些人则可能会保守金钱秘密——他们的财富成为他们的"肮脏的小秘密"，因为他们觉得自己不配拥有这些东西，或者像罗伯特一样，可能会因为公开这件事而产生各种恐惧。我们可以看出，通过自我破坏来进行防御是具有破坏性的，但保密也是有害的。我们可能会避免社交互动，因为，做"不真实"的人，用谎言来掩盖真相，是多么让人筋疲力尽。这不禁让人质疑：为了保守秘密而付出如此高昂的代价，值得吗？如果像罗伯特那样，你被恐惧束缚，那么你可能会觉得这是值得的，因为你所想象的"透明化"将会带来更糟糕的结果。但是，一旦你解决了这些恐惧并考虑了保密的实际影响，你心中的天平可能会移位，撒谎的砝码就不够分量了。

还有一种更隐蔽、更根深蒂固的羞耻感，与金钱无关。我们可能会为自己的某些方面感到羞耻，担心自己有缺陷或不受欢迎。例如，隐瞒自己的成瘾行为可能是为了掩盖自己的抑郁和"阴暗的想法"：成瘾只是在帮助我们掩盖这些情绪和想法。我们可能会对我们在乎的人隐藏自己的这些方面，不是出于恶意，而是因为我们希望被他们接受，而不是冒着失去他们的爱的风险把他们吓跑。我们甚至可能试图通过不向他们透露我们的"肮脏的秘密"来保护他们免受伤害。

通过消极挑衅来表达愤怒

根据我的经验，人们往往害怕自己的愤怒。愤怒通常被认为是一种不可接受的情绪，或者是一种很难用合理的方式表达的情绪。我看到过人们想出各种巧妙的方法来避免表达愤怒情绪，就好像承认自己在某个情况下有多愤怒是一件可耻的事情一样（"也许不是愤怒，更像是沮丧""愤怒？不，更像是恼怒"）。愤怒还常常与攻击性混淆，不幸的是，由于一些人的家庭环境，"愤怒"与"挑衅"被不可分割地联系在一起，所以愤怒会被压抑，而不是表达出来。我问过无数次："你有没有告诉她这件事让你有多生气？"听到的回答往往是："嗯，我不想挑起激烈的争吵。"好像表达愤怒的唯一方式就是爆发、破坏、伤害。

没有人喜欢把自己看作是消极挑衅型的人。然而，很多时候，金钱秘密正是如此。我看到过人们对金钱的不同看法，这动摇了我们想要"按自己的方式"做事的欲望。比如，有一对父母就他们应不应该帮助 19 岁的儿子购买汽车的问题而产生了不同意见：

萨 拉："我觉得我们应该帮助菲利普购买汽车，也许我们可以出一半的钱？"
约瑟夫是菲利普的父亲，他并不赞成这个主意。
约瑟夫："他现在已经成年，可以为自己的财务决定负责了。让他自己想办法解决吧。"

当然，萨拉有权把钱给她的儿子。然而，在询问并听到约瑟夫的反对意见后，继续这样做就是在消极挑衅了。她很生气约瑟夫不同意，把钱偷偷给儿子就是她的抗议表现。

我经常被问到，当我们和约瑟夫和萨拉一样，在金钱观上存在分歧时，该怎么办呢？在大多数情况下，人们会先"试水"，探一探伴侣的口风，在对方出现抵触迹象时就放弃。不如我们来深入讨论一下，为什么萨拉想要帮助菲利普？约瑟夫的做法可能实际上会帮助萨拉认识到，她应该努力给予儿子自主权和独立性以帮助他发展所需的技能和信心，成为能够管理自己财务的成年人。或者，约瑟夫可能会看到，他有时对儿子的态度非常严厉，这是为了"磨炼"儿子，这和他自己小时候受到的教育方式类似。夫妻双方展开多次讨论，互相理解彼此的观点，最终会得出一个解决方案，要么他们有一方改变自己的意见，要么他们双方在资助数额上达成妥协。

害怕冲突

事实证明，金钱是人际关系中常见的冲突原因之一。因此，如果我们怀疑伴侣会对我们的金钱行为持否定态度，那么，怪不得保守秘密可能是避免争吵的好方法，这也没有什么好奇怪的。当然，这取决于"秘密是什么"，你可能只是在避免一场短期的小冲突，但可能会引发更严重的后果，恶果之一就是失去信任，这可能比行为本身引发的冲突更为严重。

我们害怕冲突和争吵，这可能源于我们在金钱问题上争吵过多的现实经历，也可能源于我们在成长过程中目睹了父母无休止的金钱纠纷。为什么年轻一代（Z 世代和千禧一代）在金钱问题上明显更加遮遮掩掩呢？这里有几种可能的解释。根据美国银行利率网站（Bankrate.com）对美国 2500 名处于恋爱关系中的成年人进行的调查显示，64% 的 Z 世代和 54% 的千禧一代承认自己有财务出轨行为，而 X 世代和婴儿潮一代的这一比例为 29%。一种解释是，这些年轻一代更有可能体验过父母离异，而父母离异的过程更有可能让他们接触到金钱纠纷的阴暗面，影响他们对关系持久性的感知，也许还会向他们灌输经济自主的观念。还有一种情况是，随着新一代结婚年龄的推迟，他们可能不会面对很多随着时间的推移而不可避免地出现的金钱分歧，因此，羞耻感或预期对方会反对的念头可能更深地存在于他们的脑海中，阻碍他们坦诚相待。

害怕亲近或亲密

金钱秘密可以成为对抗被耗尽或被利用的恐惧的一种防御手段。同样的道理，对于某些人来说，银行账户的分开可能只是他们害怕与对方亲近与合并的一种表达方式。秘密也可能在心理上让我们有一种宽慰感，即我们没有把"所有的东西"都给对方。这是保持和调节情感距离的一种象征性方式。

同样，如果我们在情感上被父母压抑，或者被他们的需求和欲望压得不堪重负，这可能会让我们渴望那些不具备这些特质的关系，即我们可能会珍视自己的边界感和独立性。如果我们感到"过于亲密"，一种焦虑感可能会油然而生，因此，害怕最终陷入那种心理上令人窒息的状态。"秘密"就像一道边界，是我们心中的屏障，让我们确信我们仍然是独立、自主、自由的个体。

意大利有一句谚语："谎言总是站不住脚的。"而真相往往会让我们措手不及，造成的伤害可能是无法弥补的。据《美国新闻与世界报道》（ *US News & World Report* ）在 2023 年进行的一项调查显示，只有约 10% 的财务出轨的受害者是通过坦白得知真相的，这让我个人感到非常震惊。其余的是通过其他方式发现的……你在公共结算单上发现了一笔大额消费，你发现了一个陌生账户的结算单，你注意到你的伴侣遮遮掩掩地看手机，或者可能不经意间说漏了嘴。

秘密使我们孤立，这违背了我们作为人类的天性，违背了我们需要联系和被理解的需求。哥伦比亚大学商学院领导力和伦理学副教授迈克尔·斯皮恩（Michael Slepian）研究了秘密心理学，他表示保密行为会干扰"我们人类想要联系、连接和被了解的欲望"。他阐述了这种行为在我们体内产生的内心冲突，这种冲突是导致我们深感不适的原因："一个人与他人联系的需求与他自己想要保守秘密的愿望直接相冲突。"

我们通过与他人交谈了解自己。与他人交谈，分享困扰我们的事情，倾诉我们的担忧和焦虑，这些都是我们试图了解和理解自己的行为，并从不同的角度看待自己行为的方式。与一个值得信赖的人分享我们可耻的习惯或经济困难，也是体验解脱的一种方式，这会让我们感觉"我们肩上的重担减轻了"。如果保守秘密，我们就没有机会学习，也没有机会放松。

如果我们用谎言来掩饰事实，那么我们可能需要控制自己的负罪感。在某种程度上，我们知道我们正在伤害这段关系，即使谎言是为了"保护"我们的伴侣，但我们知道，如果对方发现我们有所隐瞒，我们就不会收到很好的回应。

羞耻感是许多秘密最具破坏性的副作用。我们已经看到羞耻感是如何成为我们最初对伴侣隐瞒某些事情的首要原因，这才是我们真正感到羞耻的秘密。然而，羞耻感也可能是对我们在乎的人保守秘密的后果（因为"撒谎"而感到羞耻）。在我们心中，"我们想成为的人"和"我们现在真实的自己"之间的差距会因为我们的保密而扩大。斯皮恩发现，我们越频繁地思考自己的秘密，我们的幸福感就会越低。斯皮恩和他的同事们在研究中还发现，与羞耻感有关的秘密比与负罪感有关的秘密对我们的心理健康更有害。

秘密也会引起心理上的不适感，因为人们通常会认为秘密是"不真实的"。事实上，人们越是觉得自己因为保守秘密而变得不真实，他们的幸福感就越低。正如我在《女性健康》（*Women's Health*）杂志的采访中讨论的，在我们生活的社交媒体世界里，有些人可能会花很多精力"保持形象"，甚至塑造一个"公众形象"，这个形象更接近我们想成为的样子，而不是我们真实的自己（或者我们实际拥有的或负担得起的东西）。这会消耗大量的精神能量，让人感觉不真实。在这种情况下，我们不应该只考虑大秘密和大谎言的影响。以那位买了公寓的朋友为例，她知道是她的父母帮她付了钱，她却把得到的赞美全部归功于自己。她投射到世界上的画面与现实并不一致，所以这成为一种负担沉重的内心冲突。

透明化的生活态度不仅能帮助我们自己，也能帮助别人。如今的人们常常精心挑选自己最完美的图片并进行美化精修，然后在社交媒体上展示。在这样的世界里，听到别人也有脆弱的一面的感觉可能会让人感到解脱，尤其是当我们能够与他们产生共鸣的时候。我们很容易就可以通过浏览网页得出"每个人都很成功""每个人都取得了成就"的结论。当我们在经济上感到脆弱或与我们想要的状态不一致时，听听别人的故事可以帮助我们感觉不那么孤独，比如，听到别人也可能走捷径（比如用父母的钱做押金），或者听到别人也可能在某个方面存在不足（比如"预算紧张"）。

财务透明化总是值得被推荐吗？我读过一些调查，这些调查引用了不同的统计数据，显示父母在财务问题上对孩子的诚实程度。我不确定在亲子关系中完全公开财务状况是否合适，也不保证这会导致孩子在成年后不会对与金钱相关的事遮遮掩掩（实际上恰恰相反，我看到很多孩子在成长过程中接触到太多关于财务的细节和焦虑，以至于他们对金钱采取了相反的态度，即沉默、否认、压抑或避免谈钱）。我建议成年人之间保持金钱透明，但是，当然，没必要在第一次约会时就完全披露财务细节，只是人们已经开始在约会软件上发布他们的信用评分了。我所提倡的是伴侣之间就金钱问题展开对话，让双方对隐私和保密的界限达成共识。你可能会想到一个场景，透明度在这里并不是最好的策略。然而，作为一名心理治疗师，我的经验告诉我，秘密具有破坏性，一旦曝光就会引发混乱。

第十章
夫妻关系和金钱

哈佛医学院进行的一项历时最长的关于幸福的研究发现，生活幸福的最重要的决定因素不是（如他们所期望的）经济和事业上的成功，而是拥有高质量的人际关系：在这种关系中，我们感到与他人相连，我们感到温暖，觉得我们可以依靠他们。这项研究的研究人员从 1938 年开始追踪 268 名男性（后来扩展到他们的家人）的生活，并定期全面地测量他们生活的各个方面（职业、健康、财富、人际关系、家庭等）。有些人成为成功的商人、医生和律师，而另一些人则患上了精神分裂症或成瘾症，而决定他们一生是否幸福的首要因素就是亲密的人际关系。

我们的人际关系蓝图以及我们身处其中时的期望和行为，受到两个重要经历的影响：我们与父母相处的经历（我在前面的章节中讨论过）以及我们目睹父母彼此相处的经历。我们的父母是我们的一个参照点。对大多数人来说，至少在某种程度上，父母会成为他们有意识或无意识模仿的一个榜样（因为我们会被熟悉的事物吸引，并喜欢照着样子重做）。有些人通过有意识的努力和决心来避免像他们的父母那样的结局，设法在未来的关系中建立不同的关系。无论我们的具体情况如何，现实是我们并没有完全意识到由于与父母接触而带来的无数期望、希望和恐惧，但增强这种意识可能是有益的。

夫妻关系的挑战是巨大的：我们自己塑造人际关系的方式受到各种复杂因素的影响，而这些因素与我们伴侣的影响相冲突。我们的伴侣会带着他们自己被爱（渴望、恐惧、欲望和依恋类型）的经历、他们自己内化的父母形象，以及他们自己对于应该如何与伴侣相处的成人观点来到这段关系中。而谈判和管控这些分歧并非易事。

金钱冲突在各种关系中普遍存在，比如浪漫关系、友情关系和商业伙伴关系，原因有二：

- 金钱是生活的一部分，所以它经常出现，我们对金钱的不同看法可能会产生并引发冲突。
- 金钱可以是我们用来表现情感问题的一个象征，这些情感问题实际上与金钱无关，而是与人际关系的其他方面有关。

在这一章中，我将把重点放在浪漫夫妻的身上，他们在关系发展的过程中面临着将他们的财务世界结合起来的挑战。

最近，我听到一对夫妇在谈论假期生活：

贾森：我们真的不能重蹈覆辙，把这么多钱都花在度假上了。

薇拉：为什么？

贾森：太多了！我把这些都加起来，我们度假花了 3000 英镑！那太过分了！

薇拉：是吗？我们现在能负担得起呀。

贾森：我知道……但是……总感觉不对劲……

对于面对收入增长，不得不在如何使用额外资金的问题上做出选择的夫妇来说，这样的互动并不罕见。他们是增加在生活方式上的支出（所谓的"生活方式膨胀"），还是用这些钱来实现其他财务目标（比如，增加储蓄、投资退休金、购买第一套房产或第一辆汽车）？如果他们不考虑增加在生活方式上的支出是否符合他们的价值观和财务目标，而只是"随波逐流"，他们最终可能会对自己的选择感到不满且充满遗憾。如果他们的伴侣就"什么是最好的"问题持有不同的看法，又该怎么办呢？

从上述案例来看，贾森认为的假期过度消费，对薇拉来说是符合他们新的购买力的理性选择。但还有很多我们不知道的事情，而且伴侣双方不应该假定对方知道这些事情。这笔钱的用途是否与贾森对金钱的价值观（他认为金钱应该用来做什么或应该花在什么地方）相冲突？或者，他是否认为这会干扰夫妇双方已经决定要优先考虑的其他财务目标？他是否因为享受了一次家人或朋友负担不起的假期而感到内疚？还是说，他的成长经历告诉他，金钱不应该都浪费在假期上，而应该存起来或用于投资？"感觉不对劲"的原因可能有很多，解开这些谜团对贾森来说是有益的，也有助于薇拉更好地理解丈夫的观点。

至于薇拉对此事的淡然态度，又是怎么回事呢？我们可以假设她很理性，对自己的假期预算很满意，但事实可能并非如此。她考虑过生活方式膨胀的潜在影响吗？她是否考虑过夫妇双方的财务现实和优先事项，并得出在假期上花费 3000 英镑是合理的结论吗？有没有可能是她心中有一股无意识的力量（也许是为了给朋友和家人留下深刻印象，或者害怕财务上的富足不会持续，所以最好在钱还在的时候尽情享受）推动她花更多的钱呢？这对夫妻之间的关系也值得探索，贾森是否扮演了会计或"理性代言人"的角色，而薇拉则跳出了思考财务问题的藩篱？

在处理一段婚姻关系中的金钱分歧时，我们值得退后一步，考虑以下几点：

- 当涉及金钱以及更广泛的问题时，我们各自给这段关系带来了哪些情感"包袱"？

- 你怎样才能更深入地了解你的伴侣对金钱的态度，并就不可避免的分歧进行协商？
- 你们的金钱冲突在于金钱本身，还是说金钱只是你们用来表达感情的语言？

夫妻经常为钱争吵

金钱方面的争论很常见。前文中的各项研究表明，金钱要么是婚姻冲突的最大来源，要么是婚姻冲突的主要来源之一。英国舆观调查网在 2019 年进行的一项民意调查发现，有超过 1/3（37%）的情侣曾为钱争吵。在英国财富和养老险产品提供商英杰华集团于 2023 年进行的一项研究中，有 1/4 的受访情侣承认，他们每周至少会为钱争吵一次。在美国，2000 年开展的一项全国婚姻力量调查（National Survey of Marital Strength）涵盖了超过 2.1 万对已婚夫妇。研究人员发现，即使是幸福的夫妇，金钱也是最容易引发分歧的话题。

对待金钱的态度和行为

夫妻之间经常会因为对金钱是什么、它所代表的意义以及它应该被用来做什么等问题产生分歧。对于可接受的债务额度、合理的公寓大小、送给朋友婚礼礼物的花费、借钱给朋友是否是个好主意等问题，每个人都会有自己的看法。过普通的生活需要做出无数的选择，这些选择都是通过我们内心的指南针做出的，而与我们的伴侣在所有事情上都不谋而合的概率是非常小的。当信念、价值观和行为存在较大差异时，冲突的可能性预计会更大。如果说，提升自己的财务情感意识都很困难，那么，理解他人的金钱行为背后的驱动因素就更具挑战性了。

更令人困惑的是，有时我们的过度行为和节制行为，或者我们对风险的偏好，与我们实际的信念和价值观相冲突。我们可能因为经济创伤而变得比我们所希望的更厌恶风险，或者因为自恋的天性而挥霍无度和炫富，或者因为花钱会让人产生负罪感而抵制外出就餐。正如我们在本书中看到的，即使我们决定了我们想要如何对待金钱，我们也会面临着诸多限制，所以，即使我们对金钱的价值观和态度与我们的伴侣一致，我们的非理性行为也可能会引起分歧与不和。

财务决策是如何做出的

我们应该把银行账户合并还是分开？谁有最终决定权？一方是否可以将所有责任都委托给另一方？在伴侣的自由冲动与征求对方意见之间，应该如何找到正确的平衡？当我们谈到金钱行为时，在隐私和保密之间应该如何划清界限？

美国国家婚姻力量调研组询问了夫妻在财务方面的最大障碍，一半的夫妻觉得伴侣试图控制财务。这表明，夫妻很难找到一种制度，让双方在财务决策上有足够的自主权和发言权，而双收入家庭的增多加剧了这一难题。两个都有工作的伴侣之间的关系引发了许多关于权力和自由的问题，我在本章的后面会再回到这个话题。

　　夫妻必须在透明度和隐私权、公平和平等、信任和亲密感等方面达成妥协。这些不仅仅是关于金钱的对话，而是涵盖了各种各样信念的话题，甚至可能反映在夫妻关系的许多方面（育儿、性爱）的不安全感。回避金钱话题的一方可能会避免任何冲突的话题，并将许多其他责任委托给另一方。对自己的财务状况守口如瓶的一方可能通常会有所隐瞒。坚持平等的伴侣可能希望这种平等不仅体现在财务上，也体现在育儿责任上，等等。

　　美国国家婚姻力量调研组发现，在婚姻幸福的夫妻中，89%可以在金钱问题上达成一致，而在婚姻不幸福的夫妻中，只有41%的伴侣意见一致。我想这并不是因为幸福夫妻在金钱方面的期望、恐惧和欲望完全匹配，而是他们找到了一种可以处理不可避免的金钱分歧的方式，因此不会导致激烈的争吵和破坏性的冲突。事实上，这项研究中的"幸福夫妻"将良好的沟通和解决分歧的创造力作为浪漫关系的优势：这些因素可能对于塑造他们"在金钱问题上达成共识"的观念至关重要。

金钱是一个热门话题

　　我认为金钱之所以成为夫妻之间的热门话题，主要有四个原因：

- 金钱依然是个禁忌话题，夫妻们经常避开谈论金钱问题，直到他们面临冲突。
- 我们不希望有分歧，也不擅长处理分歧。

- 许多现代夫妇正经历着他们未曾预料过的财务状况。
- "钱战"往往与钱无关。因此,这对夫妇可能实际上是在以财务对话为掩护,讨论一些非常情绪化的问题。

接下来的章节中,我将深入探讨这些问题。

金钱依然是个禁忌话题

首先,一个简单的事实是,金钱依然是个禁忌话题,人们在谈论宗教、政治和性方面的观点时往往更坦率,但在谈到财务问题时则不太愿意敞开心扉。根据富达投资公司的研究,29%的女性宁愿分享自己的约会史,也不愿谈论自己的财务状况。

对许多人来说,这是一个令人紧张、乏味或"不浪漫"的话题。当情侣们放松地做着恋爱初期的白日梦,讨论未来的旅行目的地或食物偏好时,他们就不太愿意提起一个看起来既世俗又可能情绪化且充满羞耻和恐惧的话题。然而,金钱问题往往会在大多数第一次约会中悄然出现,因为双方需要面对谁付什么钱、花多少钱买酒,或者乘坐优步还是公交去下一个地点的决定。

金钱依然是个禁忌话题,也可能因为我们缺乏财务情感意识。财务问题可能是我们没有深入思考过的生活领域之一,我们自己对此也一无所知。我们可能听到过朋友批评我们如此轻易地买了那件新外套,或者来访的母亲暗示我们在购买食品时太抠门,甚至有朋友开玩笑说我们投资1000英镑购买比特币是多么鲁莽。但是,我们可能没有分析和弄清楚自己是如何做出财务决策的,因此,我们让这个话题蒙上了阴影,不去思考也不去探讨。

回避这个话题也有其危险性。就像我们可能想知道新伴侣是否有前妻、私生活混乱或有囤积癖一样，我们也可能想知道新伴侣是否有五位数的信用卡债务，或有赌博前科。假装财务不重要会显得我们既缺乏阅历又目光短浅，因为金钱是生活的一部分。

你需要找一个合适的时机向你的伴侣提起许多与金融相关的话题。我并不是建议在第一次约会时就询问对方的信用评分，但如果等到我们订婚后再告诉对方我们有花钱成瘾的问题，可能不利于在增进感情过程中建立起来的信任感。

我们不希望有分歧，也不擅长处理分歧

我们发现伴侣不完全符合我们的信仰和价值观，或者不完全符合我们对伴侣的期望，这是一个痛苦的过程。根据我在帮助人们解决情感问题时的经验，学会容忍和解决分歧是一段关系中难以做到的事情之一。

他怎么不担心我们的财务未来？她怎么无法享受金钱？难道金钱不是用来享受的吗？他为什么在投资上冒这么大的风险？她为什么回避这个话题？我们不应该在财务问题上达成一致意见吗？这些分歧往往会让我们感到措手不及，因为我们在某种程度上原本希望找到一个在所有事情上都与我们志同道合的人。我们开始怀疑自己选错了伴侣，有些人甚至会陷入"确认偏误"的陷阱，寻找证据证明其他所有夫妇似乎都很快乐和谐，今后余生，幸福永相随。

以亚伦和斯特拉为例。斯特拉在花钱方面比亚伦更奢侈。在这段关系中，斯特拉和亚伦一直在努力调和斯特拉对"享受金钱"的愿望与亚伦的节俭态度，但与此同时，斯特拉内心也因为两种相互冲突的情绪而感到痛苦。一方面，她渴望享受他们新的

财务自由；另一方面，当她花钱时，她会因为自己成长在一个崇尚节俭的家庭中而感到内疚。与此同时，亚伦虽然对自己的节俭感到很自在，但他也面临着两种相互冲突的情绪。一方面，他为自己的财务谨慎而感到自豪；另一方面，他又害怕自己过于节俭，变成像他父亲那样的守财奴。你可以看到挑战所在：当我们自己的观点可能因矛盾、恐惧或心理冲突而受到影响时，协调不同的金钱观是多么艰难的事情！

有时，在浪漫关系中加剧这种挣扎的是"两极分化"。随着时间的推移，当分歧得不到理解和处理时，双方可能会越来越固执地坚持自己的相反观点。斯特拉渴望花更多的钱，现在她能负担得起（尽管她内心的声音告诉她，节俭是件好事，奢侈就是浪费）。然而，在与亚伦多次发生冲突后，她的观点"我们可以花更多的钱"变成了"我们应该花更多的钱"。起初这只是一个建议，但后来却变成了顽固且固执的观点，她就是认为自己是对的，亚伦是错的，而且亚伦"太节俭了"。如果这对夫妇在各自的行为和欲望表现出来时能够进行更成功的沟通，他们就能富有成效地探索共同之处。比如，他们都在以节俭为美德的家庭中长大；他们都想更多地享受自己所拥有的钱财，但每当花钱时，他们都在内疚中挣扎。尽管斯特拉试图掩盖自己的负罪感，但在亚伦看来，妻子的这种负罪感进一步强化了他的观点，即"花钱是错误的"。

但是，错失的机会和在金钱选择上持续的冲突使亚伦更加坚定他的观点，即"花钱是不好的"。随着他们经济状况的改善，他心里已经有了一点改变的余地，但是，当他用"辩论弹药"武装自己，准备与斯特拉就"为什么节俭是最好的"话题进行下一次舌战时，这一点点小小的改变空间也消失了。这种"两极分化"改变了对话的目的和动态。我们与其坐在伴侣身边寻找一个足够好的妥协方案，不如坐在他的对立面，试图"证明自己是对的"。与其倾听，不如争辩。与其解决问题，不如互争雄长。这是一个很难摆脱的动态。谁会首先放下自己的盔甲，甘愿示弱，退而换一种新的姿态呢？

因此，中度风险偏好型伴侣可能会在与冲动冒险型伴侣发生冲突时慢慢变得厌恶风险。那些通常有点焦虑和逃避财务问题的人可能会把所有的责任都委托给伴侣，然后，伴侣开始觉得有权做所有的决定，并把所有的财务问题都掌握在自己手中。在所有这些例子中，你都看到了错失良机的悲剧性，一对原本可以互补的夫妇，现在变得不相容了。

我觉得"不相容"是个棘手的概念。理论上，当一对夫妇的分歧使他们难以拥有健康和正常的关系时，他们就是"不相容"的。然而，根据我的经验，很多夫妇往往过早地认定彼此"不相容"，没有真正尝试去理解对方，没有站在对方的立场上换个角度看世界，没有跳出自己的舒适区去尝试新的做事方式。

当谈到金钱观的分歧时，看看我们伴侣的相反观点，可能会揭示出对方节俭的优势，或者享受金钱所能买到的东西的能力。冒险和规避风险都有各自的优势。这意味着，实际上，夫妻双方拥有不同的金钱观，这可能是导致谈判破裂的一大因素，也可能是塑造一种互补的夫妻理财方式的绝佳机会。

两个想在一起的人可以找到富有想象力的方法来协商出一个妥协方案，但并不是每个人都能轻易做到。大多数人面对分歧时，要么自己生闷气和放弃，要么坚持认为对方需要改变和放弃。人们可能会觉得无法处理冲突，难以继续开展所需的对话。

许多现代夫妇正经历着他们未曾预料过的财务状况

财务规划公司 Magus Wealth 的董事长迈克尔·艾特肯
（Michael Aitken）称，在夫妻双方共同寻求财务规划帮助的情况
下，只有男方出席预约会议的情况并不罕见。他对我说："我现
在坚持要求夫妻双方都参加会议。"

传统上，男性负责处理财务事宜，而女性则专注于抚养孩子
和打理家务。但现代夫妻的情况却大不相同了。首先，因为社会
的变化使双职工家庭成为常态，这意味着传统上划分财务、住房
和儿童保育责任的方式需要根据这一变化进行调整。

在过去几十年里，女性和母亲的就业人数出现了显著增长，
这在一定程度上是因为性别角色受到了挑战，女性渴望拥有充
实的职业生涯，生活成本也在增加，同时也因为女性拥有了更
多的职业机会和灵活的工作安排。在 1968 年的美国，有 35% 的
家庭是由男性担任唯一经济支柱，而到了 2018 年这一比例下降
至 18%。据统计数据显示，在经合组织（OECD）国家，大多数
夫妻双方都从事有薪工作（这类夫妇通常被称为"双薪夫妇"或
"双职工"家庭）。虽然各国在如何划分全职和兼职工作方面存
在差异，但事实仍然是，与以往任何时候相比，现在有更多的妇
女参加工作并挣钱，也有更多的母亲加入了就业者的队伍。

这种新的收入结构产生了各种各样的冲突和困境。如果我
们都有一位全职母亲，她靠父亲给的生活费来购买杂货和其他物
品，而我们的父亲则负责赚钱并处理大部分财务责任（账单、债
务、投资），那么，在我们和伴侣都开始赚钱的新情况下，我们
可能会发现很难调整彼此的期望。当我们试图在可能与我们成长
的模式截然不同的环境下建立一段关系时，这些变化给我们的思

想带来了困境。关于如何分配家务、协商育儿责任以及共同承担夫妻财务责任等问题，我们没有任何蓝图。

那么，我们是否都平等地参与财务决策呢？如果只有一方兼职工作，而另一方全职工作，我们是否应该平等地参与财务决策？如果我们中的一人薪水比另一人高，该怎么办呢？我们如何分摊账单和债务等责任？我们该如何处理伴侣给我们带来的夫妻共同债务？既然我们都能在经济上养活自己，我们是否允许或希望自己在财务上拥有更大的自主权，还是继续信奉"你的就是我的"原则？如果我们都在全职工作道路上顺风顺水，我们如何决定谁会牺牲职业来承担照顾孩子的责任？这些（以及更多）都是难以抉择的问题，尤其是当夫妻双方对答案有不同看法的时候。

角色转换可能更具挑战性。在双职工家庭中，男性提供大部分收入仍然是常态，但也存在一种变化的趋势。女性收入高于男性的异性恋夫妇数量正在增长（2017 年为 28%，而 1990 年为 12%）。这种改变对许多夫妻来说都很难熬，因为往往夫妻双方都对此感到陌生。虽然表面上双方都觉得这没什么，但我们已经内化了的夫妻形象与现实情况之间的不和谐所带来的情感不适开始显现其影响。我见过一些男性患者，他们与收入更高的女性伴侣在性爱方面很挣扎，感觉自己的男子气概被这种财务动态给削弱了。他们不认为自己是一个"有力量"的男人，部分原因是他们的财务状况与他们内心对"男人是供养者"的观点形成了鲜明的对比。当然，这个信息不只是通过个人家庭经历传达的，还有整个社会对男性"应该"在经济上取得成功的期望。

克莱尔·巴雷特在她的著作《关于金钱，他们没有教给你的东西》（*What They Don't Teach You About Money*）中写道，她嫁给了一个男人，而她是这个家庭的主要经济支柱，这就制造了很多麻烦。在她的第二段婚姻中，她的经历非常不同，她说，部分原因是她的第二任丈夫是在单亲母亲的抚养下长大的。对他来说，他的妻子承担主要收入来源的角色，不会引起他的内心冲突。

对一种新的、不熟悉的关系的管理取决于许多因素，比如，夫妻俩在一起的愿望、双方的竞争程度、收入较高的一方对工资不平衡的接受程度，或者正如特克尔补充的那样，男人从金钱中获得自我价值感的程度，以及他可能带入婚姻的其他资产能否抵消这种失衡，都至关重要。如果女人因丈夫收入较低感到沮丧，或者将其解读为缺乏雄心壮志，那么这更有可能成为一个有争议的话题和源源不断的烦恼的来源。

在某些情况下，成功女性在某种程度上有意或无意地希望丈夫与自己"平起平坐"（甚至与她们眼中父亲的成功程度相当），她们可能会发现，丈夫在其他领域的成功（即使在经济上不平等）提供了她们所寻求的平等感：她们仍然可以为丈夫的成功感到骄傲，并在一种似乎并不十分陌生的舒适关系中放松下来。在其他情况下，对平等的渴望可能根本就不存在。所以，如果一个并不渴望"成功"男人的女人，遇到了一个不需要用钱来证明自己的价值或男子气概的男人，那就圆满了。

尽管有关财务的现状正在发生变化，但似乎一些性别刻板印象很难摆脱并适应新的现实。仍然有研究显示，虽然大多数夫妇在做重大财务决策时会共同协商，但在大多数情况下，还是女性负责管理家庭预算，而男性负责管理夫妻双方的投资。

每对夫妇都不一样。在某些情况下，女性没有培养出足够的自信来管理投资，因此乐意把这项责任交给丈夫。而在其他情况下，丈夫承担起管理投资的责任，因为这符合他们的期望和对管理投资的更大信心。简而言之，双方都可能在保持"熟悉的"状态方面扮演着共谋的角色。

最终，当我们把这一切都与财务幸福感的概念联系起来时，我们需要问的问题是：我们是有意识地选择了现状，还是由于一系列无意识的恐惧、刻板印象和压力陷入其中？如果我们将所有的投资决策都交给伴侣来做，是因为我们相信他们更擅长做这些决策，并且在这方面拥有更多的知识或信息，而我们对承担这项责任并不特别感兴趣，还是因为我们的伴侣期望掌管一切，而我们害怕自己在这方面做得不好，因此在夫妻关系中放弃了自己的权力？

重要的是，我们要了解自己是如何陷入一种特定现状的，以及我们是否觉得自己对此有发言权。感觉自己处于"平等关系"（即双方都感到"平等"的关系）似乎是幸福婚姻的关键。在美国国家婚姻力量调研中，研究人员发现，在夫妻双方都认为"婚姻关系是平等的"夫妻中，大多数（81%）婚姻幸福；而在双方都认为"婚姻关系是传统的"夫妻中，大多数（82%）婚姻不幸福。这并不意味着我们需要平分投资决策，但我们觉得，在某种程度上，作为夫妻，我们有平等的发言权。虽然我刚才引用的统计数据是关于多数人和平均情况的，并且在文化代表性方面是有限的，但我还是想请大家考虑一下，你对与金钱相关的性别角色的内在期望是如何受到你所生活的社会和你在成长过程中观察到的夫妻关系的影响的。这两个因素都会影响你的感受，以及你对当前关系的期望。谁有财务决策权？谁赚的钱更多？谁照顾家庭和孩子？谁管理家庭的投资？

"钱战"往往与钱无关

与钱有关的争吵，往往与钱本身无关。争吵往往涉及更多深层次的问题，而揭示冲突背后可能存在的问题对于解决冲突至关重要。争吵代表着什么？争吵是否被用来表达属于更广泛关系中的问题？

克拉拉（37岁）和托马斯（40岁）最近开始约会。尽管托马斯在过去有过几段长期的恋情，但克拉拉却从未有过。她成长在一个不健全的家庭中，父母都曾有过婚外情。在她十几岁时，她的父亲离开了家。克拉拉因此不愿与人交往。即使来接受心理治疗，她也是不情愿的。在某种程度上，你必须相信一段关系中可能会出现一些积极的东西，然后才会接受心理治疗，而克拉拉对此非常犹豫。但她遇到了托马斯，和他在一起时，她感到有些不一样。她想尝试一下，但又担心把这段感情"搞砸了"。这对情侣最初的一些冲突与金钱有关，这是一个很好的例子，说明金钱如何充当一种沟通媒介用来交流一些难以用语言表达的东西。

这段恋情进展缓慢，并且颇为勉强。就在他们相识一周年纪念日那天，托马斯送给克拉拉一副昂贵的耳环。克拉拉来接受心理治疗，开始给我讲他们的故事。她刚把话说完，眼泪就涌了出来。"我感到很内疚。我不知道为什么……我看着耳环，感觉很糟糕。"一个月后，她出差回来，在机场发现一辆提前预订并已付款的车在等着接她回家。她对他的慷慨之举非常生气。她努力解释为什么这个举动让她如此难以接受。他们的相处模式变得别扭起来，托马斯的任何一种给予行为都会产生同样的效果，即让她感到不舒服、愤怒和内疚。他们关于他在耳环或汽车服务上花了多少钱的争论可能会被误认为是在消费习惯或价值观上的冲突，但其实根本不是那么回事。托马斯很难理解克拉拉。他只是在试图表现得友好而已，为什么他的举动不被感激呢？难道她领悟力缺失，无法看清这些善举背后的爱意？

克拉拉之所以对托马斯的慷慨行为感到不舒服，根源在于她担心自己无法给予一段关系所需要的东西。其中一个原因是克拉拉有时觉得自己不配得到爱。她生活在恐惧中，害怕有一天她会发现自己"没有能力谈恋爱"，她的过去对她造成了不可挽回的伤害。托马斯能够给予、取悦和爱的能力让她感到愤怒，因为在她看来，这凸显了他有多好而她又有多糟糕。她内心的一部分希望他付出少一些，这样她就不必面对自己能力不足的感觉。

这是一个关于在恋情中缺乏安全感而产生的金钱冲突的例子。接下来的例子是一对夫妇（一位女性和一位跨性别女性组成的夫妻），表面上她们在争论如何在不同的工作条件下分担家务，但冲突的根源更广泛，这是关乎权力和特权的问题。

在 BBC 的系列节目《夫妻治疗》（*Couples Therapy*）中，有一集是关于一对真实的夫妻与一位夫妻治疗师的对话。萨拉和劳伦正在与奥娜·古拉尔尼克（Orna Guralnik）博士对话。萨拉向治疗师表达了自己对劳伦要求身体亲密的不满，她认为这种亲密感让她感到不堪重负。但是，萨拉对劳伦在感情领域的要求的抱怨很快变成了一场关于更广泛的情侣关系的谈话。萨拉说："她想要什么就一定要得到，不在乎我在想什么或者想要什么……这说明了一个更大的问题……这是我们夫妻关系中很多事情的运作方式……过去她一直有一种特权感，这也是我们问题的核心……"

而这种恋爱关系动态后来也体现在金钱领域。劳伦是这段关系中的养家者，而萨拉（当时没有全职工作）觉得自己有义务做家务、做饭等，但有趣的是，这并不是因为萨拉有更多的空闲时间。

萨　拉：让我问你一个问题：如果我们工作时间一样长，谁负责打扫房子……

劳　伦：从理论上讲，我们应该共同分担家务。

……

治疗师：我可以问一下吗？我知道这不是一个 PC[⊖]问题，但是……谁给家里挣的钱多，这很重要吗？

劳　伦：我想……（长时间的停顿）。从直觉上讲，我觉得这很重要……

劳伦认为，更高的收入使她有特权承担更少的家务，莎拉不同意这一点。但是，当我们从关于金钱的故事中抽离出来时，这对夫妇似乎普遍对劳伦更大的"特权感"感到沮丧，甚至在情感上也是如此。大家可以看到这里有两层对话：一层是关于金钱和权力的真实信念，另一层是关于更广泛的愿望／期望，即劳伦的需求得到满足，并优先于她的伴侣。正如这对夫妇的心理治疗师指出的，"金钱＝权力"的范式并不是劳伦发明的。但金钱被劳伦用来象征性地表达她的特权感，这并非巧合。

在治疗师的帮助下，她们可以解读出看似关于床上空间或家务分工的争论背后的"潜台词"，并将其视为关于权力的叙述。金钱只是这对夫妇在"优先考虑谁的需求"这一不言而喻的假设上发生冲突的一个竞技场：关系动态可能是无处不在的，而金钱只是关系中表现出相同动态的一个方面。理解金钱冲突（以及在

⊖　关于政治正确和态度公正的问题。

不平衡的收入状况中对公平的不同看法）和情感需求的冲突，可以帮助这对夫妇建立更牢固的关系。

有很多因为金钱的争吵其实并不真的与金钱有关，或者金钱只是更广泛的关系动态在其中显现的一个竞技场。一对夫妇坚持分摊每一笔账单，可能是因为他们对要不要增进感情举棋不定。在夫妻之间的权力游戏关系中，如果一方掌控大权，另一方卑躬屈膝，这种关系可能会体现在财务上，也会表现在卧室里。有信任问题的夫妇可能会隐瞒财务状况或开设单独的账户。当然，并不是每一场金钱冲突的核心都要归咎于夫妻关系问题，有时候我们只是意见不一致而已。

为什么解决金钱冲突很重要

金钱冲突对人际关系是有害的。同样的争吵如果发生 100 万次，可能会导致一对夫妇对他们和谐生活的能力失去信心，对他们解决分歧的能力失去信心，对他们在一起的美好时光失去信心。与金钱有关的愤怒、不尊重和秘密使这对夫妇之间产生隔阂，造成他们认为无法弥补的爱和信任的破裂。

我认为以最具建设性的方式解决金钱冲突很重要，原因有很多。首先，因为经常为钱争吵的夫妻更有可能离婚。根据一项针对德国 5300 多对夫妇的研究，在财务问题上意见出现分歧的夫妇离婚的可能性是那些在财务问题上意见一致的夫妇的两倍。从长远来看，风险偏好的差异（职业、运动、驾驶等任何类型的风险偏好）是夫妻分居的最大预测因素，但财务风险的差异是离婚的最强预测因素。相关研究人员表示，在储蓄和投资决策上存在差异的人不太可能共同拥有一套住房，如果他们已经购买了一套住房，也不太可能对其进行翻新。

根据我的经验，金钱上的争吵往往只是一对夫妇在沟通、解决分歧或冲突方面存在困难的一种症状，这就是为什么找到一种建设性的方式来讨论金钱上的分歧，可以对夫妻关系的其他方面产生积极的涟漪效应。

其次，我们要解决金钱问题的原因是，理解金钱问题有助于发现夫妻关系中可能通过金钱表达出来的其他潜在问题。为了具体的事情（在这个例子中是钱）争吵，比用语言表达一些需要解决的情感挫折和不满更容易。说"你没有给我足够的钱"可能比说"你没有给我足够的爱"更容易。说"你晚上出去玩花了太多钱"可能比说"我希望你在我们的关系中多投入一些"更容易。说"我认为我们需要保持财务独立"可能比说"我觉得我不能信任你"更容易。

最后，也是最重要的一点，解决金钱分歧的方法可以成为如何处理和解决其他分歧（与金钱无关）的典范。

如何解决金钱分歧

我将给出 10 条建议，帮助你解决金钱分歧，甚至防止冲突。

不要避开金钱话题

许多夫妻甚至不给自己太多机会进入解决冲突的阶段，因为他们的策略就是回避。不谈钱并不能让金钱问题消失。钱是生活的一部分，我们对使用金钱做出的选择越有意识，就越能控制自己的财务状况。因为"尴尬"或"难受"而避免与伴侣谈论金钱，只会让我们陷入困境。

在美国国家婚姻力量调研中，绝大多数人希望他们的伴侣更愿意分享感受和讨论问题。他们承认，他们很难表达自己的需求，而且他们感觉不到伴侣的理解。与不幸福的婚姻相比，幸福婚姻中的配偶明显更容易感到被对方理解，也更容易表达自己的真实感受。了解彼此不同的金钱态度，以及更广泛的关系动态，可以帮助两个人从冲突走向和解。

改变你对冲突的看法

人们认为冲突是消极的。"我不想吵架。"尤其是如果在你的原生家庭中，冲突意味着侮辱、大喊大叫、不尊重和痛苦。然而，事实并非如此。如果夫妻俩在彼此尊重和不吹毛求疵的情况下面对和解决他们的分歧，他们就会变得强大。重要的是谈论事情的方式。冲突意味着夫妻之间发生了交锋，但这是否可以看作是一个让双方相互了解并相互学习的机会呢？

在沃顿商学院的一门谈判课上，我清楚地记得一个案例研究，该案例可以证明，对于大多数试图取得最佳成绩的聪明学生来说，这是一个严重的挑战。当时我们的任务是通过谈判达成一份协议。我们每四个人被分成两组，A 组有两个人，B 组有两个人。

A 组代表一名制药公司的生物学家，在研究如何对抗敌人使用生物武器的方法。由于一次交通事故，化学物质泄漏，危及许多人的生命，而研究人员开发的合成蒸汽可以中和这种损害。这种蒸汽是用一种从牙买加丑橘（一种非常稀有的水果，产量有限）的果皮中提取的化学物质制成的。A 组需要的（3000 个丑橘）在卡多萨（Cardoza）先生手中，然而，代表竞争对手制药公司

的 B 组也找到了卡多萨先生。B 组需要这些丑橘开发一种药物来
对抗鲁多森（Rudosen）——一种影响胎儿并导致失明的疾病。
为了避免任何一方与卡多萨达成协议却一无所获的风险，A 组和
B 组进行了谈判。两组人马被详细告知了生产流程、授权投标规
模，以及如果没有达成协议可能面临的风险等细节。

我们有 30 分钟的时间用来谈判，为我们公司争取最好的交
易。谈判的嗡嗡声席卷了整个房间，很快你就开始听到各种各样
的谈话："我的医疗项目比你的更有时效性。""从长远来看，我
们的产品将挽救更多的生命。""让我们平均分配吧，这样才公
平。"出价和还价，激烈的争论，偶尔还会有敲桌子的声音。时
间到了，每个小组都公布了自己的决定。大多数小组选择了在中
途妥协，同意平均或接近平均分配丑橘。只有一个小组例外，他
们建议大家一起带走 3000 个丑橘。结果怎样呢？

他们互相倾听。他们没有竞争谁的医疗项目更有价值、更加
重要，谁提供了更多的钱，而是饶有兴趣地倾听和理解彼此的需
求。结果是，A 组需要橘子皮来生产蒸汽，而 B 组需要橘子汁
来生产药物，所以他们都可以从 3000 个丑橘中得到他们想要的
东西。

这个例子表明，我们很容易误解"分歧"，并将其变成一个
零和游戏，即有人赢就有人输。要解决这个案例中的问题，参与
者不妨自问："我们如何才能同时得到我们想要的东西？"而不是
像参加拔河比赛一样，不是你输就是我赢。

把夫妻能力想象成"婚姻三角"

有个牧师在朋友的婚礼上引用了一句东方谚语："任何问题
都有三种解决方法：我的方法、你的方法和正确的方法。"我发

现这与许多夫妻在寻求解决冲突时所面临的挑战非常相关：如何不要从"我想要什么"对战"你想要什么"的角度来考虑解决方案，而是从"什么对双方最有利"的角度来考虑呢？从心理治疗的角度来说，我们谈论的是心理治疗师斯坦利·鲁斯琴斯基（Stanley Ruszczynski）所说的"婚姻三角"，他将其描述为一对夫妇"反思自己的需求、对方的需求以及夫妻关系的需求"的能力。而这些不同的需求往往不可避免地发生冲突，需要我们反思，并进行合理的取舍，得出尽管矛盾却能容忍的解决方案。

在上面的丑橘案例研究中，如果双方坐在桌子的同一边，寻找互利的解决方案，那么，一个很容易变成冲突的情况就可以变成一个双赢的局面。问题不在于谁是对的，而在于如何才能提升夫妻的财务幸福感。

谈及"妥协"时要有创造性和灵活性

当我们以创新的心态进行谈判时，我们就能找到解决分歧的创新方法。在规避风险方面意见不一致的夫妻最终可能会将投资组合全部投资于中等风险资产；或者，他们可以根据自己的风险偏好，各自做一笔投资；或者，他们可以设定用于高风险资产的最高金额，从而降低风险。如果你和伴侣没完没了地争论今年夏天在克罗地亚的 8 天旅行是花 1000 英镑还是 2000 英镑，答案可能是找一套价值 1500 英镑的房子，但也可能是今年选择露营，明年选择豪华住宿。许多人在处理这些问题时，总是用非对即错、非黑即白的方法，只允许"二元解"。当两颗心相遇，各自妥协一步，产生一种创造性的思维模式时，你就会发现更好的解决方案。

保持好奇心

古代哲学家芝诺（Zenon）说过："我们有两只耳朵，但只有一张嘴，所以应该多听少说。"人们的倾听能力可能很差，当他们感到愤怒或受到攻击时更是如此。这就是为什么试图在情绪激动的时刻解决分歧从来都不是一个好主意。

为了理解我们和伴侣之间发生的事情，我们必须以一种非评判的方式倾听，否则我们的配偶会感到气馁，不愿暴露自己的感受，让自己在对方面前不堪一击。

请你带着理解你自己和你的伴侣的愿望开启夫妻对话。例如，如果你和一个挥霍无度的人在一起，你对这个话题的评论有多少次是抱怨和斥责，而不是真正试图弄清楚是什么驱使了过度消费的行为？比如："你怎么又去购物了？""你为什么不停止这样挥霍我们的钱呢？""你真的需要再买一双鞋吗？""照这样下去，我们的钱永远不够付首付款的。"

如果你只是试图说服对方"你是对的，他是错的"，你会陷入僵局。谈论钱的问题不只是把你的心事一吐为快，然后命令对方去改变。如果你倾听你的伴侣，你可能会在帮助他（她）遏制他（她）正在挣扎的行为方面发挥更大的作用，但他（她）也可能会对你的金钱观发表一些有益的看法，这将进一步加深你对自己的了解。

看看你一直在回避的两个维度

当你考虑你和伴侣对金钱的态度时，你需要考虑四个维度。毫无疑问，你们双方的金钱态度都有优点和缺点（即使一开始并不明显）。通常会发生的情况是，一个人专注于自己对金钱的态度的优点和伴侣对金钱的态度的缺点。然而，为了找到一个折中方案，重要的是要考虑人们自然避免思考的两个维度。你需要问自己："我对金钱的态度有哪些缺点？对方对金钱的态度有哪些优点？"

用金钱来比喻，每个硬币都有两面。如果你能正视你对金钱的态度的优点和缺点，这将帮助你改善你的金钱观。嗯，你很擅长精打细算，但或许你也羡慕你的伴侣有多么慷慨大方。是的，你为自己花在"担心钱"上的时间很少而感到自豪，但你也意识到，有时你可能回避这个话题有点太多，从而错过了一些机会（而你的伴侣则对财务问题感到焦虑，总是担心钱的问题）。你为自己谨慎的态度感到自豪，但你的伴侣去年通过高风险投资获得了两倍的投资回报。

只有当我们承认自己对金钱的态度存在取舍，并承认伴侣的做法带来的好处时，我们才能找到相互理解和彼此妥协的基础。顺便说一下，这同样适用于任何分歧，而不仅仅是金钱方面的分歧。

认清你在关系中扮演的角色

我们已经研究了一些有时会驱动我们建立人际关系的无意识过程。如果我们不面对自己也是关系中的一部分，就不能把所有的责任都推给伴侣，并期望关系能有所改变：因为建立一种关系需要双方都参与。我们是不是慢慢放弃了控制欲望，不再为自己挺身而出？我们放弃了对财务的掌控，是因为在某种程度上，自己掌控财务太可怕了吗？在夫妻关系中，我们自己和伴侣内心的无意识力量可能会像戏剧中的角色一样，把我们拉向特定的角色。我们扮演了什么角色？我们是心甘情愿这么做的吗？如果贾森承认自己在关系中的"理性代言人"角色可能助长了薇拉对金钱的松懈态度，那么，他很有必要考虑一下如何将一些责任交还给薇拉。

对伴侣说"你为什么不多参与我们的财务管理"很容易，但如果我们继续通过把一切都揽在自己手中来延续这种关系，那么我们什么时候才能为对方提供参与的机会呢？我们研究了两极分化现象，以及它如何使我们的伴侣更加固执地坚持我们不喜欢或不同意的行为。我们是否能面对这样一个事实：或许正是我们自己逐渐滑离"中立态度"的行为，导致我们的伴侣朝着相反的方向滑翔？我们越是扮演"负责任的一方"的角色，他们就越表现得"不负责任"？

选择合适的时间谈钱

你会惊讶地发现，有多少人在最不合适的时候脱口而出一些冲动的话，不幸开启了一场艰难的对话。显然，如果你的伴侣正要出门上班，或者精疲力竭、即将入睡，这都不是提出敏感话题的最佳时机，更别奢望得到对方的倾听或同情。我听到的借口是"但我挤不出其他的时间了"，但这完全不是事实。请记住，你所期望的是被倾听和被理解，而不是"完成任务"，因此你需要为这种可能性创造最佳的环境。

注意你的语气

你说话的方式和你说的话一样重要。说话的语气会产生影响，这是你在交流时要记住的，尤其在谈论个敏感话题时要留心。承认负面情绪（比如愤怒或沮丧），但不大声叫喊，这比从一开始就让对方处于防御状态要有效得多。

措辞要谨慎

交流的一个基本原则是，提供第一人称的观点比用第二人称的指责（这只会激怒听者）作为开场白，更有可能得到好的回应。比方说，你想质问你的伴侣，因为他晚上和朋友出去挥霍无度。如果你一开口就说"当时我很生气"，你的伴侣会立即意识到你对他的消费行为的反应，也不会跟你争辩什么。这不同于这样的开场白："你是个白痴……"

你要"陈述"，这没问题，但你要陈述一个事实，而不是一个观点或判断。所以，"你和朋友出去玩一晚花了 250 美元，我很生气"比"你表现得像个被宠坏的、不负责任的孩子，我很生气"要好。同样，你的伴侣会清楚地知道他（她）做了什么，以及这让你感觉如何，而不是感到被攻击和不知所措。

在创作本书时（2023 年），英国正面临着媒体所称的"生活成本危机"。经济危机是一个明显的外部压力源，会加剧夫妻之间的金钱冲突。不确定性、工作不安全感和不断上涨的生活成本会让个人产生各种各样的焦虑，让任何关于金钱的谈话都变得更有压力。这也可能带来艰难的妥协和选择，夫妻双方可能会持有不同的观点。哪些成本需要削减？如何存更多钱？如何帮助受影响更严重的家庭？对于中等收入家庭来说，这可能会带来他们以前从未考虑过的妥协；而对于工薪阶层家庭来说，选择可能会变得更加艰难，因为这意味着他们要在基本需求之间做出选择。在英杰华集团的研究中，1/3 的受访者将金钱冲突的增加归因于生活成本危机。账单和债务是夫妻发生冲突的主要原因。当经济状况威胁到我们的财务状况时，这种冲突当然会变得更加紧张。

无论是外部压力还是一直存在的夫妻分歧，学会在一段关系中谈论金钱并处理分歧是一项重要的挑战。除非我们考虑到夫妻关系中的"婚姻三角"，否则我们可能无法达成有效的解决方案。不可否认，金钱可以是一个情感问题，一个与不安全感、恐惧和欲望挂钩的问题。这意味着每个人的个人经历都是不同的，所以，试图将夫妻俩的金钱观融为一体是很复杂的事情，因为没有一个万能方案可以解决夫妻间的分歧。但夫妻俩可以同问一个最佳问题："什么方案对我们来说都是最好的呢？"

第十一章
金钱和人际关系：
友情和亲情

一个沮丧的父亲（或母亲），他的孩子一直把他当成自动取款机；一个困惑的企业家，他的合伙人似乎不愿承认公司岌岌可危的财务状况；一个忧心忡忡的人，垫付了兄弟姐妹们一起度假的费用，却担心某个兄弟不还钱。

值得好奇的是，我们是如何与那些和我们有经济往来的人谈钱的，因为这可能有助于我们从探索中发现一些意义或不合理之处。在这些关系中，金钱可能会成为"热门话题"，因为我们试图调和彼此对金钱的不同看法，或者在无意识中试图表达与这段人际关系相关的情感。了解金钱在这些互动中的意义，以及我们的分歧如何影响这段关系，可以帮助我们更好地管理金钱，减少对话中的"火药味"。

父母与孩子

为分离而挣扎

在亲子关系中，金钱可以体现多重意义。我们已经在前面的章节中探讨过几个例子。我们提到过一些父母将金钱作为控制孩子的工具，比如，在"控制"一章中波拉的成长故事。我们也考虑过一些孩子，他们在财务上的自我破坏是他们害怕与父母分离的一种表达。比如，在"自我破坏"一章中那位为了避免经济独立而过度消费的年轻女子。我们还介绍了一些家长，他们用金钱表达对他们眼中的"弱孩子"的关心和支持。比如，在"金钱的秘密"一章中，莎拉想帮助儿子菲利普购买汽车的心路历程。

父母的责任是为孩子提供必要的资源，让他们最终走出家门，在没有父母支持的情况下立足于社会并茁壮成长。这是一个渐进的情感过程。父母与子女之间的财务关系（至少在西方社会）通常反映了分离的过程。孩子们从经济上完全依赖父母，转变为逐渐具备实现经济独立的各种能力。在这个过程中，父母可能仍会提供某种程度的支持以帮助孩子维持生计，直到他们能够自给自足。这种渐进式的分离方法旨在在支持孩子的同时，温和地推动他们走向独立的道路。

许多家庭成功地实现了这种渐进式的财务分离。然而，在一些情况下，这个过程并没有那么顺利。一些年轻人抗拒和推迟找工作。父母对孩子的持续依赖或一再请求经济援助感到沮丧和不满。还有一些父母出于对孩子的留恋，继续慷慨地给予帮助，却没有意识到这可能对孩子造成的伤害。父母拒绝给孩子更多的钱，被孩子误解为"没有爱心"，而不是父母激励孩子努力实现自立的表达。金钱在分离和独立的过程中扮演着至关重要的角色。在这个过程中，挑战既具体又具有象征意义，而经常引发冲突和挫折的行为，可能是孩子或父母（或父母双方）为分离而挣扎的情感体现。

在英国广播公司（BBC）的一档节目《金钱诊所》中，一对母子与一位情感导师探讨了他们之间的金钱冲突。菲奥娜对20岁的詹姆斯的金钱观持批评态度，而詹姆斯觉得自己无法改变这一点。"我很不擅长理财。"他解释说，他对自己的开支没有太多限制，经常因为超出预算而向母亲要钱。对于不喜欢的支出（比如汽油费），他采取被动的态度，希望母亲能干预（她确实干预了，给车加满了油）。菲奥娜举了几个例子，说明她曾帮助詹姆斯避免因未缴罚款而面临留下犯罪记录的风险。她表达了自己的挫败感，儿子似乎陷入了赖账行为的陷阱，因为"我会付钱，他不必考虑后果，他要我去帮他搞定"。

但在与情感导师交谈时，菲奥娜开始意识到，有一些情感障碍阻碍了她成为改变儿子行为的催化剂。首先被揭露出来的是，她对詹姆斯的负罪感。菲奥娜承认，当詹姆斯还小的时候，家里买不起他想要的名牌衣服（但他的朋友们都有）。她承认詹姆斯遭受了这些痛苦，此外，他还遭受了父母在他5岁时离婚的痛苦。她明白，自己对詹姆斯经济上的支持在某种程度上是为了弥补自己对詹姆斯所遭受的童年不幸的负罪感。

她还意识到，在离婚后，詹姆斯在家中表现出难以应对的挑衅行为时，他被贴上了"淘气男孩"的标签。有趣的是，詹姆斯有一个双胞胎姐姐，她对金钱有着完全不同的态度。这是一个很好的例子，它向我们展示了即使在同一时间由同一人抚养，我们在家庭中扮演的角色也可能大不相同。整个家庭可能会"串通一气"，让詹姆斯扮演一个特定的角色，即"淘气男孩"。顺便说一句，詹姆斯说"像爸爸"，这也表明可能是詹姆斯对爸爸的认同驱使着詹姆斯的行为。詹姆斯的母亲和姐姐经常笑谈詹姆斯的淘气，而家庭朋友则在等待詹姆斯又闯了什么祸的故事。菲奥娜承认，也许"我们都对没有认真对待这件事负有责任"。菲奥娜解释说："詹姆斯仍然经常隐瞒自己的经济困难，直到问题浮出水面，就像一个淘气的小孩子。"她想知道，他在多大程度上用自己的行为来吸引她的注意，就像他小时候那样。

最后，他们讨论了菲奥娜对即将到来的过渡阶段的感受。当詹姆斯准备搬出去住的时候，菲奥娜担心自己不再被需要或者失去与儿子的日常联系，这可能激发了她想要与他联系的愿望，尽管她扮演的是"财务救星"的角色。她说："当他缺钱的时候，他就有理由回来了。"因此，这位母亲内心存在着矛盾。虽然她希望儿子在财务上独立，但另一方面，这可能会让她感觉受到了威胁，因为她希望在情感层面上与儿子保持"联系"。

在节目的结尾，菲奥娜说："我意识到我们现在的关系和他六七岁时一样。"这又是一个例子，可以说明我们在人际关系中常常会迅速地把责任归咎于"做错事"的那个人，而没有意识到自己也在维持这种关系中扮演的角色。如果只看詹姆斯在母子关系之外的金钱行为，那就太局限了。这不仅仅是詹姆斯的过度消费问题，而是母子双方在分离过程中的挣扎。在改变金钱行为之前，双方都需要理解与这段亲子关系相关的情感，并且双方都需要为这一变化的发生发挥作用。听起来菲奥娜可以在改变詹姆斯的行为方面发挥作用，她需要放下把他当作"淘气男孩"的叙述，因为这让他一直困在这个角色中。她还需要管理自己与过去有关的负罪感，这样她就不会反复去拯救他，而不是帮助他变得更有责任感。最后，她需要认识到，赋予他自主权将导致她为失去某种感觉而感到悲伤（"被需要的感觉"，从某种程度上说，这是阻止她帮助他改变的一种障碍）。另一方面，詹姆斯需要意识到，他不断让自己依赖母亲的行为（搬出家之后还向母亲要钱），实际上是在妨碍自己追求自主独立的愿望。对他来说，这是一个承认自己仍然渴望被照顾的情感过程，他可以在一定程度上用更健康的方式来表达这种需求，同时也可以在一定程度上慢慢放下这种需求，作为换取自己感到强大和独立的代价。

父母可能会忘记，孩子需要学习财务独立技能。这些不是我们天生就具备的技能。即使是那些在金钱似乎是无限资源而不必优先考虑的富裕家庭中，也会不可避免地遇到与财务独立相关的问题。在某些情况下，获得无限的财务自由，而没有财务独立的渐进式方法所带来的充分的情感支持，可能会让孩子在长大后对自己管理财务事务的能力感到不安。孩子们可能过早地承担了沉重的财务责任（比如管理企业），这可能是父母慷慨的标志，或者是他们希望赋予孩子权力或认可孩子的潜力，但这可能是一种强加的体验，并伴随着这些成年子女感到自己无法企及的期望。这些父母也需要扪心自问：什么样的过程能够培养孩子的情感韧性，让他们在财务管理方面成为自信且技术娴熟的成年人？我认为，情感韧性与拥有商业学位和管理经验同样重要（他们通常很容易获得这些经验）。我见过许多富裕家庭的成年子女在面对"接手大权"的前景时感到畏惧，因为他们通常是从"被动接受一切的角色"突然转变为"承担重大责任的角色"，但他们没有经历逐步的赋权过程，这是令人难以承受的。

给予是难事，接受也不易

有时候，父母慷慨大方，但当他们的付出遭到拒绝时，很容易被误解。在家族企业中，父母通常会有一种期望，即孩子在某个时候会接管生意，因此，当孩子选择追求自己的职业道路而不进入家族企业时，他们有时会被视为"不领情"。父母很难以一种不被视为限制孩子自由的枷锁的方式来管理他们对家族企业延续的渴望。这些强烈的愿望可能会蒙蔽父母倾听孩子诉说和为孩子最佳利益着想的能力。他们问我："我们难道不是在尽好父母的责任，为他们提供一条安全的职业道路，阻止他们浪费钱去上表演学校，只为换来十年的试镜失败，然后又回来找我们要工作的惨剧吗？"嗯，这里的关键词是"提供"。期待、苛求、逼迫会让人感觉像是桎梏，而且根据我的经验，这会让父母得到与他们想要的完全相反的结果。

也有一些父母会切断孩子的经济来源。有时是因为孩子没有遵循他们的预期。有时是因为他们想"给孩子一个教训"。在某些情况下，这就是他们自己被抚养的方式。那么，这是证明了他们的行为是正当的，还是否定了孩子的挫败感甚至是遭遇背叛的感觉？不，但建立这种联系可以帮助父母和孩子理解，家庭中某些事情在重复发生。这是一种有益的重复吗？还是说，父母可能需要反思一下，要不要给孩子不同于自己的经历？事实上，有时切断经济来源可能是最需要的举措，但关键是要经过深思熟虑，并得出这个结论，而不是发泄愤怒、进行报复或盲目地重复历史。

这些只是例子。当然，也有父母允许他们的孩子自由地开辟自己的道路，做出自己的选择。他们会为孩子提供财务教育，在非常富有的家庭中，他们有时甚至会聘请专家、导师和治疗师团队来支持孩子承担更大的财务责任。还有一些孩子，他们没有拒绝父母提供给他们的东西，而是欣然接受，并渴望长大后能像令人钦佩的父母一样承担更大的责任。

父母和孩子在给予和接受方面遇到的困难可能是对过去痛苦关系的反应。例如，有些孩子会从父母那里偷东西（比如偶尔拿走一些钞票或未经允许使用他们的信用卡进行购物），因为他们觉得自己被父母剥夺了情感。或者，有些父母从孩子那里偷东西，不是出于需要，而是出于怨恨、嫉妒或一种特权感。他们可能会想："你为什么能拥有这么多，而我小时候却没有？"有时，这些父母对自己的父母的怨恨情绪与他们看到自己的孩子得到丰盛的东西（不仅仅是经济援助，还有父母无法获得的机会、支持和指导）而产生的嫉妒情绪交织在一起，并以这样的方式表现出来。

我们已经看到了由于父母的选择（或财务管理不善）而让孩子背负债务的例子。当然，这些情感上的处理难度很大，如果当时的亲子关系十分紧张，债务就不仅仅是财务失败的象征了，它还代表了父母没有给予的、没有做到的但本可以做得更好的一切。在这些情况下，债务管理不当或关系恶化可能不仅仅是因为父母的财务选择带来的愤怒。债务是否已经具有了象征意义，并承载了现在与之相关的所有负面影响？我们真正生气的是什么？我们能否将属于这段关系的部分分离出来，以便从更理性的角度控制对债务的管理呢？

还有一些父母和孩子之间上演的"过去的心理阴影"的例子是父母试图通过慷慨给予来弥补自己的缺席。他们给予的远超自己觉得合适的或恰当的，但这似乎是一种无法遏制的冲动，因为这种给予行为源自一种内疚和补偿的心理，而不是出于对自己和孩子最好的理性选择。他们的孩子可能会对这些礼物心生怨恨，甚至可能会因此讨厌金钱，因为金钱成为他们情感缺失的象征（毕竟，金钱从未能弥补情感空白）。为了"推开"那些只知道用金钱表达爱的父母，孩子们有时会采取一种轻蔑的态度对待金钱（以及金钱带来的成功），但这种态度往往适得其反。是的，这样会让孩子叛逆，也让父母失望，甚至可能提供一种内心的胜利感，因为孩子庆幸自己没有"变成"父母那样的人。但也排除了孩子们在生活中做选择时可能想要考虑的其他重要因素。我们选择某样东西是因为它符合我们的欲望、喜好和才能吗？还是我们把自己定义为父母的对立面，选择一些我们知道父母会不喜欢和不赞成的东西？我们可能会发现，尽管取得了胜利，但仍然会有不满和挫败感，因为我们的选择限制了大量的机会和发展潜能。面对这种挫败感会不会感觉就像承认他们是对的？承认金钱终究还是很重要的？

赡养我们年迈的父母

随着孩子长大成人，父母变老，许多家庭就会出现如何在退休或生病时为父母提供经济支持的问题。所谓的"夹心一代"，指的是那些既要照顾和抚养年幼的孩子，又要护理和赡养年迈的父母的中年人，他们可能承受着巨大的经济和情感压力。美国皮尤研究中心的一项调查发现，随着人们寿命延长，年轻的成年人难以实现经济独立，近 1/4 的成年人现在不仅要照顾 65 岁及以上的父母，还要照顾至少一个 18 岁以下的孩子（或为成年子女提供经济支持）。即使父母还没有退休，也有可能向他们事业成功的成年子女要钱，或是向子女借钱，或是请求子女慷慨解囊。

每个家庭如何商定这些界限（大家期待的是什么？是快乐地给予和感恩地接受，还是不情愿地给予和不领情地接受），这将取决于这些亲子关系的质量和演变。我看到成年子女努力工作以获得他们渴望与父母分享的财富，或者是为了表达感激之情，或者是为了帮助被他们视为虐待关系受害者的父母，或者是因为他们了解到这是代代相传的事情。然而，也有一些人不辞辛劳地从有毒的家庭环境中脱身，最终要么拒绝赡养年迈的父母，要么听从其他兄弟姐妹的意见，要么无奈地承担费用，心怀悔恨和不满。

当涉及孩子给父母钱时，这显然是一个情感上的决定，但问题是，这些情感是否被理解和考虑过？或者，我们在无意识中顺从或拒绝一个请求，而没有意识到这个决定的复杂性？我们给父母钱是因为我们又一次被那种令人痛苦且憎恨的负罪感所困扰，这与我们出于感激和感受到父母的支持而给钱回报的行为是完全不同的。我们因为对自私自利且剥削我们的父母感到愤怒而拒绝他们的请求，这是可以理解的。但你考虑过这个决定的方方面面吗？当你说"不"的时候，你会感到轻松，并为自己成功地划定界限而自豪，还是会被负罪感吞噬呢？答案可能是"两者都有"，但是，给自己一个机会去权衡做出这种选择所涉及的所有情感，会让你更好地管理这些情感。我的一位患者花了很多时间权衡给她一贯控制欲强的母亲（曾挣扎于过度消费）4000美元买一辆新车的利弊后，决定说："我知道划定界限是正确的做法。如果我觉得有负罪感，那是因为每当我不服从母亲的要求时，她就会让我产生这种感觉。但我现在已经成年了，可以自己做决定，这次我觉得最好的办法就是拒绝。"

我的描述从孩子和父母之间的情感关系出发，但我不可能详尽地列举出如何管理金钱的每一个场景。然而，我想请大家带着同样的好奇心和深度情感去了解金钱在你与父母或你与子女的关系中是如何被使用或滥用的。

你继承的遗产中隐藏的信息

重要的是，要考虑你在做财产规划选择时可能无意中向家人（或整个世界）传递了什么信息，还要想想你的信息是否会得到正确的解读。我们希望世界如何看待我们（赞扬我们在教会社区的慷慨，记住我们在大学里的影响力，认为我们做事公平，等等）？我们希望在死后产生什么影响（帮助家人，为有价值的事业做出贡献）？这些不仅仅是逻辑问题，也可以是情感和意义的表达，还可以是交流的形式。

无论是有意还是无意，随着年龄的增长，我们开始被遗产的想法所困扰：我们会留下什么？它会产生什么影响？当然，遗产不需要与财务挂钩，但对许多人来说，钱是其中重要的一部分。拥有财务情感意识的遗产规划过程可能是一种积极的体验，它让我们在面对不可预测的命运时，专注于我们可以控制的部分，并在做出对他人的生活或对我们珍视的事业产生影响的选择时，感受到一种能动性。

然而，并没有多少人进行这样的对话。不过，我对此并不感到特别惊讶。如果金钱还不足以成为一个禁忌话题，想象一场涉及金钱和死亡的对话吧。不适、羞耻和恐惧的情绪常常纠缠着这两个话题。仅仅想到我们终有一死就已经够痛苦的了，还要请我们的配偶或孩子考虑这个问题，可能会违背我们不想让他们痛苦的愿望。作为潜在的遗产接受者，即使我们的意图是积极的，我们也会担心在提出这个话题时被认为"不顾他人感受"，甚至更糟糕的是，被视为"贪婪"。围绕金钱的家庭文化可能会增加这个问题的难度，一个极端是完全不谈论金钱的家庭，而另一个极端是经常因金钱发生冲突的家庭，因此人们会对发起关于金钱的谈话感到不安。

对这个话题的回避有多种形式：许多人选择"推迟"，从来没有真正找到时间来讨论遗产规划。当话题被提起时，他们可能会开玩笑、改变话题或匆忙做出决定，从而避免继续谈论这个话题带来的不适感。根据 Caring.com 网站在美国进行的"2023年遗嘱和遗产计划研究"，只有 1/3 的美国人有遗产规划。大约

1/3 的受访者表示，他们没有遗产规划，因为他们没有足够的资产留给任何人；而其他人则认为不知道如何进行遗产规划（15%的人），或者因为遗产规划的成本太高而迟迟不敢进行（14% 的人）。后一项统计数据显示了一些关于遗产规划的误解。许多人认为他们没有任何"遗产"，那是因为他们没有任何财产意识，实际上，就连他们的人寿保险或银行账户也可以算作"遗产"。还有些人则认为，这是一个烦琐冗长而代价高昂的过程，他们不知道现在已经有在线工具，可以使遗产规划过程变得更容易和便利。

我们大多数人都有一种感觉，与家人团聚是多么幼稚，我们很快就会陷入旧有的相处模式中，仿佛时间没有流逝过。在我的经验中，家庭关于遗产规划的讨论也可能引发早期的动态，因为这些讨论很快从关于财务资产的成熟而理性的对话转变为讨论他们多么"典型"、对方多么"自私"、他们的选择多么"缺乏体贴"的激烈交流。手足间的竞争被唤醒，不安全型依恋受到考验，被拒绝和背叛的感觉被重温和重新体验。即使是在不太激动的对话中，人们也可以在关于金钱的故事的字里行间发现关于失望、偏袒、尊重、嫉妒、恐惧等的信息。并非所有家庭都认为这些对话难以启齿，但很多家庭确实如此，当出现这种情况时，我们应该问的问题是：人们到底在谈论什么？

由于每个人对金钱的看法和选择都不尽相同，所以我们很有必要把遗产规划的想法用语言表达出来，并与家人分享，这样就不会给对方留下猜测和未知感。我花了无数的时间来帮助一群人，因为他们必须破译父母或配偶的选择动机。如果事先没有讨论，继承人所能留下的只有对逝者选择的疑虑和猜测。例如，如果不能解释孩子之间不平等分配的原因，孩子们就会产生父母为什么会做出这样的选择的幻想，而这些幻想往往会被恐惧所笼罩。本意是帮助经济有困难的孩子的善举，可能会被兄弟姐妹解读为对那个孩子的偏爱。不明原因的遗嘱可能会导致遗产接受者一生都要忍受不知情的痛苦，感到不公平、失望，甚至感觉遭遇了背叛，连质疑的机会都没有。

想象一下，父母去世后留给孩子们一笔出乎意料的巨额遗产，而此前孩子们并不知道父母的财富程度。尽管父母可能希望这是给孩子们的"惊喜"，但孩子们可能会感觉受到了某种程度的"背叛"。父母不告诉他们这些信息，难道是他们不值得信任吗？那过去的牺牲和被拒绝的请求呢？如果从经济角度来看，他们的请求是可以被满足的，那么，当时被拒绝的真正原因是什么呢？

如果你正在考虑向父母或配偶提出这个话题，那就有必要了解一下提出这个问题的原因。这样做的意图是积极的、有建设性的（比如想要确保他们的愿望得到充分实现），还是出于我们自己的好奇心，抑或是为了保证自己得到公平对待或认可？

弗朗西斯科·巴卡格利尼（Francesco Baccaglini）是一名帮助家族进行遗产规划的财富经理，他在与我交谈时告诉我，当父母考虑如何将财富传给下一代时，他们往往把重点放在节省税收上，而不是考虑将财富一次性交给可能没有准备好管理财富的下一代的利弊。他说，在其他情况下，想要控制财富如何传承和分配的愿望，混淆了对最有效的传承方式的考虑。这些都是需要解决的重要问题。人们不能仅仅把遗产规划当作一个理性的财务问题，低估在这个过程中价值观、恐惧和欲望的重要性是幼稚的，围绕信任和放弃控制权的情感障碍经常影响他的客户做出选择。

但是，即使在那些已经起草并沟通了遗产规划的最佳情况下，在亲人去世后，家庭内部的不和也可能存在。根据我的经验，财务上的贪婪只是此类纠纷的次要驱动因素。在哀悼的过程中，伤心事唤起了愤怒、悲伤和死者留下的空虚感，人们可能会利用关于金钱和财产的争论作为一种工具，从而摆脱自己的一些消极情绪。比如，弟弟想要爸爸的车，我们对弟弟比对爸爸更生气。我们感觉被剥夺了童年，我们心中的罪魁祸首是想要卖掉避暑别墅的姐姐，而不是刚刚去世的母亲。也许说"你得到更多的钱，这不公平"比问"她为什么更爱你"更容易。当人们发现自己不得不处理与失去亲人有关的极度伤心的情绪时，他们感受到的愤怒（这是悲伤过程的自然组成部分）可能会投射到周围的人身上。我们如何预防这种情况呢？嗯，我们都是凡人，在失去所爱的人之后，情绪化和失去理智是正常的。意识到这些，甚至可以帮助我们远离关于花瓶、冰箱贴或出售物品所得收益的争吵，退而思考一些更有意义的问题：是什么让我们如此心烦意乱？当痛苦和愤怒转向别处时，盯着一些事情不放是否合理？

兄弟姐妹

作为成年人，我们可能会以不同的方式与兄弟姐妹进行金钱往来。比如，共同管理资产或加入家族企业，但也包括日常事务（共同分摊费用、小额借贷）。兄弟姐妹之间的金钱冲突可能是造成隔阂和疏远的原因。金钱纠纷可能会变得非常激烈，最终对兄弟姐妹之间的关系造成致命伤害。为什么呢？尽管在精神分析文献中，兄弟姐妹之间的关系可能和金钱一样少被提及，但我们与兄弟姐妹的关系可能是我们一生中最充满激情的关系。在《圣经》中，人类历史上的第一起谋杀案就是兄弟相残（杀害弟弟）。亚当和夏娃的儿子亚伯被自己的同胞兄长该隐杀死，因为该隐对上帝喜欢亚伯的祭品胜过自己的祭品而感到嫉妒和愤怒。

兄弟姐妹通常在我们生命的早期（如果是双胞胎或多胞胎，一出生就存在兄弟姐妹情）就存在，并对我们在人际关系中的期望和恐惧产生深远的影响。兄弟姐妹之间的关系会影响我们在竞争、权力、忠诚、爱情、支持、差异、公平等方面的感受，因为金钱可以代表其中的一些，并成为我们在这些话题上发表言论的工具。

我们的分享能力不只是在学会与父亲分享母亲时得到了检验，而且在与我们的兄弟姐妹相处（与他们分享父母、分享玩具）时得到了非常明显的考验。毫无疑问，兄弟姐妹之间争夺父母关注的竞争是大多数兄弟姐妹关系的核心，而嫉妒和羡慕正是由此唤起的强烈感情。

弗洛伊德在评论一些儿童梦境中的杀戮内容和兄弟姐妹间竞争的激烈程度时写道："对兄弟姐妹的敌对情绪在童年时期一定比成年观察者的目光所及更为常见。"

如果我们觉得我们的兄弟姐妹从父母那里获得了更多的关注，这可能会在我们的心中迅速留下一种根深蒂固的嫉妒感。如果在处理财务问题时出现任何不公平的迹象，我们可能会感到愤怒，觉得父母背叛了自己；如果兄弟姐妹收到了更昂贵的生日礼物，我们可能会对父母表示抗议或猛烈抨击。微小的刺激升级为"过去不公正"的庞大标志。但我们可能会把这些情绪带到其他地方，比如在职场上，与同事和老板的关系会受到我们"平等对待"需求的影响。看到同事得到的表扬或报酬比我们多，我们可能会特别恼火。

在那些父母以竞争为导向（在商业生活中竞争，甚至与配偶竞争）或助长竞争的家庭中（许多父母有意或无意地在家庭中培养兄弟姐妹之间的竞争），孩子们可能难以在共同经营企业时做出明智的决定。孩子们可能会更加专注于战胜自己的兄弟姐妹，激起他们的嫉妒之心，给父母留下深刻印象（无论是现实中的父母，还是象征父母的老板或股东，甚至是他们想要"炫耀"自己最好的一面的那个想象中的父母），而不是专注于商业优先事项。在职业生涯中，他们可能会争取经济上的成功，因为最终，这一切都是为了"打败"他们的兄弟姐妹，赢得父母的钦佩和认可。

在父母去世后，当孩子们为遗嘱争吵时，羡慕、嫉妒和竞争的情绪最明显。金钱被错误地赋予了一种让人感到被重视和被爱的力量，因此，兄弟姐妹们会激烈地争夺金钱（结果发现，即使得到金钱，也达不到预期的力量）。我们可能会暗自希望，父母的经济安排最终会给我们一直渴望的认可，这取决于我们小时候对父母认可的缺失程度。如果你在媒体上关注过大型家族企业常见的继承纠纷，或者看过热门电视剧《继承》（*Succession*），你就会对这些决定的情感因素和象征意义有所了解。兄弟姐妹争夺的工作、股票或董事会席位代表着家族的认可、父母的支持和凌驾于其他兄弟姐妹之上的胜利。即使每个人都有足够的经济财富，兄弟姐妹之间的商业谈判也会引发几乎是原始和本能的贪婪情绪，正是因为这与钱无关。我们希望，在某种程度上，金钱可以纠正情感上的不公正和过去被剥夺的历程。

我们可能害怕我们的兄弟姐妹会继承父母最让我们恼火的品质（这是很有可能的）。"她和爸爸一样不负责任"，一有粗心大意的迹象，我们就会大声疾呼。我们很难控制这些恐惧，也很难阻止坏情绪妨碍我们与兄弟姐妹的财务管理。如果他们的财务状况有点混乱，就像我们的父亲一样，我们可能不愿意借钱给他们。我们可能很少给他们买礼物，以为他们会像我们的母亲一样吝啬。如果他们提议来一场"赌场之夜"，我们可能会感到震惊，因为父亲有赌博的毛病。我们需要注意的是，尽管他们可能会在某些态度和行为上让我们想起父母，但这并不意味着他们会复制父母的行为（比如超支、吝啬、回避金钱话题）。让他们扮演一个不完全代表他们的角色可能是有害的。和兄弟姐妹在一起时，我们的反应很少像在生活中和其他人在一起时那样有分寸。我们有时会不假思索地以一种未经过滤且常常带有伤害性的方式说出夸张的话语。

我们假设他们会像父母一样不擅长储蓄、回避金钱话题、挥霍无度，这实际上可能会形成一种潜在的自我实现的预言。这也会妨碍我们更好地理解他们，以一种更现实的方式与他们相处。我们看到了家庭中的标签和分配的角色如何成为改变的真正障碍，就像菲奥娜和詹姆斯的例子。你一遍又一遍地告诉哥哥"他和爸爸一样小气"，可能只会让他相信这是真的，你不如给他一些反馈，给他一个学习的机会。如果以共情的方式表达，你可以点燃他们对自己行为的好奇心，甚至激发他们下次想做点不同的事情的愿望。想象一下，你可以这样说："我对你的礼物有点失望……这让我觉得自己对你不重要。"你甚至还可以加上一句："这让我想起了我们生日时爸爸送我们袜子的感觉。"你可能会拿他们和爸爸做比较，但这样做是为了帮助他们反思自己的行为给你带来的感受，并帮助他们理解这些感受。这不是一种攻击，当然也不是一种绝望的声明，比如宣布他们已经无可救药，就像爸爸那样。即使你无法控制他们对你的反应（他们可能会忽略你，或者只是把你视为一个攻击对象），你也可以选择如何反馈给他们一些东西，并以一种体贴的方式来回应他们，这可能对他们有益，同时也有助于维护你们之间的关系。

兄弟姐妹之间的隔阂或偏好与排斥的动态可能会跨代重演。如果一位父亲觉得自己没有得到足够的爱，他可能会无意间给予其中一个孩子更多的爱、认可和金钱。如果一位母亲目睹了姑姑和叔叔因为与祖母的遗嘱有关的纠纷而断绝联系，她可能会觉得立遗嘱太有压力，所以，她会一拖再拖，最后把自己的孩子弄得一团糟，导致下一代产生金钱冲突。我们需要意识到哪些例子可以跨越几代人，这样我们就可以问自己：我们是不是并不情愿让一段不受欢迎的历史重演？我们是不是在制造同样的冲突或裂痕，就像我们在父母那一代看到的那样？

作为家中排行最小的一个，也会对一个人的发展产生影响。在一个家里每个人都能触及最高层的橱柜、每个人都擅长体育运动、每个人都能背诵乘法表的环境中长大，这不可避免地会产生影响。其中一些可能是积极的，最小的孩子可能学会了耐心、分享、争夺资源和关注，但也可能携带不安全感，并在成年后的环境中表现出来。另一方面，最大的孩子可能不得不处理因弟弟妹妹的出现而感到"被废黜"的经历，因此，他们的嫉妒情绪一触即发，就可能会留意那些让他们觉得"不公平"的情况。如果在童年失去母亲"一心一意的关注"的经历让他们产生了一种杞人忧天似的焦虑，即今天能得到的东西明天可能就得不到了，他们可能会变得焦虑和贪婪。然而，这些是笼统而广泛的概括性说法，只捕捉了塑造一个人的无数维度和众多经历中的一个典型。妄自揣测是不对的：这与此无关。这是关于试图理解我们与兄弟姐妹之间可能存在的某些动态的细微差别：也许正是因为我们从未让他们赢过，所以他们在圣诞晚餐上如此骄傲地"掏出他们的高薪摆在我们面前"。

　　所以，在与兄弟姐妹处理金钱事宜时，在采取行动之前，不妨退后一步，反思一下你们之间的关系，这样你就可以避免因为情绪和旧有的经历而做出冲动的选择。你是否总是感到被你的兄弟姐妹摆布和利用呢？那么，当你在经济上与他们打交道时，制定措施可能很重要，不要给他们留下任何余地，无论是合同中的条款，还是关于谁来为你们共同为父亲购买卡片和礼物的包装买单的明确规定。你是否与你的兄弟姐妹有过一段让你处于"特权"地位的经历（也许你得到了"大房间"，接受了"私人教育"，而你的兄弟姐妹感到被忽视和被无视了）？那么，你可能需要注意，不要延续这种关系，并假设你将获得更大的办公室、酒店房间或业务份额。在与兄弟姐妹协商财务事宜时，你可能也需要更加注意对方可能感到被忽视或无视的可能性。当你打电话讨论应该为共同拥有的房产制定什么样的装修预算时，你是否给他们预留出了发言的空间，还是直接"推出"自己的观点？无论背景如何，重点是，金钱冲突很少是关于金钱的，而是关于你给自己和他人设定的角色，以及这些角色在你心中唤起的情感。如果你能意识到这一点，也许你就可以在金钱往来中采取更细致入微的处理方式。

职场和商业伙伴

　　我们获取订单的竞争能力、觉得自己配得上高薪并要求加薪的胆识，以及与商业伙伴谈判时的举止风范，都受到过去的情感经历的影响。甚至我们的职业选择也可能受到我们对金钱的渴望或排斥心理的影响。我们看到，具有高潜力的人可能会破坏自己的职业生涯或未能要求足够的报酬，而其他人则会付出巨大的努力来实现自己的财务目标，却感到被骗了，无法为自己的成就感到自豪。在我们的职业生涯中，我们也带着自己对世界如何运作、人们如何与我们互动和回应的情感蓝图。当涉及财务交易和金融交易时，金钱有可能成为那些我们意识不到的意义和动态的磁石。在与你的商业伙伴打交道时，如果你对自己处理财务的方式感到不满意，那就试着理解一下背后的原因。你的合作伙伴是否像你的父亲那样有一点居高临下的傲慢态度，所以，你最终不经意地将自己置于低于他们的位置，在谈判中做出了不必要的让步？还是说，你发现自己对哪些算作"商务开支"的态度过于宽松，因为你被商业伙伴利用了？也许由于"两极分化"，你越来越担心是否有足够的现金流，并感觉到你的商业伙伴完全无视现金流的重要性，这些都在迫使你做出补偿？我可以举出无数这样的例子。

兄弟姐妹间的关系动态是众多"过去的心理阴影"之一，它会影响我们在职场和商业伙伴关系中的互动。我们可能会发现自己以与对待专横的姐姐或自以为是的弟弟相似的方式与合作伙伴互动或对他们做出反应。我们可能没有意识到这样一个事实，即当前的互动正在我们的脑海中唤起过去熟悉的感觉。然而，当我们在心理诊所开始探索商业伙伴"为何能令我们心烦"或"为何会让我们如此恼怒"，或者为何我们倾向于过度反应或误解他们的行为时，往往是因为我们在用一种已经过时了二三十年的视角看待这种情况。例如，我们的伴侣有时可能很专横，或者在表达自己的观点时比我们更武断、更坚持己见，但我们是否正在滑向一个"玩具被抢走或被哥哥吓住"的弟弟的角色，或者我们是否能够像成年人一样适当地回应对方？我们能否将属于过去的东西与当前的情况区分开来？

与朋友合伙创业时，他们可能对自己能给合作带来什么贡献感到不自信。他们可能会觉得别人总是比自己更有能力，或者担心自己会被排挤出局或被低估。金钱通常被用来弥补这些恐惧和不自信。他们可能会接受较低的薪水，放弃过多的股权，甚至最终用自己的钱来拯救企业，希望得到他人的重视和尊重。

被兄弟姐妹欺负的经历可以深刻地影响一个人对他人（如同事）的信心和信任，使他怀疑他们是否会提供支持，而不是批评或攻击他。如果父母对这种状况漠不关心或消极被动，这可能会让我们不断地寻找其他人来支持我们，或者让我们屈从于没有人会支持我们的事实。这如何影响我们与金钱的关系呢？嗯，我遇到过一些人，他们以一种挫败的态度度过一生。如果童年时代总是在彩罐见底时分得最少的糖果，几乎没有获取公平份额的体验，那么，我们可能会以一种不情愿且犹豫不决的方式过日子和处理金钱，期望被更重要的人物打败。因此，我们很难在工作中争取到佣金。这样的人很难走进老板的办公室，要求自己的薪水与同事相当。他们选择自己创业的部分原因可能是对组织缺乏信任，他们选择加入一家公司的时候可能会充满焦虑，担心自己成为不会保护和照顾自己的另一个"坏家庭"的成员。

他们可能会坚决拒绝在初创企业中与其他人合作，即使这对企业的成功有益也不愿意，因为分享的想法会让人产生令人不安的恐惧感。他们认为最好是自力更生，而不是冒险与合作伙伴竞争，甚至冒着被合作伙伴抢劫的风险。

或者，他们可能会加入一家公司，私下里希望这个"伪家族"会更公平一些，但走进公司的时候，他们的反欺凌"触角"

迅速竖起，时刻警惕着任何可能被践踏的警告信号。我们的思维方式是，没有一种经历只导致一种结果，但是，当我们发现自己在薪资谈判中说不出话来的时候，我们就应该明白是什么阻止了我们。这可以追溯到我们缺乏信任，不相信我们会得到公平的份额，因为这不是在家里能发生的事情。这促使我们提出一个重要的问题：这是目前情况的现实，还是只属于过去的恐惧？

在我们心中留下印记、渴望和恐惧的兄弟姐妹之间的关系可能推动了广泛的职场行为。我曾见过一对双胞胎兄弟的兄弟姐妹，其中一个因为被排斥的经历和渴望与某人"结伴"的渴望，导致他激烈地争吵，并要求他的配偶在家族企业的董事会中占有一席之地，部分原因是他的配偶有能力做出贡献，但最重要的似乎是因为他渴望有一个"双胞胎"站在他这一边，结束那种"二对一"的感觉。

兄弟姐妹的关系只是一系列过去经历的一个典型，这些经历加在一起，形成了一个关于我们将如何在这个世界上被对待的内在脚本。它们可以指导我们在生活的各个领域的行为，包括职场关系（交易，谈判，关于金钱、董事会席位、获得奖金的权利和特权感的问题）。所以，如果你对自己在工作中处理财务问题的方式感到不安，试着问问自己在这些情况下的感受。这让你想起了什么？你在生活中什么时候有过这样的感觉？

当同事们为了一笔佣金争得你死我活时，就值得我们思考一下，在他们看来，这笔奖金代表着什么。也许这场激烈的竞争只是两个好胜的人相互激发的结果？但竞争的强度可能表明，在他们的脑海中，竞争具有一种象征意义。也许他们是在试图战胜兄弟姐妹带给他们的心理阴影，但也可能是为了获得"有心理阴影的父母"的认可，也有可能是为了向自己证明，即使有人再三挑剔他们不够好，他们也能取得一些成就。答案可能不止一个，但只有理解了问题的本质，我们才能正确看待问题。

友谊

金钱是朋友吵架的一个常见原因。相关民意调查显示，1/5的美国人曾因金钱纠纷失去一段友谊。你有没有发现自己因为朋友点了菜单上最贵的菜而怨恨他，然后想要平均分摊账单？或者，借钱给他们，他们却永远不还？或者，也许你总是自愿购买共同礼物，但有些人从来没有出过一分钱？金钱不可避免地出现在友谊中，大多数时候，人们希望金钱交易顺利进行。但如果不能顺利进行，这可能会干扰和谐的关系，或者在表面之下酝酿着一种不和谐的情绪。

如果双方能够坦诚地提出并讨论与金钱相关的问题，那么友谊中与金钱有关的裂痕是很容易避免的。但这种情况往往不会发生，因为金钱是一个尴尬的话题，而且人们害怕对抗和冲突。然而，如果我们感觉被困在了一个让我们不安的关系中，最终可能会导致一场爆炸性的对抗，如果这种感觉（比如沮丧、愤怒和怨恨）积累到无法控制的程度，就会对关系造成无法弥补的伤害。

正如本书其他章节讨论的那样，你在寻求解决问题之前，非常有必要去了解一下你在自己不满意的金钱问题中所扮演的角色。我们很容易把责任归咎于那些不还钱的朋友，那些一直希望你请他们吃饭的朋友，那些总是点菜单上最贵的菜却认为每个人都会平均分摊账单的朋友。你做了什么使这种行为成为可能？过去是什么阻止了你畅所欲言？为什么这个特别的朋友会让你难以启齿？你对人际关系的期望或者你对自己的看法阻碍了你说点什么吗？

没有人喜欢被剥削和被利用的感觉，但有时，这些感觉是由你引起的，因为你体贴、慷慨，还喜欢照顾别人。你对取悦和给予的渴望导致你在给予的界限上做出退让。一开始你可能会说"我不介意帮助朋友"，但是，当别人不再感激你的帮助时，你的感觉可能就开始转变了。我们很容易把所有的责任都推到现在貌似有特权的朋友身上，但认识到你在这种关系中的角色很重要，因为这可能有助于你理解对方。如果你从来没有对朋友的行为或反应表达过任何消极的感受，他们也不知道你从什么时候开始怨恨这种付出，那么，你的朋友不可能知道你在想什么。

我们对他人的看法、恐惧和期望会在友谊中被强烈地唤起。我们积累了很多生活经验，这将塑造我们对他人期望的内在路径：我们可能会为这次的外卖买单，因为我们相信我们的朋友下次会付账，因为在我们的大多数经历中，关系是平衡的。此外，如果我们的心路历程告诉我们，人们倾向于剥削和自私，我们可能会感到更焦虑，因此也不愿意买单。

如果我们处于一个高度竞争的环境（在家里和学校），我们可能会发现，我们向朋友承认我们负担不起他们计划的昂贵的团体旅行，或者我们认为团体礼物的出资太昂贵了，是一件极具挑战性的事情：它会不会让我们觉得自己在每个人都在不断地为伟大而竞争的内心舞台上失败了呢？同样的情感印记会在不知不觉中让我们选择一群朋友，在这些朋友中，我们可以在经济上占上风，而且永远不会觉得自己"弱小"。

"哭穷卖惨"是媒体使用的一个新词，它很好地说明了朋友之间可能陷入的复杂关系。"哭穷卖惨"指的是朋友们假装自己有经济需要，而实际上并不是这样。他们可以表现为：总是要求别人支付他们的那部分账单，从不偿还，或者向别人借钱（似乎是为了必需品），然后把借来的钱花在奢侈品上。"哭穷卖惨"可能会让别人感觉遭到了背叛，很生气，不愿意继续这段友谊。它可以是一次性事件，也可以是反复出现的行为模式。

　　如果一个人自己有足够的钱，为什么还要向朋友要钱呢？正如我最近在《女性健康》的一篇文章中讨论的那样，一个潜在的原因就是，要求别人为自己放弃某些东西会让她们觉得自己被关照和照顾得很好。有些人终其一生都在追求这一点，可能是因为早期缺乏教养，也可能是避免放弃某些东西的一种方式。例如，如果他们想要存钱去旅行或购买奢侈品，他们可能需要做出一些牺牲来实现这个目标。然而，他们不愿面对这一点，也不愿诚实地面对自己（以及他们的朋友），而是表现出自己没有足够的钱。他们甚至可能会说服自己，他们没有"足够"的钱，而实际上，他们只是没有足够的钱去包揽他们想做的每件事。他们只是不想妥协。

　　一系列让人觉得"生活不公"的童年经历或许可以解释为什么对一些人来说，哭穷卖惨可能是对"正义"（类似于偷窃）的一种追求：一种解决"别人比我们拥有更多"的想法和嫉妒心的方法，一种让事情变得"公平"的愿望。哭穷卖惨的人在某种程度上意识到他们正在进行的欺骗，但他们会有意或无意地认为这是合理的（"这并没有那么糟糕，因为我们的朋友比我们拥有更多"）。如果他们设法获得了对方拥有的一些东西（在这里特指金钱），就会有某种成就感。

　　这也可能是把自己无法控制的情绪投射到别人身上的一种方式。在不知不觉中，他们的行为方式让对方体会到了被操纵和被欺骗的感觉，这可能是因为他们自己过去也有过被操纵和被欺骗的感觉，他们一直无意识地将这些感觉强加给他人，而不是在自己内心面对它们。这是一种典型的心理防御，一种将自己的欲念强加给他人的"投射"，一种摆脱痛苦感觉的方式。

正如我经常对我的患者说的，一种关系需要两个人来建立。那么，最终给他们钱并资助他们活动的那些人到底是怎么回事呢？这种情况的两个方面都值得研究，特别是，如果它不仅仅是一次性的情况，而是一种模式（在许多情况下确实如此）。如果他们遇到的是一个有自信、有底线、有主见的朋友，而这个朋友之前曾被他们"伤害"过一次，之后又拒绝了他们，那么，他们就很难再"哭穷卖惨"了。但他们会发现，那些长期怀有负罪感的、一生都在寻求补偿的人会成为他们的"帮凶"。对于后者来说，拒绝朋友的借款请求实在是太难了，而答应借钱则让他们感到自己在某种程度上"赎罪"了。"帮凶"也可能通过这种关系，无意识地扮演着拯救他人的角色。

因此，在面对一个一直"哭穷卖惨"的朋友之前，你有必要问问自己：这是你为了维持一段友谊而需要付出的代价吗？你一直想为自己赎罪的"罪"是什么？这是你一直寻求取悦他人的那部分内心吗？你这部分的历史可以追溯到哪里？你真正希望自己能拯救的人是谁？还是说，你要不惜一切代价避免冲突（答应请求要比面对潜在的冲突更容易）？

不管是什么原因，你最终都感觉被欺骗了，而不会收获任何积极的情绪结果。你经常得出这样的结论：朋友的所作所为是故意且恶意的。你失望、悲伤、震惊、愤怒！这些都是非常痛苦的感受，也是人们对这种情况的正常反应。

另一个在友谊中需要解决的主要问题是分歧。在友谊中，我们应对分歧的能力将受到考验。在一群对金钱有不同看法的朋友中，不同的财务现实导致大家对应该花在什么上的价值观不同，很容易产生分歧。当这种情况发生时，我们面临着多重选择。我们要坚持自己的信仰，告诉大家我们可以选择一家像样的酒店，而不是再去露营吗？我们是否会试探性地表示，集体凑足30英镑给一个孩子买礼物，这是不是太多了呢？或者，我们什么也不说，随波逐流，因为，就这一次，我们跟着大家做也没关系？我们决定做什么将受到很多个人因素的影响，这些因素塑造了我们做出选择的途径。比如，我们觉得群体（以及这个特定群体）有多安全？当我们为自己发声时会发生什么？我们可以在多大程度上为他人牺牲自己的需求？我们可以在多大限度上接受别人对事物的看法与我们不同？还有更多的问题。

苏菲向一名记者坦言，在纽约靠第一份薪水生活，试图在经济上独立，而她的朋友们还在接受父母的经济支持，想想都觉得烦躁。她的薪水只够支付基本开销，但她的朋友们坚持要制订消费计划，在时髦的餐馆里花更多的钱，这超出了她的承受能力。她说："我会拒绝各种邀请。从他们的角度来看，我并没有在友谊中付出太多努力。从我的角度来看，他们更看重他们外出的需要，而不是珍惜和我在一起的时光。这确实引发了一些争吵，但与其说是因为钱，不如说是因为我们无法理解彼此的观点……"听起来，苏菲的朋友们都在努力适应她不断变化的环境，一方面是因为他们自己的经济状况并没有发生变化，另一方面是因为他们从来没有经历过如此贫困的情况，这意味着要在他们习惯的生活方式上妥协。苏菲解释说，这段友谊之所以能经受住这些考验，原因有很多。她清楚而诚实地告诉他们，为什么她不参加朋友们的郊游，也没有找借口（"我这周只有30美元可以花"）。

后来，朋友们的情况也发生了变化。当他们开始尝试实现自己的经济独立时，他们也想要削减开支，偶尔会选择"在家做饭"。此外，苏菲坦率地提出了可以让朋友见面聚会而不超支的替代方案。并非所有这样的故事都以这种方式结束，主要是因为我们在不得不承认自己没有别人那么强大的财力时往往会感到羞愧，这就导致了含糊不清的沟通，即谎言、闪烁其词的回答或沉默寡言的躲避。

在本章中，我想请大家反思一下更广泛人际关系中的金钱问题。我们可以让金钱表达积极的想法和感受：我重视你、我想把我的财富留给你、我想给你应得的报酬。但金钱也可能成为负面信息的象征："他们更爱他：看看他得到了多少钱？""他和爸爸一样有权力：他怎么能期望在企业中获得更多的股份？""他们不会付给我应得的报酬：他们很自私，就像我认识的每个人一样。"我们如何解读金钱信息？在不同的人际关系中，哪些不同的金钱行为表现出来了？我们认为这些人际关系中是什么在驱动着这些行为？如果我们要把通过金钱交流的东西用语言表达出来，那会是什么？如果我们把"金钱"这个词从刚才的争论中拿掉，那么，这场关于金钱的争论到底在争论什么呢？

请在头脑中形成一个更广阔的视角，努力找出你自己的行为模式。你是否发现了这样一些场景？在不止一段关系中（例如，工作和友谊），你最终会担心别人会以这样或那样的方式利用你？比如，你可能会担心每个人在工作中都得到了更高的薪水或更多的奖金，或者你的朋友在免费利用你的资源；或者你可能会在多个场景中（与你的兄弟姐妹和室友）负责财务，结果发现，当事情出了问题时，人们都在指责你。无论何种情况，如果你发现一个问题在你生活的多个领域重复出现，那就值得思考一下你为该问题带来了什么，并让它自然地展开。

我还想请大家思考一下，一笔让你感觉不对劲的财务交易的根本原因是什么。如果你发现自己处于一种感觉不舒服的境地，有外部冲突（比如你和某人争论金钱问题），或者有内部冲突（你对与某人发生的财务交易感到不安且不爽），那就很有必要退后一步，看一看事物的全貌了。

你可以考虑一些简单的问题，比如：我对此感觉如何？这就是这个人给我的感觉吗？在这种情况下，我们与他们的互动也体现在金钱方面。问问你自己，这是不是你和这个人在一起时的"典型"感觉？例如，他们总是把自己表现成一个无助的受害者，而你总是被迫给予他们更多（更多的支持，更多的关注，更多的金钱）。你想继续置身于这种受害者和拯救者之间的关系中吗？也许你想尝试在这段关系中扮演一个不同的角色，而不仅仅是你觉得自己最终"注定"要扮演的角色？你可以通过任何互动开始新的关系，包括你的金钱交易。这次你可以这样回答："我想知道我们是否可以考虑一下你为什么经常向我借钱？"他们可能没有答案，也可能会编造借口，但这并不重要。如果你希望改变这种情况，那就以一种友好和开放的方式说一些不同的话，这样可以完成许多事情。你如同举起一面"照进心灵"的镜子，让对方正视他们正在做的事情。你是在告诉他们，你希望这种情况得到解决。你是在表达你的好奇心（并倾听他们给出的答案）。最后，希望你能点燃他们的好奇心。但你不能改变别人。你只能改变你自己的情况——你要说一些不同的话，而不是再借给对方 10 英镑。一些事情已经发生了变化。你无法控制他们是否会生气，他们是否感到被你拒绝了，他们是否还想再找你借钱，但是，你可以选择说什么、什么时候说以及如何说（正如我们在前一章关于如何进行金钱对话的章节中看到的那样）。

如果有关金钱的现状或冲突让你感到不舒服，你可能还想问自己：这是别人过去给我的感觉吗？在这种情况下，站在你面前的这个人触发的反应可能受到了过去经历的影响。问问你自己：我是不是反应过度了？我是不是多疑了？我是在回应站在我面前的那个人吗？或者，例如，因为他们使用了一种语言，让我产生了一点儿被操纵的感觉，所以我想起了我的父亲，那么我现在的反应是不是因为害怕我最终会产生过去的感觉？这里的挑战是，把属于你正在进行的对话的现实与你对历史重演的本能恐惧区分开来。当你听到那种操纵的语气或话语时，你脑海中升起的那些警示旗是有原因的，它们在那里保护你免于再次受到伤害。然而，我们需要让我们的理性部分参与进来（有时是有意识的努力），以便进行现实检验。你可能听过这样一句话："家庭和金钱就像油和水，而油与水不相溶。"你也可能听过这样一句话："在向朋友借钱之前，先决定你最需要什么。"嗯，我们经常无法避免与朋友和家人进行财务交易。这些都以糟糕的结局收场，原因是我们允许所有影响这些关系的情绪通过金钱表现出来。当然，金钱既具有象征意义，也是非常真实的东西，可以影响到我们的财务幸福感。金钱被认为是商品和服务交换的媒介。然而，最终交换的东西远不止这些。

第十二章
理解并改变你的金钱观

作为一名心理治疗师，我不会把同样的参考标准应用到每个人身上。我的重点是尽可能深入地了解个体的复杂性，帮助人们识别、界定和理解自己的情感，以便他们能够改变想要改变的行为。因为人的思维并不是线性的，所以这个过程也没有固定的结构。

我不会试图把一百年来的精神分析文献浓缩成一个讲述"如何改变"的章节，但我希望通过提供一些指导原则，至少能帮助你朝着自我探索之旅迈出第一步，以便更好地理解并可能打破你在金钱关系上可能感知到的"僵局"。

以下是我想要探讨的三个关键原则：

- 抱着好奇而非批判的心态进行自我探索。
- 收集信息要有深度和创意。
- 重新评估并扩大你的选择范围。

抱着好奇而非批判的心态进行自我探索

重要的是，把自我探索的过程看作是一个更好地了解自己的机会，而不是因为在金钱方面做得不对而责怪自己。比如，"我不擅长理财""我根本就不懂储蓄"之类的笼统的批评性陈述不会让你取得什么大进展。如果你的"内心批评家"异常活跃，还引发了消耗精力且自我贬低的想法，那么，这个过程会让你觉得太挫败了，而且不会取得任何结果。请记住，你要像对待别人一样友善地与自己交流。

　　如果你不好奇，你就问不出正确的问题。我记得我的一位患者曾经因为过度消费而苦苦挣扎。她问自己："如果我周末不去购物，那我还能干什么呢？"我没作声，整个房间鸦雀无声。她开始哭泣。她允许自己问了一个最困难也是最重要的问题，这个问题帮助我们看到，购物是对她内心孤独感的一种防御，购物是为了填补孤独带来的痛苦。我的另一位患者是一名孜孜不倦地积累越来越多财富的投资银行家，他对我说"一切都很好"，因为这些都是他提前退休计划的一部分。"可是你看起来并不开心。"我的回答在暗示他，他都在寻求心理治疗了，怎么还能说"一切都很好"呢？对此，他回答说："我内心的一部分在想，一旦我有了足够的钱退休，我就会幸福吗？"这是他不敢问自己的问题。一旦他问了这个问题，我们就可以开始以一种共情和好奇的方式去反思他当前所做的选择以及他对未来的恐惧。

　　先问大家几个问题：

- 哪一章让你印象最深刻？
- 哪个例子让你感触最深？
- 本书中提到的恐惧或欲望中有哪些触发了你的想法或感受？
- 你在阅读任何片段时是否感到莫名的情绪波动？

收集信息要有深度和创意

考虑到大多数人对自己对待金钱的态度并没有太多的思考，

即使是一点点自我探索也可能会有很大的帮助。作为一名心理治疗师，我可以帮助患者问自己一些正确的问题，但在这样做之前，我需要收集一些事实。换句话说，在我试图帮助他们领悟到"未曾想到的已知事实"之前，我需要收集一些"已知事物"，即我们在某种无意识层面上知道的东西。

本书的目的是帮助人们迈出理解自己对金钱的态度和行为的第一步，从而揭示（或使人们意识到）驱动这些态度和行为的隐藏力量。我们必须解开通过金钱传递的加密信息，然后开始思考与他人沟通的更具适应性（或伤害更少）的方式，或者应对隐藏在我们金钱行为背后的情感挑战的新方法。为了更接近"未曾想到的已知事实"，我们可以先了解我们自己和我们的行为，收集相关的且能引导我们自我探索旅程的信息。

事实和模式

事实往往很重要。如果有人来找我，对我说："我生活在恐惧之中，担心自己会花光所有的钱。"我会理解他们的感受，同时也会收集有关他们实际情况的信息（我从有 1000 美元银行存款的人那里听到过这句话，也从有 100 万美元银行存款的人那里听到过这句话）。如果这种恐惧是基于现实的（他的账户上只剩下 1000 美元），那么我们可能需要思考一下，这是否是他的财务现实，以及最近发生了什么事，让他的这种感觉更加势不可当？我们可能需要考虑的是，这种情况是否是自我破坏循环的结果。如果这种恐惧是非理性的（就像百万富翁的情况一样），那么，我们可能需要考虑的是，导致这种恐惧的真正原因是什么。

如果你担心自己过度消费，你可能想要开始收集有关自己的一些信息：

- 你会在什么时候随意花钱？是在晚上睡觉之前、在早上，还是一整天都在挥霍？
- 识别你在消费过程中的不同阶段所产生的情绪。在购买之前，你感觉如何？购买之后呢？或者，货物到达时你感觉如何？试穿时呢？对于有些人来说，购物的乐趣在于购买的瞬间（肾上腺素的激增、购物带来的慰藉）；但对于其他人来说，乐趣在于货物本身，他们想要购买、珍视甚至炫耀的物品。
- 你会退货吗？你是如何决定保留什么、退回什么的？通常的比例是多少？这会让你有什么感觉？
- 你在哪些方面花费过多？你购买东西的类型有固定的模式可循吗？是化妆品和手术工具，还是小玩意儿，抑或是食物？这些特定的欲望是从哪里来的？
- 有没有让你的消费失控的情况？是在社交场合，还是在让你感到特别焦虑的情况下？如果是，你似乎在担心什么？
- 你是为自己花钱还是为别人花钱？如果是为别人花钱，是为谁？有固定的模式可循吗？

如果你所面临的问题不是金钱方面的行为习惯，而是一种感觉（比如，一种令人麻痹的焦虑），导致你实际上忽视了财务问题，那么，你可能需要收集以下信息：

- 你是什么时候开始有这种感觉的？最近有没有发生什么事情触发了你的焦虑？
- 你感到这种焦虑的频率如何？是每天还是每周？焦虑的程

度有多严重？你的焦虑是更接近于一种容易被忽视的消极想法还是一种恐慌的状态？

- 在每天（每月或每年）的哪个时间段，你会感到焦虑在加剧？是在晚上思考未来的时候吗？是在薪水似乎还很遥远的每月中旬吗？还是在需要报税的时候呢？

- 你的身体的哪个部位感到焦虑？（这样，你就能更快地捕捉到焦虑感下次出现的瞬间，你的身体会给你一个关于你头脑中正在发生什么的线索。）你在生活的其他方面也体验过这种感觉吗？例如，当你想到一场考试或工作报告的时候。

- 在一段关系的背景下，这种焦虑是否有所改变？例如，自从你搬来和女朋友同居，或者自从你想要个孩子以来，你变得越来越焦虑了。

扩展调查：开放式问题和探索性工具

试着先问一些关于你和钱的关系的开放式问题，然后再具体问你想解决的问题。当你思考这个话题的时候，让画面、记忆、梦想和想法在你的脑海中流动。当你试着了解自己的时候，跟这些画面、记忆、梦想和想法"打个招呼"，并把它们铭记在心。

你可能想要找回的一些开放式问题或记忆包括：

- 对于我来说，金钱代表……
- 当我思考金钱的时候，我就幻想……，我会感觉……
- 一说到钱，首先浮现在脑海中的词语是……
- 我记得的第一个关于金钱的记忆是……

● 想想你早期与金钱有关的经历，并反思这些经历如何塑造了你现在的态度。你在家里讨论过这个问题吗？这是引起冲突的原因吗？你的愿望容易得到满足吗？金钱是无条件发放的还是与业绩挂钩的？你收到过零花钱吗？如果收到过，你的感觉如何？你用零花钱做了什么？

关于你试图解决的与金钱相关的情感或行为的开放性问题也会很有帮助。下面以过度消费为例：

● 如果我忍住冲动不花钱，我会感觉……
● 我最喜欢自己的金钱态度是……
● 我最不喜欢自己的金钱态度是……
● 我羡慕那些在金钱方面能够……的人
● 在我的家庭里，过度消费被视为……

关于金钱焦虑问题，可能包括：

● 我对金钱最大的恐惧是……
● 在我的家庭里，在我的成长过程中，金钱是……的来源。
● 我经历过（或目睹过）与金钱有关的最可怕的经历是……

无论你在钱的问题上有多么纠结（花费太多或太少，风险太大或太小），试着提出一些问题来拓宽你的视野或进一步思考。你说"我不要求加薪，因为我害羞，感到不自在"，你可能只讲述了一半的故事，这一半情怀无法帮助你克服在财务健康方面导致薪酬对话如此困难的情感障碍。你问："还有什么能阻止我要求加薪？最坏的情况是什么？那会是什么感觉？为什么会有这种感觉？"这可能会帮助你承认"我之所以不要求加薪，是因为我

285

害怕被拒绝，我想这是因为在我家里，我所有的要求都被拒绝了。我姐姐想怎样就怎样，但我从来不敢这么奢望"。这些问题可以帮助你发现，你现在使用的是过去形成的一套期望，而这些期望可能与你的工作背景无关。在当下，在此时此刻，你可能会感受到这种恐惧，但作为一个成年人，你需要认识到，在请求加薪之前，你可能需要收集更多相关的信息，而不是基于过时且脱离背景的期望做出抉择。

揭示对改变的抗拒

如果你想改变自己对金钱的态度，承认当前的态度或行为往往是有原因的（比如，为了实现一个心理目标），这是有帮助的。想一想你通过这种行为直接或间接获得的一切。你可以通过你的症状（此处的"症状"可能是你的超支、你的囤积、你的财务风险），从驱使你这样做的感觉（孤独、嫉妒、愤怒）中获得解脱。

- 寻找你的财务行为背后的动机。你认为你目前的理财行为有什么好处？例如，如果你在囤积金钱，它可能会保护你免受资金耗尽的恐惧。如果你把所有的财务决策委托给你的伴侣，这可能会让你免去任何担心。如果你在赌博，你可能是在"逃避"现实世界和痛苦的感觉。
- 换一个方式提同样的问题：为了改变现在的行为，你必须放弃什么利益？例如，放弃体现你过于慷慨的礼物可能意味着你失去在人前制造的"惊喜感"。或者，放弃购物可能会让你和女儿在周末"没有共同的活动"。或者，放弃赌博会让你不得不面对孤独的痛苦。

确定你行为的动机和改变所需要的潜在牺牲（你需要放弃的利益），可以帮助你理解你为什么"被困住了"，还在一定程度上抗拒改变。你害怕，你很难放弃和你十几岁的女儿在周末做的一个计划（比如购物）。但如果你发现这是你很难放弃的真正原因，那么，寻找一个替代计划怎么样？这能减少你想要改变的行为所面临的阻力吗？

对改变的抗拒往往源自于恐惧心理，在这种情况下，我们有必要对这些恐惧进行现实检验，并试图区分哪些是过去的感觉，哪些是与现在仍然相关的情绪。

- 既然我已经制订了合理的财务计划，有了一笔可观的存款，并且精打细算，那么我的钱花光的可能性有多大？
- 如果我要求加薪，被嘲笑和奚落的可能性有多大？
- 如果我向我的朋友解释为什么我不能参加他们组织的昂贵旅行，我真的会冒犯到他们吗？

你可能会发现你所期望的一些结果是不现实的（并且你常常会做最坏的打算）。你甚至可以考虑在老板或朋友等人那里寻找机会：如果你被你的老板嘲笑，那是一个工作的好地方吗？如果你的朋友在你解释说你不能为集体礼物做出同样多的贡献时，总是吹毛求疵，还不肯原谅你，那么，你看到了他们的这一面，虽然说很痛苦，难道不是很有帮助吗？

我完全承认，当你意识到这些恐惧是多么不合理时，恐惧不会消失：你内心的一部分已经知道恐惧是非理性的。在治疗中，我们经常需要拜访和重温与恐惧相关的记忆，在恐惧减轻其对当前的控制之前，先克服其中一些情绪。但是，意识到我们的灾难化倾向（总是想到最坏的情况），可以成为管理焦虑的一个有益的开始。

在其他情况下，阻力来自矛盾心理。我们内心的一部分想要或感受某种东西，而另一部分内心想要或感受相反的东西。我们既为自己的节俭感到骄傲，也为自己的抠门感到沮丧。赌博让我们既平静又忐忑。我们既对自己的风险规避感到放心，又嫉妒那些敢于冒险的人。矛盾心理是我们思维的内在复杂性的结果，它会导致一种不确定或优柔寡断的状态，一种"被困住了"的感觉。

承认代价

你可能有一种模糊的感觉，你所做的不是最理想的事情，但你真的想过经济和心理后果吗？想想你目前的金钱行为对以下几个方面的影响：

- 你的财务状况：例如，你在购物、赌博或外出上花了多少钱？你会惊讶地发现，有多少人通过回避这些基本计算来否认自己财务行为的成本。想想"机会成本"，即如果你采取不同的行动，你能节省或获得什么？如果你在过去的五年里每个月存 X 英镑，那么你现在已经存了 Y 英镑。如果你至少有一半的时间是自己做饭而不是出去吃饭，你就能省下 Z 英镑。这样做的目的并不是让你痛斥自己，而是让你看到，你所做的选择会产生真正的经济影响。

- 你的财务幸福感：逃避财务可能会让你感到焦虑（而不是对自己的财务状况有控制力和信心），从而损害你的财务幸福感。你囤积金钱的倾向可能会妨碍你享受你所拥有的金钱。

- 你对自己的感觉（"这样对待金钱会让我觉得……"）。诚实地面对你目前的选择带来的羞耻、内疚或焦虑。这可能是为了解决你正在逃避的感觉而付出的高昂代价。

- 别人对你的感觉：你目前对金钱的态度可能会影响你与他人的关系。

重新评估并扩大你的选择范围

通常，当人们觉得自己走投无路时，那是因为他们看不到（或不让自己看到）面前的选择。有时我们甚至在考虑之前就迅速放弃了选择，因为我们不喜欢随之而来的权衡。如果你发现自己"没有选择"，想一想，你还没有考虑过什么？你在避免想什么？

让你看到更多选择的一种方法是重新定义某个问题，试着具体一点。不要说："谈到花钱，我是一个容易被说服的人。"最好说："当我和我的孩子出去购物时，我花的钱总是比我想花的多。"这是一个更好的起点，因为它标记了你想要解决的行为或情况，为你提供了一个思考的空间。比如，你可以带着预先设定的预算外出；或者，你可以少外出；或者，你只带现金出门；或者，当他们逼你再买一件东西时，你直接说"不"。每一种选择都需要你接受其利弊：你可能不得不忍受看到他们失望的情景；

你可能不得不忍受别人的一顿脾气，或者感觉自己像一个你不想成为的抠门母亲；你可能不得不面对匮乏或不足的感觉，或者你可能会因为只带了现金而感到沮丧。重新定义也可以让你意识到驱动你行为的感觉。如果超支主要发生在你和孩子在一起的时候，这可能是因为你想成为一个慷慨的母亲，或者你害怕从你的孩子身上体验到一种失望的感觉，因为你对自己过去的失望经历太熟悉了。

让你扩大选择范围的另一种方法是把注意力从个人弱点转移到你可以改进的技能上。与其说"我不擅长储蓄"，不如说"我想学习如何更有效地存钱"。第一句话可能会让你无计可施，第二句话很快就会变成"我怎样才能学会如何更有效地存钱呢"，头脑风暴可能会从中产生一些可供尝试的选项。比如，你可以问问朋友他们是怎么做到的，你可以报名参加金融知识网络研讨会，你可以下载一个应用程序或工具来帮你搞定一些事情。

你还可以尝试自己觉得"太难"而从未考虑过的选项。例如，不要说"我忍不住慷慨大方"，而是把它看作一种权衡："如果我带着一份小礼物而不是我通常选择的大礼物，或者根本没有礼物，我会感到羞耻、内疚、失落。"无论答案是什么，我们现在都在揭示你的慷慨带来的主要收获（解决羞耻、内疚、失落感），同时帮助你看到，虽然你可能会感到进退两难，"你无能为力"，但你仍然在做出选择。这是一种服务于心理目的的选择，保护你免受那些痛苦感觉的折磨，但承认这是一种选择可以让你自由地问自己两个重要的问题：

- 难道我不能找到一种不同的方法来管理我通过防御而避免的情绪吗？

> • 我为这种防御机制付出的代价值得吗（过于慷慨会带来经济上的损失，同时也会带来情感上的损失，因为慷慨之举有时会带来内疚感和后悔情绪）？仅仅是重新表述这个问题就可以拓宽你的思路。

感觉自己有选择比让自己屈从于不可避免和不可改变的事情要好得多。但做出选择并不容易。为此，我们需要克服各种障碍。首先，不要认为只有"正确"的选项，你只要选择和权衡就好。其次，你要准备好为你的选择所带来的"损失"而悲伤。如果你选择待在家里省钱，你将不得不放弃你可能和你的朋友一起玩的乐趣。如果你最终选择买一件外套，你将不得不放弃这笔钱。所有这些"损失"都会让你产生一种情绪，你必须坐下来面对并克服，但尽量不要在其他地方表现出来。

接受与改变

精神分析学家卡尔·荣格说过："我不是发生在我身上的事，我是我选择成为的人。"这是一个强有力的声明，它提醒我们，尽管我们过去的经历可能很痛苦，但我们仍然有能力塑造我们的未来。如果自我探索让你回想起过去的痛苦经历，这有助于解释为什么你如此执着于某事，为什么你如此拼命地争取公平，为什么你对财务感到恐惧和不安，那么，这个过程的一个重要部分就是认识到你现在在行为和决策上拥有多少选择权。你可以决定，不再通过晚上盲目网购来解决你的孤独感。你可以采取安全措施，避免父母意外遭受经济损失。过去的事不必重演。

话虽如此，我承认改变并不容易。这需要时间（有时需要数年的心理治疗）来实现。但有时候，最需要和最有效的不是改变，而是接受。接受我们自己和我们所看重的东西，是一种可释放自我的领悟，因为它可以引导我们做出选择，避免内心的冲突。例如，如果你接受你的物质主义部分会沉迷于享受那些你年轻时无法拥有的美好事物，你可能会找到一种方法，允许自己以一种更谨慎的方式继续放纵一下自己。

接受现实并不意味着听天由命。接受意味着到达一个地方，在那里你可以认识到自己的"弱点"，但如果你愿意的话，也可以给自己一个机会去克服弱点。无意识地重复我们在父母身上看到的行为，与接受父母很难享受金钱的事实，这是非常不同的，我们无法改变父母的行为，但我们可以在自己身上努力。当你试图将你的金钱观和行为追溯到你从家庭或过去的环境中学到的东西时，这个过程的一部分实际上是接受你曾经拥有的父母、照顾者或老师。试着理解他们的观点（他们可能在重复自己的经历）有助于这个过程。他们做出了自己的选择，但这些选择不一定是你的。你可以不同意你内化的任何声音，你可以给自己机会（无论多么令人焦虑）尝试不同的事情，你可以重新定义你眼中的成功或自我价值的意义。

这一切听起来很简单，都写在这本书里了。深入挖掘，探索过去，权衡利弊！我想说明的是，这并不简单。思维在很大程度上依然是个谜，因为我们不能在实验室里操纵变量进行研究，所以，关于为什么和怎么做，没有标准答案。

你可能从一开始就知道你想要解决你的金钱行为的哪个方

面，希望现在你更多地了解是什么让你陷入了这种行为如此之久。或者，你可能和许多人一样，一提到钱就感到迷茫，缺乏"内在指南针"，不知道"应该"怎么花自己的钱，所以来接受心理治疗，希望我能给出答案。虽然我不会告诉你该做什么，但我可以帮助你根据自己的价值观、信仰、希望和抱负建立自己的"内在指南针"。你可以通过明确自己围绕金钱的感觉、恐惧和欲望开始这个过程。你可以更加意识到内心的冲突。比如，你内心的某些部分想要相反的东西或相互矛盾的东西。你可以考虑一下选择和权衡的问题，以及你对选择和权衡的感受。所有这些见解都相当于你拥有财务情感意识，并使你能够在财务方面做出更加深思熟虑且合情合理的选择。

第十三章
结束语

　　本书是为个人而写，旨在帮助你反思自己的独特经历和你的内心世界如何影响你对金钱的感受和行为。我希望本书能拓宽和深化你的财务情感意识，使你对自己的财务选择更加有意识和控制力。这将改善你的财务幸福感。你可能会通过我提到的这些视角，更清楚地知道为什么你会做出这样的金钱选择，为什么你有时会感到自己被困住了，无法改变不良的理财习惯。你可能已经理解了一些令人麻痹的内在冲突，它们可能隐藏在你的行动背后，或者你可能会发现有时你会通过金钱来表现与金钱无关的恐惧和欲望。也许现在，你在财务冲突中试图向他人传达的隐藏信息变得更容易理解了。

　　我希望能帮助你理解你与金钱的关系，并激发你对金钱在你心中的意义的好奇心。我们生活在一个无法逃避金钱现实的世界中，因此思考金钱在我们心中的存在意义可以指导我们的财务选择。

　　我们无法否认金钱在我们的社会中常常被神化，甚至被赋予了超越其交易价值的权力。但我们可以远离金钱能给我们带来的幻想，更多地反思我们希望它在我们的生活中赋予的意义。

　　金钱充满了意义，但它代表的是什么，以及我们围绕着"够或不够""冒不冒险""过度或节俭"等设定的参数都因人而异。由于没有共识，我们不知道别人对我们的金钱状况或行为的看法，因此谈论金钱可能会让人感到有些冒昧。我们可能会暴露在别人的评判之下。如果我们害怕别人认为这是成功、成就或价值的标志，那么，我们可能不愿透露自己的低薪水或最近的损失或债务。如果我们害怕别人认为积累财富是贪婪的表现，我们可能会避免谈论今年的奖金有多少。我们可能不仅害怕被视为贪婪，还可能害怕招来别人的嫉妒或剥削。比如，在他们知道我们赚得更多之后，他们会期望我们为他们付款吗？人们害怕的是不知道对方心里在想什么，而不是对方的银行账户里存了多少钱，这是谈论金钱的最大障碍。

管理金钱并不是一种与生俱来的技能。如果我们没有学习健康的饮食习惯和餐桌礼仪，我们的饮食习惯可能会是什么样子？我们需要学习基础知识，也需要学习更复杂的课程。如果我们不能适当地管理自己的情绪，就有可能通过饮食或消费来自我安慰，或者通过拒绝食物或承担过多的财务风险来表达自己的反抗。这就是为什么金融教育至关重要，但它也包括财务情感意识，因为我们在做选择时并不（至少不总是）理性。

在本书中，我没有解决我们在金钱问题上遇到的所有复杂情况，也不能解释我所涉及的每一个问题背后的所有可能原因。这样的尝试毫无意义。心理治疗之所以如此令人着迷（同时也极具挑战性）是因为人类心灵的复杂性和我们经历的多样性。

如果你在阅读本书时觉得找到了一个能够解释一切的体验或行为背后的唯一原因，那么，你可能是在草率地下结论。随着时间的推移，我们受到多种因素和经历的影响，有些因素可能在我们的意识中，但很多则不在我们的意识中。即使你放下了这本书，也要深入研究那些影响你的感情、思想和行为的因素，并将它们拼凑起来，这样也会帮助你更多地了解自己。

心理治疗师接受过专业培训，有资格与你一起深入探究你内心深处的困境，帮助你面对难以面对的真相，并带你重温痛苦的记忆，直到它们不再对你的行为产生强大影响。但是，即使十年的研究也无法为你提供一张清晰的"心灵路线图",因为对于每个人来说,需要探索的"心灵地形"都是不同的。这也意味着,即使有心理治疗师的帮助,我们也可能无法触及那些深埋在我们内心深处的真相。一位朋友曾经告诉我,如果我们把心灵想象成一个房间,那么,作为心理治疗师,你可能只能通过钥匙孔看到房间里的部分景象,有时是因为患者只让自己触及或只许你看到这些东西。

因此,如果你已经问过所有的问题,收集了所有能收集的信息,然后眼睁睁地看着它们就像 1000 片散落在桌上的拼图,你挠着头,却不知道它们都代表着什么,它们之间又有什么联系,请不要担心。这就是为什么我们会说"三个臭皮匠,顶个诸葛亮"。与伴侣、亲密的朋友或父母谈论这些问题,可以帮助你理清思路。他们可能会帮助你把拼图的碎片一一拼凑起来。有时会出现一些固定的模式和联系,或者一种叙述,甚至以一种更连贯的方式解释你是如何"到此结束"的。当谈到自我发现时,没有什么结果是肯定的,但如果我们不尝试自我探索,我们就不会更多地了解自己。

如果我们把金钱从阴暗中带入光明,并探索和分析我们与金钱的关系,那就可以帮助我们对金钱所能购买的东西和所能提供的东西建立现实的期望。这可以帮助我们更享受我们所拥有的金钱,做出符合我们价值观的现在和未来的选择,并让我们感到自己能够控制局面。

无论你是决定自己审视自己与金钱的关系,还是通过心理治疗达成心愿,都要想一想金钱在实用价值之外的潜力。本书列举了大量的例子,说明金钱有时是如何被滥用的,以及金钱如何成为我们实现自我的障碍,如何阻碍我们的心理健康和人际关系。

不可否认的事实是，贫穷和债务剥夺了许多人获得这些好处的机会。但是，那些拥有远超生活所需资金的人可以把金钱作为一种提高生活质量的工具：金钱可以实现目标，也可以带来快乐，还可以表达价值观和信仰。金钱可以成为我们表达积极情感的媒介，比如感激和爱。金钱可以提供自由和选择。我们可以用金钱来改善自己和他人的生活。

以如此积极的方式使用金钱并不是一件容易的事。我们可能会纠结于如何使用我们拥有的钱，或者挣扎于和我们不曾拥有的钱有关的感觉。很多来找我进行心理治疗的人都害怕自己因为考虑金钱而显得"肤浅"或"物质主义"。然而，他们实际上在问自己的问题是深刻而重要的：这些问题是关于他们的渴望、他们的担忧、他们的人际关系，最终是关于他们对爱和幸福的追求。我们质疑自己的选择，这是自我成长的重要组成部分。我们意识到自己的动力是什么，这就是成熟的标志。我们管理自己的情绪，这是我们财务幸福感的基础。

如果你总是惦念着钱，首先问问自己：钱代表什么？

鸣　谢

首先，我要感谢我的患者朋友们，他们是我不竭的灵感和学习的来源。如果没有他们的勇气，这本书就不会存在。

我也要感谢我的心理治疗师，是她帮助我建立并遵循我的内在指南针。多年来，她始终如一地支持并帮助我度过了内在和外部的风暴。我还要感谢我的指导老师，她惊人的直觉和经验丰富的洞察力让我受益匪浅。感谢您逐页阅读了这部冗长的初稿，并给了我宝贵的反馈意见。

我还要感谢所有我在 WPF 工作期间与我共事的人，正是在那里，我职业生涯的基础得以奠定。特别要感谢史蒂芬·C.，以及我的同事雅尼·M. 和洛拉·B. 的支持。

我要感谢所有花时间阅读每一章节的人，比如康妮、埃里克、萨米、西蒙妮，尤其是詹姆斯，他仔细阅读了整部手稿，并给了我最切中要害的反馈，而且措辞非常体贴。

我要感谢我的朋友们，他们在这次创作中以多种方式让我感受到了爱。萨拉，感谢你比我有更大的梦想。感谢布里对我的支持，让我使用她的家庭办公室。西亚拉，她美味的下午茶拯救了我的创作灵感，当事情变得艰难时，她的贡献更多。伊娃，谢谢你一直记挂着我，还分享了大量的相关文章。雅普拉克，感谢你每周一的陪伴。理查德·J.，感谢我们每周四的相聚。还有拉班达，感谢你一直关心我。

　　我对我的编辑感激不尽，她就是邦尼耶图书公司（Bonnier Books）的马迪娅·阿尔塔法特（Madiya Altafat）女士。如果没有她的帮助，这本书可能还是厚厚的一摞稿纸。我对你的结构化和清晰表达的能力深表敬意。我还要感谢我的经纪人贾森，感谢他在整个过程中的指导和鼓励。

　　感谢我的原生家庭成员，他们无条件地爱着我。最后，但同样重要的是，我要感谢我的"智慧百宝箱"：亚历山德罗斯、玛蒂尔德、阿莱。